코스트코로나
시대의

평화사상과
종교

이명권 · 박수영 · 최자웅 · 김종만 · 김동근 · 김연정 · 전철후 · 박종식 공저

포스트 코로나 시대의 평화사상과 종교

지은이   이명권, 박수영, 최자웅, 김종만, 김동근, 김연정, 전철후, 박종식

발행처   열린서원
발행인   이명권
초판발행일 2021년 1월 30일

주 소   서울특별시 종로구 창덕궁길 117, 102호
전 화   010-2128-1215
팩 스   02) 6499-2363
전자우편   imkkorea@hanmail.net
등록번호   제300-2015-130호

값 13,000원
ISBN 979-11-89186-06-7

포스트 코로나 시대의 평화사상과 종교

이명권, 박수영, 최자웅, 김종만, 김동근,
김연정, 전철후, 박종식 지음

차 례

평화에 대한 여덟 빛깔 상상

이 찬 수 (보훈교육연구원장)

평화는 이상적으로 규정하면 '폭력이 없는 상태'이다. 현실적으로 규정하면 '폭력을 줄이는 과정'이다. 그런데 이제까지 지구상에 폭력이 없어 본 적은 없다. 폭력을 없애기는커녕 줄이기조차 대단히 힘들다는 뜻이다.

그 와중에 폭력의 현장을 폭로하고 폭력의 피해자를 돌보며 더이상 폭력이 벌어지지 않도록 저항하고 투신해온 이들도 많다. 이들은 '물리적인 폭력'과 '구조화한 폭력'은 물론 폭력인 줄도 모른 채 행사하는 '문화화한 폭력'의 폭력성을 용감하게 폭로하고 폭력이 없는 세상을 추구했다. 그 과정에 적지 않은 희생을 겪거나 심지어 죽임을 당하기도 했다. 인류의 위대한 스승들이 그들이다. 이들은 평화가 저절로 얻어지는 것이 아니라 폭력을 줄이기 위해 저항하는 과정에 당한 희생의 결과라는 사실을 온몸으로 증언해주고 있다.

이 책은 폭력이 폭력인 줄 모르는 사회에 대한 일침이다. 고전에서부터 현대 사상에 이르기까지 폭력을 줄여온 인류의 다양한 노력들을 모두 여덟 가지로 제시하고 있다. 그 여덟 가지는 다음과 같다.

첫째, 불안과 혼돈 속에서 새로운 정치와 평화를 갈망하던 고대 중국 민중의 노래 모음집인 『시경』의 평화 사상에서 평화적 열망의 보편성을 밝힌 글(이명권), 둘째, '사띠아그라하'(진리파지), '아힘사'(비폭력)를 온몸으로 구체화시켰던 간디의 평화실천을 정리하고 소개한 글(박수영), 셋째, 오늘날 중국 굴기와 현실의 배후에서 작동하고 있는 마오이즘의 전쟁과 평화관을 분석함으로써 중국적 평화의 의미와 한계를 정리한 글(최자웅), 넷째, 틱낫한의 참여불교와 함석헌의 씨올사상의 접점에서 '평화'를 보면서 평화 논의를 종교적 담론으로 연계시키고 있는 글(김종만), 다섯째, 레비나스와 수에키의 사상을 중심으로 타자성을 자신에게로 환원시키지 않고 있는 그대로 맞이하고 긍정하는 자세가 평화의 근간이라는 사실을 밝힌 정리(김동근), 여섯째, 한국의 독재 정치와 IMF 경제위기 이후 간접적이면서 비가시적으로 작동하는 폭력의 기제들을 분석하고 해체시킴으로써 한반도 평화론의 형성에 기여하는 글(김연정), 일곱째, 6.15선언, 10.4선언, 판문점 선언 등에서 한반도 평화체제의 가능성을 읽으면서 시민참여의 확대를 주문하고 원불교 교학을 한반도 공동체론에 적용하고 있는 글(전철후), 여덟째, 코로나19 시대에 달마(達磨)의 종교적 행위를 소환해 평화의 의미를 재점검하면서 '호모 사케르'처럼 제 몫을 상실해버린 이들에게서 종교적 거룩함을 읽어내려는 글(박종식).

한국에서 평화학은 이제 시작하는 단계이다. 평화라는 이상을 전승해온 종교전통에서조차 평화를 현실감 있게 분석하고 그 사회적 의미를 읽어내며 종교적 메시지와 연결시킨 연구는 별로 없었다. 이 책에 담긴 여덟 편의 글은 평화의 종교적이고 사회적인 의미 혹은 종교 언어의 사회화를 추구함으로써 이른바 '종교평화학'을 확립하는데 기여하고 있다. 평화를 구체화하는 일이 종교적인 일이라는 사실을 음으로 양으로 밝히고 있다는 점에서 의미 있는 책이 아닐수 없다. 일독을 권한다.

저자 소개

이 명 권

연세대학교에서 신학을 전공하고, 감리교 신학대학원 및 동국대
학교 대학원 인도철학과에서 각각 석사과정을 마친 후 서강대
학교에서 종교학박사 학위를 받았다. 중국 길림사범대학교에서
중문학 석사와 길림대학교에서 중국철학으로 박사학위를 받았고,
길림사범대학 교수와 동 대학의 동아시아연구소 소장을 역임했다.
서울신학대학교에 초빙교수를 역임한 이후 현재는 동 대학에서
<동양사상의 이해>를 강의하고 있으며, <코리안아쉬람 대표>로서,
<코리안아쉬람TV>(유투브)를 통해 '동양철학'을 강의하고 있다.

박 수 영

연세대학교에서 지질학과 철학을 공부하고, 10여 년간 공
기업에서 직장생활을 하였다. 이후 회사를 휴직하고 KAIST
비즈니스 스쿨에서 경영학석사과정(MBA)을 잠시 공부하였
고, 동국대에서 불교학으로 석사, 인도철학으로 박사학위를
취득하였다. 현재는 동국대에서 강의중이며, 한국불교학회
에서 인도철학 담당 편집위원으로 일하고 있다. 주요 논저
로는 산스끄리뜨어의 기원에 대한 "Proto-Indo-European
오그먼트의 기원과 역할: 오그먼트는 어떻게 과거를 지시하
는가?"(인도철학 42집), 빠니니 문법의 구조를 분석한 "『아
슈따디아이』 따디따(taddhita) 부분의 구조"(인도연구 21권
1호), 바르뜨리하리의 인도사상사적 위치를 다룬 "바르뜨리

하리(Bhartṛhari)의 재조명"(남아시아연구 25권1호), 힌두이즘의 기원 문제를 다룬 "힌두이즘의 기원에 대한 재조명: 힌두교는 동인도회사(EIC)의 발명품인가"(인도철학 57집), 그리고 『포스트코로나 시대의 새 종교지평』(공저) 등이 있다.

최 자 웅

신부(성공회)이며 시인이다. 일찍이 민주화를 위한 학생, 청년 운동을 하였으며, 사제로서 노동사목을 위해 영등포 공장 생활을 하며 노력하였다. 한국신학대학에서 수학하고 성공회 사목연구원을 거쳐 서강대 대학원 종교학과를 졸업하고, 독일 Bocum대학교에서 신학박사과정을 수료하였다. 그리고 성공회대에서 종교사회학과 사회사상 전공으로 사회학박사 학위를 받았다. 오랜 세월 동학과 기독교, 사회주의, 공산주의의 종교와 이데올로기 관계의 종교적 구원과 이념적 해방문제를 천착 연구해 왔다. 한민족의 통일사상을 위한 뜻과 노력을 경주하고 있다. 주요 논저로는 『포스트코로나 시대의 새 종교지평』(공저), 「마오이즘과 손문주의의 인간이해와 실천전략 연구」가 있다.

김 종 만

고려대학교에서 한국사(B.A)를 공부하고 서울신학대학교에서 교회사 전공으로 석사학위(M.A)를 받았으며, 서강대 종교학과에서 박사학위(Ph.D)를 마쳤다. 현재 고려대학교 포닥연구교수로 재직 중이며 서강대학교, 배재대학교, 영남신학대학교 신학대학원, 고려대학교에서 강의하고 있다. 한국신종교학회 편집위원으로 있으며 연구 관심은 종교 간 대화, 불교, 그리스도교, 한국종교 등에 관심을 가지고 후속 연구를 진행하고 있다. 저서로는 『평화의 신학』, 『틱낫한과 하나님』, 『포스트코로나 시대의 새 종교지평』(공저), 『한국종교의 진단과 전망』(공저), 역서로는 『틱낫한의 사랑이란 무엇인가』 등이 있고, 그 외 다수의 연구 논문이 있다.

김 동 근

침례신학대학교에서 석사(M.div)를 졸업하였으며, 현재 성공회대학교에서 신학과 박사과정 중에 있다. 주요 연구 관심은 레비나스의 철학을 중심으로 신학적 인간론을 연구하는 데 있다.

김 연 정

성공회대학교 사회학과 박사과정 중에 있으며, 경기도 용인시에서 생협과 마을활동가로 살고 있다. 세월호 참사 이후 '사람답게' 사는 것에 대한 길을 찾기 위하여 대안 보·교육 운동에 참여하고 있다.

전 철 후

성공회대학교 시민평화대학원(NGO대학원)에서 석사학위를 마치고, 성공회대학교 사회학 박사과정 중에 있다. 현재 원광대학교 종교문제연구소에서 연구원으로 있으며, 주요 연구는 남북분단 상황에서 평화학과 종교사회학을 중심으로 공부하고 있다. 저서로는 『평화의 신학』(공저), 『한국종교의 진단과 전망』(공저), 『포스트코로나 시대의 새 종교지평』(공저), 『지속적 폭력과 간헐적 평화』(편저) 등이 있다.

박 종 식 (법명 空日)

서울대학교에서 수의학을 공부했으며, 동국대학교 대학원에서 인도철학을 공부하여 문학석사 및 철학박사 학위를 취득하였다. 젊은 시절 구로공단이 있는 가리봉동에서 생활한 적이 있으며, 한동안 백두산 언저리에서 지내기도 하였다. 동물병원에서 수의사로 일을 하였고, 덕유산 자락에서 농사를 지은 적도 있다. 머리를 깎고 출가하여 卍宗이라는 법명으로 불리며, 서울 성북동의 길상사를 비롯한 여러 수행처에서 지냈다. 설악산과 지리산 자락의 절집과 남해 바닷가의 토굴 등을 오가며 정진하다가, 2020년 겨울부터 서울 수도산 자락의 봉은사에서 교육과 관련된 업무를 담당하고 있다. 최근에는 문명비평에 초점을 둔 불교미학, 생명현상을 검토하는 불교의학, 그리고 선어록에 대한 신선한 해석 작업에 대한 관심으로 시간을 낚고 있다. 최근의 저술 연구업적으로는 『포스트 코로나 시대의 새 종교 지평』(공저)이 있다.

시경에 나타난 평화 사상

이 명 권

시경에 나타난 평화 사상

이 명 권

Ⅰ. 서론

『시경』과 『역경』은 중국에서 현존하는 가장 오래된 경전 가운데 하나다. '시삼백(詩三百)'으로 표현되는 『시경』은 서주(西周)의 찬란한 문화적 성취를 보여주는 예(禮)와 악(樂)을 담아낸 것으로부터 시작하여, 당대의 다양한 현실 사회를 잘 반영해 주고 있다. 이는 서주 초에서 춘추 중엽에 이르는 약 500년이라는 긴 세월에 걸친 다양한 민간들의 풍속과 정서를 담은 것으로 고대 중국의 정치적 흥망성쇠를 언급하고도 있지만 기본적으로는 인간 정신이 표방할 수 있는 희로애락(喜怒哀樂)과 함께 개인이나 집단의 미래적 희망을 표출한 것이기도 하다. 그 가운데는 여전히 건전한 지혜와 정감이 시경 전체를 관철하고 있다. 그리하여 공자는 시경 삼백수의 정신을 『논어』에서 언급하는 대로 '사무사(思無邪)'라는 한마디로 일축했다.[1] 그만큼 인간 본연의 순수성을 지향한 노래라고 볼 수 있다. 물론 남녀의 애정을 노래한 부분도 많지만 부정의 한

---

1) 李振華主編, 『論語』, 北京: 中華書局,2009, p.15. "子曰,「詩」三百, 一言以蔽之, 曰思無邪", p.15.

현실과 임금 혹은 국가에 대한 일반 백성의 희망과 원망도 뒤섞여 있다. 특히 시경이 탄생한 시대적 배경을 고려하면 전쟁이 그칠 줄 몰랐던 혼돈과 억압의 시대였다. 이러한 상황에서 평화를 갈구했던 노예와 서민을 포함한 일반백성들의 소원이 어떻게 표현되고 있으며, 특히 유교적 전통과 봉건시대의 정신 속에서 그들의 평화관은 무엇이었는지를 살펴보고자 한다.

한대(漢代) 이래 시경은 유가(儒家) 일파의 한 경전이 되면서 천하 왕조의 정치적 경륜을 이해하는 중요한 경전의 위치에 올랐다. 따라서 그 이후 오늘날까지 시경의 학문적 발전은 끊임없이 계승되고 있다. 공자의 편집을 거친 시경은 춘추 전국 시기는 물론 양한(兩漢)을 거치면서 송, 청, 명에 이르기까지 그 해석이 다양해졌다. 그러한 이유 가운데 하나는 시경이 오랜 세월을 거치면서 채집 수록된 다양한 민족의 노래이기 때문이다. 중국 고대인들의 생활 풍속 가운데 노래 형식을 통한 시와 그 문학적 성취는 오랜 세월을 거쳐서 진행된 것이다. 시의 연원이 인간의 감흥에서 비롯된 것이기는 하지만, 문학적 양식과 더불어 발전했다. 오늘날 전해지는 시의 형태는 민간에서 전승되어 구전으로 불려 내려오던 것이다. 그러므로 노래에 실린 구전(口傳)이 있었고 후대에 그것을 운율에 맞추어 담아낸 것이라 할 수 있다. 시가 운율을 담아 뜻과 감정을 담아낸 것이라고 할 때, 운율이 형식이라면 뜻과 감정은 시의 내용을 이루는 것이라고 볼 수 있다. 그런데 이러한 시의 문학적 형식을 빌어서 중국 유교 전통에서는 하나의 정치적 편람서로도 활용했던 것이다.2)

---

2) 馬宗霍, 馬巨, 『經學通論』, 北京: 中華書局,2011, p.89.

이른바 문학적 형식의 정치서로 쓰이기도 했다. 이러한 시경의 다양한 문학적 표현 양식 중에서 본고는 특별히 당시 혼돈의 시대에 평화를 갈구하던 백성들의 노래를 분석하기 위해 먼저 시경의 내용과 전체적 구조를 살펴보고자 한다.

II. 시경의 내용과 구조

1. 『풍』, 『아』, 『송』

익명이 대부분인 시경의 저자들은 당시의 문화를 잘 이해하고 장악하고 있던 대부분의 귀족 계층이라고 볼 수 있다. 물론 몰락한 귀족 계급도 있고 서민 중에서도 우수한 식자(識者)들도 포함될 것이다. 결국 시경의 대부분은 귀족문학이라고 해도 과언이 아니다.[3] 시편을 수집한 관리만 해도 주나라 왕조의 악관(樂官)이었다. 다만 그 가운데서도 비판적 역사의식을 가진 자들의 노래가 경전 속으로 채집되어 오늘에까지 이르는 것이다. '시삼백(詩三百)'으로 표현되는 시경은 「풍(風)」, 「아(雅)」, 「송(頌)」으로 구분되는데, 『시대서(詩大序)』에 의하면, "일개 나라의 일(一國之事)을 가지고 한 개인의 근본(一人之本)으로 연결해서 표현 한 것을 <풍>이라 하였고, 천하의 일을 가지고 사방의 <풍>으로 삼은 것을 <아>라고 한다. <아>라고 하는 것은 '바름(正)'을 뜻한다. 나라의 정치에는 흥망성쇠가 있다. 정치에 대소가 있으니 그러므로 <소아(小雅)>가 있고, <대아(大雅)>도 있다. <송>은 높은 덕을 찬미하여 신명에게

---

3) 鄭杰文, 傅永軍 主編, 『經學12講』, 北京: 中華書局, 2007, p.129.

그 공을 알리는 것이다."4) 그러나 이러한 구분은 시경의 내용을
충분히 잘 구분하여 설명한 것은 아니고 그 대략을 말한 것일 뿐이다.

'풍'은 '채풍(采風)', '풍속', '민풍' 등의 표현에서도 알 수 있듯이
민간 가요를 채집한 것이고, '아'는 천자와 제후들이 연회를 베풀 때에
노래하던 것이며, '송'은 대부분 제사를 행할 때에 선현들의 공덕을
찬미하는 노래였다.5) 일반적으로 볼 때, <풍>은 개인들의 정서를
담은 것이라면, <아>와 <송>은 대부분이 국사(國事)와 관련된
일이다. <풍>이 이상적인 인간상을 더욱 추구했다면, <아>와
<송>은 이상사회를 건설하는 데에 관심이 더 집중되고 있다. 전자가
서정적인 정서를 노래한다면 후자는 도리에 대해 노래한 것이다.
이러한 시의 형식 가운데서 <소아>와 <대아>는 특별히 나라의
정치 풍토에 대해 많이 언급하고 있다. 따라서 이들 '이아(二雅)'는
세상의 풍토에 대한 경고와 격언의 형식을 담고 있다. 이와 같이 시
경의 내용은 크게 3가지로 분류 될 수 있다. 첫째, 「주송(周頌)」과
같이, 왕조의 제사나 공력을 기리는 각종 특수 목적의 창작품. 둘째,
「소아」, 「대아」와 같은 사대부들의 노래로서 공덕을 찬양하거나 친
구의 우정에 응답하고, 현실을 비판하며, 서정적인 인간의 정서를
표현하는 일. 셋째, 각 나라의 풍속과 가요를 담은 「풍」이다.

2. 시경의 내용상의 분류

시경의 내용은 대략 8가지로 분류될 수 있다. 예컨대, 농사를 중심

---

4) 揚之水, 『詩經別裁』, 北京:中華書局, 2013, pp.6-7.
5) 馬宗霍, 馬巨, 앞의 책, p.90.

으로 하는 농사시(農事詩), 전쟁의 문제를 다루는 전쟁시(戰爭詩), 혼인과 연애의 문제를 노래한 연애시(戀愛詩), 천자와 제후들 간의 잔치를 베풀며 평화로운 정치를 추구하는 주연시(酒宴詩), 이별의 노래를 부르는 송별시(送別詩), 현실을 비판하는 풍자시(諷刺詩), 상고시기의 역사를 서정적으로 읊은 역사 시(歷史詩), 지도자의 인품이나 덕망을 찬미하는 찬미시(讚美詩) 정도의 8가지로 분류해 볼 수 있다.6)

  이 가운데서 농사시는 서주(西周)시대가 농업을 근본으로 하는 국가였기 때문에 경작과 관련된 법률체계가 있었고, 천자부터 평민에 이르기까지 선조들이 농사에 참여했던 풍속을 기리는 조상제사의 관습도 있었다. 따라서 농사를 지음에 있어서도 친족 간에 화목과 단결을 꾀하는 중농주의의 평화를 갈구하는 시들이 나타난다. 특히 <주송>에는 농사시가 5편이 있는데, 그 가운데 <신공(臣工)>, <풍년(豊年)> 등이 있고, <소아>에 <대전(大田)>, <보전(甫田)> 등의 4편 <빈풍(豳風), 칠월>도 농사 시로서, 이것들은 모두 주나라 농민의 일 년간의 노동과정과 의식주 방면의 생활상이 반영되어 있다. 이 시들에 의하면 서주 시대에는 사회 경제 정치 각 방면에서 농사에 대한 가치를 최우선으로 하고 있음을 보게 된다.

  이 같은 농민시를 포함한 8가지 유형의 시편들 가운데서 필자는 본고에서 특별히 전쟁 시에 대한 논의를 통해 당시 백성들이 갈구한 평화에 대한 열망이 과연 어떠했는지를 좀 더 분석해 보고자 했다.

---

6) 鄭杰文, 傅永軍 主編, 앞의 책, pp.131-135.

시경 중에서 전쟁시는 비교적 여러 편이 수록되어 있다. 수많은 시편들 가운데서 전쟁을 싫어하는 분위기가 농후하지 않은 면이 별로 없다는 것도 발견하게 된다. 국가는 물론 개인과 가정에 속한 대부분의 사람들이 전쟁에 대한 극단적인 혐오의 태도를 보여주고 있다. 주나라 무왕(武王)이 폭군이었던 상(商)나라 주(紂)왕을 정벌한 이후 주나라는 분봉제와 혼인제 등으로 부족 간의 좋은 관계 유지에 힘써 왔다. 그리하여 왕조와 제후간의 관계도 화목하고 평화로운 정치질서를 구가했다. 이러한 평화로운 왕조의 시기에는 백성들이 전쟁을 싫어하고 반대하는 의식이 퍼져있었다. 특히 주나라는 강대하여 전쟁에서 이기지 못함이 없었는데, <소아>의 <6월>, <채기(采芑)> 혹은 <대아>의 <상무(常武)> 등의 시편은 주 왕조의 군인의 웅혼한 기세를 노래하고 있다. 그러나 이 군대는 공격용이 아니라 방어와 안전 보호의 업무를 담당하고 있는 군대를 묘사한 것이다. 동쪽 나라와의 전쟁을 수행 할 때에는 적군에서 일단 항복해 올 때에 왕의 군대는 곧 귀환했다. 반면에 북쪽의 험윤(獫狁, 한나라 이후에는 흉노라고 불림)과 같은 오랑캐의 침범에는 고도로 절제 있는 표현을 쓰고 있다. 전쟁의 범위를 자기 영역 내에만 제한하고 있었던 것이다. 이것은 주나라 왕조가 전쟁을 최소화 하면서 최대한의 평화를 유지하려고 했음을 볼 수 있는 대목이다.

전쟁시에 속하는 장르로서, 부모 형제를 떠나 먼 곳으로 나가서 나라를 방어하거나 정복하는 전쟁에 임하는 병사의 입장에서 노래한 애달픈 사연도 있다. 그 대표적인 것이 <위풍(魏風)>의 <척호(陟岵)>다. 그런가 하면 전쟁에서 크게 승리했지만 다소 큰 기쁨이 없는 것은 전시에 나가서 오랫동안 돌아오지 못했던 슬픔 때문이기도

하다. 그 사정을 잘 말해주는 것이 <빈풍(豳風)>의 <동산(東山)>이다. 뿐만 아니라 <왕풍(王風)>의 <백혜(伯兮)>처럼, 가정에서 아내가 먼 전쟁터에 나간 남편을 기다리며 애통해 하는 장면도 있다. 이러한 일련의 시들은 모두 전쟁을 혐오하고 가정과 나라의 평화를 추구하는 염원을 보여준다. 종법사회와 봉건제도로 모든 개인이 일정한 재산을 소유하며, 사회적 신분과 지위를 갖추고 있기 때문에 전쟁으로 인한 더 이상의 혼란을 바라지 않았던 것이다. 이것은 다시 가족의 평화가 국가의 운명을 결정하는 것과도 긴밀한 관계가 있었음을 보여주는 것이다.

또한 시경에는 연애와 혼인 관계에 대한 시편들이 아주 많다. 그것도 4가지로 분류될 수 있다. 첫째, 주례(周禮)와 혼례를 찬미하는 시편. 둘째, 제나라 양공(齊襄公)과 문강(文姜) 사이의 난삽한 형제자매들의 통간(通奸)과 같은 귀족들의 패덕(敗德)한 행위(<제풍·남산>)나 군신(君臣)들의 음란한 행위들(<陳風·株林>)에 대한 질타. 셋째, 청년남녀의 상열상애(相悅相愛)와 자유로운 배우자 선택과 같은 새로운 신혼 풍속도(<鄭風·溱洧>)나 여자가 남자에 대한 솔직 박절한 요구(<召南·摽有梅>), 또는 남녀 간의 환락적인 사랑의 장면(<召南·野有死麕>) 등이다. 네 번째 유형은 아내를 버리는 시(棄婦詩)다. 이것은 주나라 때의 혼인제도 아래에서 발생하는 남녀 간의 지위의 불평등을 반영하고 있다. 시집을 와서 남편을 사랑하고 충성을 다했음에도 불구하고 남편에게 버림받은 애절한 부인의 이야기도 시편 속에 보이는 것이다. 물론 버림의 이유는 예외 없이 새 여자를 만나서 옛 여자를 버리는 것이다(<邶風·柏舟>, <谷風>, <衛風·氓>).

　시경 중에는 평화로운 정치를 갈망하는 노래도 많은데, 천자와 제후들 사이에 혹은 제후와 제후들 사이에 잔치를 베풀고 피차간의 우호 관계를 체결하여 서로간의 신임과 화목을 다지는 노래도 많다. 이것은 주연시(酒宴詩)의 본질을 보여주는 것으로 일종의 음식을 통한 '미식정치(美食政治)'에 해당한다. 이것은 낭비와 사치와 부패의 일면을 보여주기도 하지만, 그 방법과 의도에는 이웃국가들 간의 화목과 우호를 다짐하며 모순과 분규를 해결하기 위한 수단이기도 했다. 시경은 이러한 '미식정치'의 측면을 최초로 시의 형식으로 보여주고 있는데 이것은 수 천 년이 지난 오늘날도 그 형태는 유지되고 있다. 주연시의 내용은 대부분 예의(禮儀)를 찬미하고 평화적 정치사상을 찬미하고 추구하는 것이었다. 그런데 이 주연시에는 두 가지 측면이 있었다. 한 가지는 평화정치를 찬미하면서도(<소아·伐木>, <鹿鳴> 등) 또 하나는 예의에 어긋나는 행동을 할 경우에 시경은 거기에 대해 신랄한 비평을 가한다는 점이다(<소아·賓之初筵>).

　이 밖에도 송별의 애틋한 감정을 노래한 시(<邶風·燕燕>)라든가 현실을 비판한 풍자시, 상고시대의 주나라의 개국의 업적이나 주나라를 강대하게 한 문왕의 계승과 같은 기사(記事)를 시로 읊은 경우와 서정적 노래를 표현한 역사시, 그리고 무공(武公)과 같은 훌륭한 인품을 찬미하는 찬미시가 있다. 특히 이 가운데서도 풍자시는 탐관오리를 비판하고(<邶風·北門>) 불초한 자들이 출세를 하고 올바른 사람이 박해를 당하는 난세를 풍자하며(<王風·兎爰>)7), 유랑 할 수밖에 없는 떠돌이 신세를 개탄하고(<王風·葛藟>), 몰락한 귀족이 먹을 것이 없어 두려워하거나(<魏風·園有

桃>) 과거의 생활을 회상하며 슬퍼하는 내용(<秦風·權與>) 등이다. 이러한 비탄에 섞인 풍자시는 당시의 시대상을 잘 보여 주는 것으로서 봉건 영주제도에서 봉건 지주제도로 이행하는 과도기의 사회적 대변혁의 와중에 나타나는 제반 현상을 보여주는 것이다.

Ⅲ. 시경의 편찬 시기와 해석사

15개국의 시편 160편으로 된 <풍>과 <소아>, <대아>로 표현되는 105편의 <아>, 그리고 <주송(周頌)>, <노송(魯頌)>, <상송(商頌)>으로 불리는 40편의 세 가지 <송>의 편찬 시기를 보면 <주송(周頌>이 가장 앞서고, 그 다음이 <대아>와 <소아>였으며, 민간의 가요와 같은 풍속을 노래한 <풍>은 비교적 가장 늦은 시기의 작품이다.8) 물론 이들 장르 가운데서도 서로 시기적으로 중첩되거나 교차적인 작품도 있다. <시경>이 하나의 학문으로 정립되기는 양한(兩漢) 시기에 속한다. 하지만 <시>가 <서>, <예>, <악>, <역>, <춘추>를 포함하는 6경에 포함 된 것은 전국시대 말기에 해당한다. 단지 <시>에 <경(經)>이 따라 붙기는 남송(南宋)때에 이르러서다. 따라서 양한 시대의 <시경>학은 양한 시대에 발달한 경학의 풍토 안에서 이루어진 것이다. 양한 시대에서 전기에 속하는 서한(西漢)시기에 노(魯), 제(齊), 한(韓)의 삼가(三家)의 시와 동한(東漢)시기에는 모형(毛亨)과 모장(毛萇)으로 대표된다. 특히 <삼가시>에서는 이미 학관(學官)을 설립했으므로 정치와 시

---

7) 공자편찬, 모형·모장 편주, 신동준 역주, 『시경』, 서울: 인간사랑, 2016, p.206.
8) 鄭杰文, 傅永軍 主編, 앞의 책, p.131.

경의 학문은 밀접한 관계가 있었던 것이다. 하지만 서한의 삼가시는 전해지지 않고 오늘날은 모형과 모장으로 대표되는 <모시(毛詩)>가 전해지고 있다.

　<모시>는 <시경> 300여 편의 모든 각 내용에 앞서 서문을 달고 있는데, 특별히 <시경> 첫 편에 해당하는 <관저(關雎)>에 대한 서문은 아주 길다. 그만큼 <관저>가 주는 의미가 크다는 뜻이다. <모시>의 체계는 정현(鄭玄)이 쓴 <모시전전(毛詩傳箋)>을 통해 완성되었고, 그의 주석을 통해 우리는 오늘날의 <시경>을 더욱 잘 이해 할 수 있게 된 것이다. 하지만 송(宋)나라 때에 이르러서는 <모시>에 대한 의문을 품게 되었고, 주희의 만년의 작품인 <시집전(詩集傳)>은 기존의 <모서서>와는 아주 다르게 해석하고 있다. 이것은 아주 시경 학문의 역사상 혁명적 전환이라고 할 수 있는데, 그 영향이 지금까지 이루어지고 있다. 이것은 시경을 간명하고 이해하기 쉽게 해 주는 것이 장점이라면, 오직 유자(儒者)의 입장에서 모형이나 정현의 해석을 취사선택 했던 것이다. 이러한 주희의 해석은 남송 말년에서 시작하여 청나라까지 유가 전통의 교과서로 채택되어 왔던 것이다.9) 하지만 청나라 훈고학의 발전과 영향으로 <모서서>에 담긴 글자 중의 의문점들을 많이 해소하기에 이르렀고, 주희의 <시집전>에 대한 비평적 검토도 이루어졌다. 그리하여 명나라 때에 문장 중심의 해석이 특징을 이루었다면, 청나라의 해석 풍토는 역사 중심이었다. 청나라는 육경을 모두 역사적 관점에서 이해하고자 했기 때문이다. 반면에 명나라는 모두 육경을 문장

---

9) 揚之水, 『詩經別裁』, 앞의 책, p.11.

중심으로 이해하고자 했다. 그리하여 명나라 때에는 육경 중에 시경을 가장 최상의 문장으로 꼽았던 것이다. 이것은 모두 시대적 풍토와 경향을 반영한 것이다. 앞서 언급한 바와 같이 주희의 <시집전>은 유자의 입장에서 해석한 것이긴 하지만 주희 자신 단독의 입장이 아니라 유가 집단의 의견이 반영된 것이라는 점이다. 시경 원래의 풍속에 담긴 뜻을 유가적으로 해석함으로써, 오히려 본 뜻을 왜곡했다는 지적이다. 이제는 시경 그 자체의 모습을 다시 들추어 내는 해석적 작업이 지속적으로 필요한 것이다.

IV. 『시경』의 시대적 배경

1. 봉건시대의 슬프고 영화로운 노래

시경의 시대적 배경은 주(周)나라 말기부터 공자시대에 이르는 봉건 종법 사회를 배경으로 한다. 여기서 '봉건'이라고 하는 것은 귀족과 귀족이 아닌 계층으로 사회가 구분되어졌던 것을 말한다. 사(士)와 대부(大夫) 이상의 신분을 가진 계층이 귀족 신분이었다면, 서민과 노예 계층은 귀족이 아닌 낮은 신분의 계층이었다. 귀족들은 주로 도시에 거주했다면 귀족에 속하지 않은 대다수는 농촌을 배경으로 살았다. 사회적 직능 상으로 볼 때, 귀족들이 정신활동을 하는 자(勞心者)였다면, 귀족 아닌 계층은 육체적 노동을 하는 자(勞力者)들이었다. 귀족들이 정치 군사 문학 방면에서 활동했다면, 서민들은 농, 공, 상업과 각종 부역을 도맡아 일했다. 귀족 주에도 무사 계급이 가장 낮았으나 평민을 통제하면서 창과 방패로 나라를 지켰다.

시경 안에는 이미 귀족 계급의 군자들이 시를 쓰게 된 동기를 직접 밝히는 사례도 있다. <소아·사월>에 보면, "난리와 근심으로 병이 깊어지는데, 어디로 돌아갈 것인가?(亂離瘼矣, 爰其適歸) … … 군자가 노래를 지어 설움을 애타게 고하노라(維以告哀)."라고 몰락한 귀족의 슬픈 자화상을 읊조리고 있다. 이는 봉건시대 조정의 관원은 탐욕스럽고 잔인해지면서 전란이 계속 일어나는 혼란한 상황에서, 의식 있는 지식인으로서 당대의 슬픔을 노래하지 않을 수 없었을 것이다. 그리하여 작가는 "백성들 모두 편 한자 없는데, 나 홀로 어찌 괴로워하는가?(民莫不穀 我獨何害)"하고 시대상을 한탄하고 있다.10) <위풍(魏風)·갈구(葛屨)>에서도 칡으로 만든 신을 신고 서리 내린 땅을 딛고 살아야 하는 형편에 "마음이 답답하여 이렇게 풍자해 본다(維是褊心 是以爲刺)."고 했다.11) 이렇게 문학 창작의 표현 동기를 밝힌 것은 중국문학사에서 가장 이른 시기의 것이다. 이러한 미적 풍자를 통해 창작 의도를 밝히는 것은 그 이후 중국 고대 시학의 중요 원칙이 되고 있다.12) 따라서 공자도 여러 차례에 걸쳐서 아들과 제자들에게 "시를 배우지 않으면 할 말이 없다(不學詩, 無以言)"고 까지 했던 것이다. 시를 이해 한다는 것은 역으로 그 당시의 시대를 통찰한다는 뜻이다. 바로 이 시경 속에 지난 봉건시대의 생활상과 그 속에 깃든 애환을 통찰함으로써 진정한 인간으로서의 사회적 교류가 가능해진다는 뜻이다. 공자는 이미 선진들의 풍자 속에서 그러한 슬픈 시대상을 꿰뚫어 보고 있었을 것이다.

---

10) 공자편찬, 모형·모장 편주, 신동준 역주, p.498.
11) 何大春編著, 『詩經』, 北京: 大衆文藝出版社, 2009, p.51.
12) 王先霈, 『中國古代詩學十五講』, 北京: 北京大學出版社, 2007, p.9.

2. 군자와 소인의 차별상

시경에서 군자와 소인에 대한 이야기가 많이 언급되고 있다. 시경
에서 말하는 군자는 『논어』에서 공자가 말하는 이상적인 인간으
로서의 군자 개념과는 다르다. 공자가 이상적인 인간으로 군자를
말하기 이전 단계에 속한 시경에서 언급되는 군자는 귀족 계급에
속한 사대부라든가 서민 중에서도 상대적으로 높은 지위에 속한 사
람을 지칭한 것이었다. 반면에 노예나 낮은 신분의 서민들은 소인
으로 분류 되었다.13) 이렇게 군자와 소인이 분류되는 방식은 이미
『좌전』 「국어」 등의 동주(東周) 시대 문헌 중에서도 발견 되는
것이다. 물론 서주 시대는 동주 시대보다 신분상의 차별이 훨씬 더
엄격했다. 이러한 시대적 배경을 염두에 둔다면 서주 시대에서 춘
추 초기의 5백년간을 시경의 시대적 배경으로 생각해 볼 수 있다.
따라서 시경 중에는 군자와 소인의 차별이 적지 않다. 특히 『소아
(小雅)』의 「채미(采薇)」를 보면 그러한 차별상을 짐작 해 볼 수
있다. 그 시의 일부를 살펴보자.

"나라 일이 끝나지 않아(王事靡盬)
쉴 겨를이 없으니(不遑啟處)
근심하는 마음 깊은 병이 되어도(憂心孔疚)
나는 한번가면 돌아오지 못하네(我行不來)
…… ……
저 병거를 끄는 네 필의 말이여(駕彼四牡)
네 필의 말이 위용 있구나(四牡騤騤)

---

13) 揚之水, 『詩經別裁』, 北京: 中華書局, 2013, p.2.

　　군자(장수)는 수레에 올라 지휘하고(君子所衣)
　　소인(병사)은 병거 뒤를 따르네(小人所腓)."14)

　이 시에서 우리는 전쟁터에 나아가는 군자와 소인의 대비를 보게
되는데, 군자는 장수(將帥)에 소인은 병사에 각각 해당된다. 이 작
품은 대개 서주 말기인 주선왕(周宣王)때의 작품으로 국경을 지키는
수자리의 고된 일을 읊은 병사의 노래로 해석된다.15) 이 시 「채미」의
전 내용을 보면 오랑캐의 침범 때문에 국경을 지키고자 전쟁터에
나간 서민 출신의 병사가 집도 없이 떠돌이 생활을 하다가 고향집
을 그리워하며 시름하다가 해가 넘어가도 돌아가지 못하거나 혹은
끝내 불귀의 객이 되는 슬픔을 노래하고 있다. 그 와중에 장군격인
군사는 네 필이 이끄는 말을 몰고 지휘를 하지만 병사는 그 뒤를 따
르다가 부상을 입거나 죽는 수가 허다했던 것이다. 시 본문 중에는
'일월삼첩(一月三捷)'이라는 내용이 있듯이 '한 달에 세 번은 전쟁을
치러야' 하는 불쌍한 서민들이었다.

　이처럼 군자와 소인은 시경 안에서 분명한 지위와 차별적 계급으
로 구분된다. 또한 군자라고 지칭하는 시경의 내용을 보면, 왕이나
귀족을 지칭하는 경우가 많고 경우에 따라서는 남편을 지칭하기도
한다. <소아·대동>편에서는 "귀족들 밟고 다니는 길을 백성은 바
라만 볼 뿐(君子所履, 小人所視)"이라고 하거나, <소아·각궁>에서
"군자가 훌륭한 도리를 지키면, 소인도 함께 따를 것이다(君子有徽猷,
小人與屬)"라고 했던 데서도 알 수 있다. 여기서 군자는 귀족 계급

---

14) 何大春編著, 『詩經』, 北京: 大衆文藝出版社, 2009, p.82.
15) 신동준 역주, 『시경』, 서울: 인간사랑, 2016, p.388.

이상의 제후나 왕을 모두 지칭한다고 볼 수 있다. 군자에 비해 소인은
모두 백성으로 해석된다.16) 여기서 소인 대부분 전쟁이나 부역에
시달리는 노동자와 소외 계층을 말한다. 그 가운데는 상대적 소외를
더욱 느끼게 되는 아낙네들이 있다. 전쟁이나 부역에 나가서 남편
들이 시달리지만 멀리 시집을 가서 친정집에 돌아가지 못하는 서러
움도 있고 심지어는 바람난 남편에게 구박 받거나 버림받는 여인의
이야기도 많이 등장한다. 이들 모두가 평화를 갈망하는 백성들이다.

V. 평화를 갈구하는 백성들

  시경에 나타나는 군자와 소인들의 비유를 통해 알 수 있었듯이,
전쟁과 부역에 끝없이 시달리거나 혹은 부정한 정치적 리더십으로
희생당하는 일반 백성들의 상황이 시경 곳곳에 절절히 배어있다.
이러한 불평등 구조와 비평화적 삶의 차원을 몇 가지로 대별하여
시경의 사례를 들어 당시의 시대상을 분석해 보고자 한다.

1. 전시 상황에서의 평화 갈구

  <위풍(魏風)·척호(陟岵)>

  저 민둥산에 올라(陟彼岵兮)
  고개 들어 아버지를 바라보네(瞻望父)
  아버지 이르시기를, 아 내 아들 출정하여(父曰嗟予子行役)

---

16) 何大春編著, 『詩經』, 北京: 大衆文藝出版社, 2009, p.108, p.123.

밤낮으로 끊임없이 복무해야 하니(夙夜無已)
부디 몸조심하여(上愼旃哉)
머물러 있지 말고 돌아오라(猶來無止)

저 산에 올라(陟彼岵兮)
어머니 계신 곳을 바라본다(瞻望母兮)
어머니 이르시기를, 아 내 막내 출정하여(母曰嗟予季行役)
밤낮으로 자지도 못하고 복무해야 한다(夙夜無寐)
부디 몸조심하여(上愼旃哉)
외지에서 버림당하지 말고 돌아 오거라(猶來無棄)

저 산등성이에 올라(陟彼岡兮)
고개 들어 형님을 바라보네(瞻望兄兮)
형이 이르기를, 아 내 아우야 출정하여(兄曰嗟予弟行役)
아침저녁으로 고생하기는 마찬가지다(夙夜必偕)
부디 몸조심하여(上愼旃哉)
죽지 말고 돌아오라(猶來無死)

이 시에 대한 해석은 일반적으로 효자가 전시 같은 상황에 부역을 나가서 부모형제를 그리워 한 시라고 해석한다. <모시서>와 <집전>의 해석이 유사하다. 위풍의 노래에서 알 수 있듯이, 위나라가 주변 나라에 비해 약소 국가였기에 외침을 자주 겪는 상황이었다. 이 시는 두 가지 방향으로 모두 가능하다. 하나는 전시의 부역 나간 아들이 산에 올라 고향을 바라보며 부모 형제를 그리워하는 내용과 부역을 나가는 아들에게 부모 형제가 마중을 나가며 격려하는 형식도 가능하다. 민둥산에서 산등성이에 이르는 과정에서 아버지와 어머니 그리고 형님의 얼굴을 바라보거나 떠 올린다. 문제는 부역이

고된 나머지 아침저녁으로 잠도 제대로 못자고 심지어 집을 떠난
상황에서 귀가하지 못하고 타향에서 죽을 수도 있다는 이야기다.
국경의 변경지대로 출정한 아들이 잦은 전시에 돌아가지 못하고 죽는
사례가 비일비재했기 때문이다. 특히 본문 가운데 "외지에서 버림
당하지 말고 돌아오라"는 어머니의 권고에는 '버림당하는(棄)
시체'를 염두에 둔 것이기도 하다. <집전>의 해석에 의하면, '기
(棄)'는 "죽어서 그 시신을 버린다."는 의미로 해석하고 있다. 마지막
연에서는 형님까지 나서서 "죽지 말고 돌아오라"고 권하고 있다. 초
연에서 아버지가 "머물러 있지 말라(無止)"는 권고도 포로로 잡혀
있지 말라는 뜻이다.17) 이 같은 상황을 고려해 보면 당시의 전시
상황에서 가족은 물론 나라에도 평화를 찾기 힘든 상황이었음을
보게 된다.

2. 부역에 시달리는 상황과 평화의 갈구

<소아·대동(大東)>

"대그릇 가득히 익힌 음식에(有饛簋飧)
대추나무 주걱이 길게 굽어있네(有捄棘匕)
주나라 가는 큰 길이 숫돌같이 평탄하니(周道如砥)
그 곧기가 화살 같구나(其直如矢).
군자(귀족)들 다니는 큰 길(君子所履)
소인(백성)은 두 눈으로 보기만할 뿐이네(小人所視).
고개 돌려 다시 바라보면서(睠言顧之)

---

17) 신동준 역주, 『시경』, 앞의 책, p.271.

두 눈에 눈물만 주룩주룩 흘리네(潛焉出涕).

크고 작은 동쪽나라들(小東大東)
직물 짜는 베틀이 비어있구나(杼柚其空).
둘둘 감은 칡 신으로(糾糾葛屨)
어찌 서리 위를 걸을 것인가?(可以履霜)
경박한 귀족 자식들(佻佻公子)
저 큰 주나라 길 다니며(行彼周行)
공연히 왔다 갔다 하는 꼴에(旣往旣來)
내 마음 깊이 병들었구나(使我心疚)
…… ……
동쪽의 여러 백성들은(東人之子)
온 종일 고생해도 거들떠보지도 않지만(職勞不來)
서쪽의 여러 백성들은(西人之子)
복장이 화려하기만 하다(粲粲衣服)
주나라의 자제들은(舟人之子)
곰 가죽 옷을 입었구나(熊羆是裘)
남의 종들조차도(私人之子)
온갖 고된 일을 떠맡기는구나(百僚是試).

누구는 술을 즐기지만(或以其酒)
누구는 입에 풀칠도 못하네(不以其漿)
누구는 패옥을 걸치지만(鞙鞙佩璲)
누구는 긴 허리띠하나 차지도 못하네(不以其長)."

<모시서>에 의하면 이 시는 동쪽에 있는 여러 나라가 서쪽의 주
나라 왕실의 차별과 과중한 부역의 요청을 원망한 시로 해석했다.
서주의 귀족들은 음식이 가득 넘치지만 상대적으로 빈곤한 동쪽나라

사람들은 일감도 없고 직물 짜는 베틀마저 텅텅 비어있다. 빈부의
차이가 극명하게 대조된다. 뿐만 아니라, 서쪽으로 이어지는 서주
의 대로는 귀족들이나 다니는 탄탄대로로서 숫돌에 간 대리석처럼
반듯하고 화살처럼 곧아서 보기 좋지만, 힘든 부역에 시달린 백성
들은 오히려 그 길이 눈물겨운 길일뿐이다. 군자라 일컬어지는 귀
족들은 말을 타고 좋은 곰 가죽옷을 입고 활보하지만 부역에 시달
리는 서민들은 얼기설기 엮은 칡 신으로 차가운 서리 길을 다녀야
했다. 더구나 귀족들은 패옥을 걸치고 술을 마시며 즐기지만 백성
들은 입에 풀칠을 하기도 어려운 실정이다. 이러한 상황에 무슨 평
화를 찾아볼 수 있겠는가? 동쪽나라 사람들이 끝없이 서쪽 나라에
불려가서 부역에 시달려야 했으니 백성들의 불만이 어떠했는지를
짐작해 볼 수 있다.

3. 정치적 불공평에 시달리는 백성들

< 소아·절남산(節南山) >

험준한 저 남산(節彼南山)
돌들이 높이 쌓여있도다(維石巖巖)
혁혁한 윤태사의 세도(赫赫師尹)
백성들 모두 보았도다(民具爾瞻)
근심스런 마음 불타는 가슴 같은데(憂心如惔)
감히 가벼운 담소하나 못한다오(不敢戲談)
나라가 끝내 망하는데(國旣卒斬)
어찌하여 아직도 모르는가?(何用不監)
… …

국사를 친히 묻지도 않으니(弗躬弗親)
백성이 신임도 하지를 않네(庶民弗信)
사람을 쓰면서도 제대로 살펴 묻지를 않는구나(弗問弗仕)
임금을 속이지 마시게(勿罔君子)
공평이 하여 포악한 학대를 그치고(式夷式已)
백성을 위태롭게 하지 마시라(無小人殆)
보잘것없는 사돈 동서까지(瑣瑣姻亞)
후한 벼슬 맡기지 마라(則無膴仕)
… …
임금이 바른 도리 이어간다면(君子如屆)
민심도 가라앉혀지고(俾民心闋)
임금이 공평만 하신다면(君子如夷)
증오와 분노도 사라지리라(惡怒是違)

야속한 하늘이여(不弔昊天)
환란이 그치지 않고(亂靡有定)
다 달이 늘어나(式月斯生)
백성들을 편하게 못하는구나(俾民不寧)
… …
그대들 악한 짓 무성하니(方茂爾惡)
그대들 창으로 찔러주고 싶건만(相爾矛矣)
바르게 다스려 화목해 질수만 있다면(旣夷旣懌)
축하의 술잔이라도 들으련마는(如相酬矣)

하늘도 공평하지 못하여(昊天不平)
우리 왕도 편안하지 못하도다(我王不寧)
그 마음 바로먹지 않고(不懲其心)
도리어 그 바른 말을 원망하는구나(覆怨其正)

가보가 시를 지어(家父作誦)
이 화근을 궁구해 보노라(以究王訩)
그대 마음 변화시켜(式訛爾心)
국운을 창성케 하려하노라(以畜萬邦)

이상의 시편 <절남산>은 <모시서>에서 밝히는 대로 주나라 대부 '가보(家父)'가 주나라 유왕(幽王)을 풍자한 시로도 볼 수 있다. 특히 이 시는 작가 자신의 이름을 밝히고 있다는 뜻에서 강직한 대부의 우국 충정심이 돋보인다고 할 수 있다. 높은 지위에 있는 윤태사의 혁혁한 세도가 온 나라에 자자하지만, 정사를 제대로 돌보지 않아 나라가 망해 가고 있음을 한탄하고 있다. 무능한 사돈과 동서를 관직에 등용하는 일과 임금을 속이고 백성을 학대하는 일로 국운을 쇠하게 하고 있음을 비판하고 있다. 그리하여 임금이 바르게 정사를 하면 백성도 따르겠거니와 임금도 정사를 그르치고 있다는 것이며, 하늘마저도 야속하게 백성의 원한의 소리를 들어주지도 않으니 다달이 전쟁과 혼란만 가중하여 나라에 평화가 없었다. 이를 보고 작가는 창이라도 들고 찔러 주고 싶지만 그래도 뉘우쳐 바르게 정사를 펼치고 백성들과 화목하게 하여 평화를 되찾을 수만 있다면 축하의 술잔이라도 권하겠다는 애절한 심정을 토로하고 있다. 하지만 여전히 그 마음을 고쳐먹지 못하고 오히려 바른 말 하는 사람을 원망하고 있으니 애국충절에 불타는 대부 가보는 시를 써서 노래함으로 그 마음을 변화시켜 국운을 새로이 창성케 하고자 한다고 밝힌다.

4. 시경이 「평화의 복음」이 되다: 〈한시 외전(韓詩外傳)〉을 통해 본 시경의 가치

「한시외전」은 한(漢)나라 때에 한영(韓嬰)이 지은 책이지만, 시경에 대한 나름대로의 독특한 해설을 가한 것으로, <노시(魯詩)>, <제시(齊詩)>, <한시(韓詩)>의 <삼가시>가 모두 역사 속에서 사라지고 없지만, <한시>에 대해서는 연(燕/현재의 북경) 지역에 살던 한영이 해석을 가하여 오늘날 '내전'은 소실되고 '외전' 만이 6권이 전해지고 있다. 이 '외전'의 형식을 통해 한영은 우선 310가지의 감동적인 고사를 소개하면서 이야기의 맨 끝 부분에 반드시 시경의 구절을 인용하여 마무리 짓고 있다. 「한시외전」은 우리나라의 고려시대에 이미 번역되어 널리 유포되었고, 이것이 다시 송나라 철종 때에는 중국으로 역수입되기도 했다.18) 우리가 <한시 외전>을 주목하는 이유는 그의 모든 작품 속에서 시경의 본래적인 의미는 물론 그의 비유와 해설 속에서 오늘날 우리도 그 현대적 의의까지 도출해 낼 수 있는 훌륭한 모범적 사례를 발견할 수 있기 때문이다. 그 한 가지 사례가 바로 필자가 말하고자 하는 '평화의 복음'으로서의 시경 해설이다. 다음에서 그 한 가지 사례를 보자.

'초장왈위송(楚莊曰圍宋)'이라는 제목의 내용이다. 초나라 장왕이 송나라를 포위하고 7일간의 군량미를 비축한 다음 식량이 다 떨어지도록 송나라를 함락시키지 못하면 되돌아 갈 것을 결의 하였다. 이때 사마자반(司馬子反)으로 하여금 사다리를 타고 올라가서

---

18) 『高麗史』世家 券第十, 宣宗 八年, cf. 韓嬰 撰, 임동석 역주, 『한시 외전』, 서울: 동서문화사, 2012, p.8.

송나라의 성안 사정을 살피게 한다. 그때 송나라 역시 화원(華元)이라는 자를 통해 사다리에 올라 이쪽 사정을 알게 하였다. 자반이 화원을 보고 송나라의 사정을 묻자 "죽을 지경이다. 아들을 바꾸어 먹고, 뼈를 쪼개어 장작으로 삼고 있다."고 했다. 이에 자반은 그렇게 처참한 사정을 왜 솔직히 말하는가 하고 되물었다. 그러자 화원은 이르기를 "군자는 남의 곤핍을 보면 이를 불쌍히 여기고 소인은 남의 곤궁을 보면 이를 오히려 다행으로 여긴다 하였소. 지금 그대를 보니 군자로 여겨지기에 내가 사실대로 말한 것이요."라고 대답했다. 이에 자반은 감동하여 자신들의 군대가 7일 간의 양식 밖에 없다고 알려주고 자리를 떠났다. 초 장왕이 정탐하고 돌아 온 자반에게 사정을 묻자 자식을 바꾸어 잡아먹는 비참한 상황을 알려 주었다. 장왕은 신이 나서 바로 성을 공격하려 했지만 자반은 만류했다. 작은 송나라에도 남을 속이지 않는 신하가 있는데, 어찌 초나라 같은 큰 나라에 그런 신하가 없겠는가 하고 반문하였다. 그래도 장왕은 송나라를 함락시키고 돌아가려고 하자, 자반은 홀로 귀국을 결정하였고 이에 장왕도 공격을 포기 할 수밖에 없었다는 고사다. 군자들은 이 일이 평화롭게 마칠 수 있었음을 높이 칭송했고, 화원도 사실대로 자반에게 고백했기에 포위에서 풀려나 두 나라는 평화를 유지 할 수 있었다. 어쩌면 현명한 두 신하의 솔직 담백한 고백과 인간이 굶주려 자식을 바꾸어 먹어야 하는 처참한 현실 앞에서 측은지심이 서로에게 작용했던 것이다. 그리하여 한영은 그의 이 이야기 해설 끝 부분에 <시경> <용풍(鄘風)·간모(干旄)>의 다음 구절을 인용하면서 끝맺는다.

"저 아름다우신 분에게(彼姝者子)
어떻게 말씀을 드려야 할지?(何以告之)"

이 시의 내용은 <모시서>의 해설에 의하면, 위문공의 신하 중에 선을 좋아하는 이가 많아서 현자들이 기꺼이 도와주었다고 했다. 초, 중, 종 삼장으로 구성된 위 시의 앞부분에 각각 새 털로 장식한 기(子子干旄, 子子干旟, 子子干旌)를 내세워 위나라 대부가 군주의 명령을 받아 현자를 찾아 갈 때 깃발을 꽂고 가는 모습이라 해석하는 것이 일반적이다.[19] 문제는 이 시를 왜 한영이 자신의 고사에 인용했겠는가 하는 것이다. 전시에 전쟁을 피하고 평화의 길을 택한 두 현자를 칭송하기 위하여 이 시경 본문을 택했다고 볼 수 있다. 시경 본문이 깃발을 꽂고 말을 몰아 현자를 찾아가는 가는 모습에서, 그리고 그 아름다운 현자(姝者=美人=고대는 남자 지칭)[20]에게 어떤 말을 해야 할지를 묻는 심정을 잘 표현하고 있다고 볼 수 있을 것이다. 물론 시경의 <용풍·간모>는 '귀부인의 아름다움을 칭찬한 노래'라는 해석도 있지만, 단순히 귀부인의 아름다움만을 지칭한 것이라고 보기에는 오히려 한영이 전쟁 당시의 시대정신을 제대로 파악하고, 자반과 화원이라는 두 인물에게서 드러나듯이, 현자에게 평화를 묻는 방식의 서술로 이해하는 것이 더욱 타당할 것 같다. 이 같은 상황을 고려해 볼 때, 시경은 이제 한영의 <한시외전>에서 인용되고 있듯이 평화를 추구하던 사람들에게 다양한 형식의 '평화의 복음서' 역할을 하고 있는 셈이다.

---

19) 신동준 역주, 『시경』, 앞의 책, p.169.
20) '피주자자(彼姝者子)'에 대한 해석에서 '주(姝)'를 『정전』에 의하면, 원래 미인을 뜻하는 말이었으나 여기서는 대부가 수레를 타고 찾아가는 현자의 의미를 뜻한다고 했다. 왕선겸 또한 옛날에 남자를 미인으로 칭했다는 것으로 풀이했으니 이 해석이 더욱 타당한 듯하다. cf. 신동준 역주, 위의 책, p.169.

VI. 결론

중국 시가(詩歌)의 고전이자 <역경>과 더불어 가장 조기에 기록된 <시경>은 서주 초기부터 춘추 중엽까지 약 500년간에 걸친 중국 역사의 대 서사시와 같은 역할을 하고 있다. 불과 <시삼백>으로 표현 되는 짧은 내용의 시편들이지만 한나라 시대에 접어들어서는 <오경>과 더불어 유가의 경전으로서의 지위를 획득할 만큼 높은 가치를 지니는 작품이다. 공자가 이 시경을 대거 편집하였다고 전해지지만 중요한 것은 공자가 그만큼 이 시경을 국가 통치의 중요한 이념으로서 모범이 될 수 있다고 보았을 것이다. 또한 공자는 인간이 지니고 있어야 할 기본적인 삶의 통찰력과 깊은 생각이 담긴 언어의 기술이야말로, 인의예지를 중시하며 살아야 했던 당시의 군자들이 갖추어야 할 중요한 덕목이라고 생각했기 때문일 것이다.

시경이 <풍>, <아>, <송>으로 구분되어 각각의 장르와 내용이 달라지는 것이기는 하지만, 상당수의 내용이 모두 국가와 백성의 안녕을 비는 기원문의 성격이 짙다고 하는 것이다. <풍>에서 많이 볼 수 있듯이 남녀 간의 사랑의 문제를 많이 노래하고 있지만, 오히려 혼인 이후의 여러 슬픈 정황들을 많이 말하고 있는 내용도 많다. 예컨대 바람 난 남편에게 도리어 구박 받는 여성의 슬픈 사연이라든가, 신혼 생활이 얼마 되지 않았지만 전시나 부역에 나가서 남편을 여의거나 오랫동안 만날 수 없는 상황에 있는 외로운 아내들의 사연도 많다. 그런가 하면 군자와 소인으로 대별되는 봉건귀족 계급사회에서 차별받는 소외된 백성들의 신음소리도 적지 않다. 이러한 다양한 삶의 정황 속에서 특히 500여 년 간의 긴 세월동안 중국인들이 봉건적 상황 속에서 겪어야 했던 고난의 문제 가운데 '평화'를 갈구 했던 백성들의 이야기들을 전시적 상황에서, 혹은 부역 상황 등에서의 이야기를 중심으로 부분적인 분석을 시도해 보았다.

시경에 나타난 평화 사상은 그것이 누구를 위한 것인 평화인가 하는 것도 문제였다. 귀족 계급의 입장에서 추구하는 평화와 서민이 추구하는 평화, 아내가 추구하는 평화가 각각 다를 수도 있다. 하지만 본고에서는 군자와 소인으로 대별되는 통치력을 가진 군주나 귀족 계급과 통치를 받는 백성으로서의 소인 계급으로 구분이 나누어진 것을 보았다. 이러한 계급적 구조의 차별상 그 자체가 하나의 불평등 구조였고, 전시와 부역에 시달려야 하는 백성의 입장에서는 끊임없는 불평의 소지가 되었다. 시경이 기록되던 당시의 삶의 자리가 봉건시대인 만큼 계급적 구조에서 탈피 할 수 없는 것이긴 해도, 시경에서 말하는 대부분의 내용은 소외된 백성들의 억울함을 호소하고 통치자는 선정으로 백성의 안녕과 평화를 도모해야 한다는 귀결이다. 그러한 시경의 교훈은 <한시외전> 같은 곳에서도 지속적으로 나타나고 있고, 하나라 이후 오늘날까지도 그 영향력을 지니고 있는 것이라 할 수 있다. 비록 시경이 한 나라 때에 와서야 유가 경전으로서의 자리를 차지 하긴 했어도, 이미 주나라 때의 시대정신 속에서 군주의 바른 통치와 평화에 대한 염원은 몰락한 지식인들은 물론 일반 백성들 사이에도 팽배해 있었던 것이다. 바로 그 평화에 대한 열망이 시편 곳곳에 스며있고 필자는 불과 몇 편의 시편을 통하여 사례를 분석해 본 것일 뿐이다. 향후 이러한 연구는 더욱 깊이 계속 되어야 하리라 본다.

코로나 19와 같은 전 지구적 위기를 맞이하게 된 포스트 코로나 시대를 겪으면서, 지구촌 전체가 전쟁 상황이 아닌 또 하나의 전시적 위기 상황에 처한 우리들은 일찍이 볼 수 없었던 또 다른 시대적 사회적 격리의 고통을 감수해야 한다. 하지만 사회적 격리에 따른 또 다른 불평등 구조가 심각해지면서 빈부격차는 더욱 심해지고, 자본의 지배와 피지배의 양극화 현상이 첨예화 되고 있다. 3천 년 전의 중국의 민중들이 겪어야 했던 참혹한 전쟁의 아픔을 노래로 읊었던 <시경>을 보면서, 전쟁 중에 그들이 희구한 평화적 열망은 오늘날 우리 한반도가 겪고 있는 대내외적인 다양한 사회 문화적인 중첩적 고난 속에서 풀어 가야할 작지만 큰 소망으로서의 평화에 대한 열망을 여기에 담아 보았다.

〈 참고문헌 〉

공자편찬, 모형·모장 편주, 신동준 역주, 『시경』, 서울: 인간사랑, 2016.

馬宗霍, 馬巨, 『經學通論』, 北京: 中華書局, 2011.

揚之水, 『詩經別裁』, 北京:中華書局, 2013.

王先霈, 『中國古代詩學十五講』, 北京: 北京大學出版社, 2007.

李振華主編, 『論語』, 北京: 中華書局, 2009.

鄭杰文, 傅永軍 主編, 『經學12講』, 北京: 中華書局, 2007.

何大春編著, 『詩經』, 北京: 大衆文藝出版社, 2009.

韓嬰 撰, 임동석 역주, 『한시외전』, 서울: 동서문화사, 2012.

간디 비폭력사상 다시 보기

박 수 영

간디 비폭력사상 다시 보기

박 수 영

I. 시작하는 말

마우리아의 아쇼까(Aśoka), 무굴제국의 악바르(Akbar)와 더불어 인도의 3대 전륜성왕(轉輪聖王, Cakravartirāja)[1]으로 일컬어지는 간디는 인도를 대표하는 사상가이자 정치인이다. 아쇼까와 악바르가 제국의 건설자였다면 간디는 제국(British Raj)을 무너뜨린 무관의 제왕이었다. 그렇지만 인도국민회의(INC, Indian National Congress) 라는 민간단체의 의장직 외에는 일체의 공직을 맡은 적 없는 그의 모습이 인도 모든 지폐의 앞면에 새겨져 있다는 것이 현대 인도에서 그의 위상을 보여준다. 국수주의적 힌두이즘(Hindutva)을 이념으로 하는 나렌드라 모디(Narendra Modi) 총리의 인도인민당 (BJP, Bharatiya Janata Party)이 집권한 이래 정치적 목적으로 간디의 유산을 지우려고 하지만, 적어도 인도의 독립과정에서 간디가 한 막중한 역할만큼은 아무도 부정할 수 없을 것이다.[2]

---

1) 진리의 수레바퀴(輪, dharma cakra)를 굴리는(轉, vartin) 성군(聖王, rāja)을 의미한다.
2) INC와 동일시되는 네루의 유산은 합리주의, 비동맹 외교정책, 경제적

최근에는 오히려 모디의 바램과는 반대로 전지구적인 코로나 바이러스의 대유행(COVID-19 pandemic)과 관련하여 인도를 중심으로 간디의 삶과 사상이 재조명되고 있다. 아직 본격적인 논문과 단행본 등은 드물지만 언론에서 기고문 형태로 포스트 코로나 시대를 살아가는 지혜를 간디에게서 구하고자 하는 글들이 점차 늘어나고 있는 추세다. 그 분야는 매우 다양해서 간디의 관점으로 포스트-코로나 시대를 조망하는 개괄적 성격의 글3)부터 공공정책4)과 비즈니스5) 등 전문 분야에까지 이르고 있다.

본고는 최근의 트렌드에 따라 간디가 영국의 압제에 저항한 진리추구운동(satyāgraha)과 그 수단인 비폭력(ahiṁsā)을 포스트 코로나

사회주의, 정치적 민주주의, 종교적 세속주의 등으로 요약된다. 쇼비니즘적 성격이 강한 힌두뜨바와 달리 긍정적 측면이 많지만 경제의 실패 때문에 젊은 세대들에게는 부정적 이미지가 강하며, 그것이 반영된 것이 2019년 총선에서 BJP의 압승이다. 네루의 유산을 상속한 INC는 군소정당으로 전락하여 재기가 불가능할 정도로 몰락하였다.

3) 세계화 시대를 간디의 관점에서 재평가하는 "Lessons From COVID-19 & Gandhi: Virus Pandemic has Challenged the Foundations of Globalisation" (https://www.news18.com/news/opinion/lessons-from-covid-19-and-gandhi-the-coronavirus-pandemic-has-challenged-the-very-foundations-of-globalisation-2553781.html), 간디의 스와데쉬 운동 등 간디의 관점에서 포스트 코로나 시대를 바라보는 "Covid asks us to heed Gandhian principles of swadeshi, swachhata and sarvodaya" (https://indianexpress.com/article/opinion/columns/coronavirus-covid-19-tracker-india-mahatma-gandhi-swadeshi-swachhata-sarvodaya-gita-dharampal-6369939/) 등의 기사가 있다.

4) 예를 들어, "Mahatma Gandhi, public policy and COVID-19" 등의 기사가 있다.
https://www.downtoearth.org.in/blog/governance/mahatma-gandhi-public-policy-and-covid-19-73638

5) "Invoking Gandhi for business strategy in the post-Covid-world" 등의 기사가 있다.
https://www.forbesindia.com/article/iim-bangalore/invoking-gandhi-for-business-strategy-in-the-postcovidworld/59673/1

시대의 관점에서 재조명하고자 한다. 남아프리카와 인도에서 간디
가 실천한 사띠아그라하 운동의 구체적 실험과정 몇 가지를 다시
보면서, 이른바 "뉴 노멀"(new normal)[6] 시대를 살아가는 우리의
삶에 그의 통찰을 어떻게 적용할 수 있는지에 대하여 그 방법을 모
색하고자 한다.

　고대 인도의 전통에 뿌리를 둔 성자이자 행동가인 간디는 그의
저항운동을 처음에는 "소극적 저항(passive resistance)"이라고 불
렀지만 그것이 첫째, 폭력을 용인하고, 둘째, 약자의 무기라는 이유
때문에 산스끄리뜨어인 사띠아그라하(satyāgraha)로 대체한다. 소
극적 저항 운동에서의 증오와 폭력은 약함과 두려움의 표현이지만
사띠아그라하는 사랑을 함축하는 강자의 신념이기 때문이다. 간디
가 진리(satya)를 추구·견지(āgraha)하는 사띠아그라하라 운동의
방법으로 선택된 아힌사(ahiṁsā)[7]는 수단이면서 동시에 목적이기

---

6) "뉴 노멀"이란 어떤 위기상황 이후에 경제, 사회 등의 상태가 이전과
　다르게 정착되는 것을 말한다. 2005년의 조류 인플루엔자(avian
　influenza), 2007-2008년의 금융위기, 최근에는 2020년의 코로나사태
　(COVID-19 pandemic)와 관련하여 사용되고 있다.
7) 산스끄리뜨어를 표기하는 인도 고유의 글자인 데바나가리(Devanāgarī)
　는 46자(실제로는 사용하지 않는 ḷ를 제외하면 45자)인데, 장음(長音),
　권설음(捲舌音, retroflex sound) 등을 26자에 불과한 로마자로는 정
　확하게 표기(Romanize)할 수 없다. 그러므로 장음기호(macron, e.g.,
　ā), 비음표시 물결무늬(tilde, e.g., ñ), 윗점(overdot, e.g., ṅ), 권설음
　표시 아랫점(underdot, e.g., kṛṣṇa) 등 특수기호(diacritic)를 첨가한
　로마자를 보조적으로 사용한다. 특히 ṅ, ñ, ṇ, n, m 등은 아누스와라
　(anusvāra)라고 부르는 ṁ (또는 ṃ) 한글자로 표기하기도 한다. 그러
　므로 아누스와라 ṁ으로 표기되었을 경우 본래의 글자가 ṅ, ñ, ṇ, n,
　m 중 어느 것인지 확인해야 한다. 일반적으로 산스끄리뜨어는 우리말
　처럼 자음접변과 역행동화가 발생하는데, 아누스와라 ṁ도 뒤에 오는
　글자에 따라 그 음가가 정해진다. ahiṁsā의 경우처럼 "s" 앞에서의
　아누스와라 ṁ은 "n"으로 발음한다. 그러므로 ahiṁsā는 "아힌사"로
　발음하는 것이 맞다. 만약 위의 특수기호들을 생략하고 원발음에 가깝

도 하다.

간디의 사상은 추상적 사변이나 논리가 아닌 삶의 구체적 상황과 체험에서 나온 것이다. 그러므로 그의 사상은 인도의 다른 근현대 사상가들의 사상보다 간단·명료하고 쉬운 듯하지만, 현실적 문제에 적용될 때만 의미와 가치를 갖는 것이라는 점에서 가장 어려운 것이기도 하다. 간디 자서전의 부제가 "진리에 대한 나의 실험 이야기 (The Story of My Experiments with Truth)"라는 것이 이를 함축한다. 자연과학의 가설이 실험을 통해 검증되어야만 법칙이 되는 것처럼, 간디는 그가 생각하는 진리를 그의 삶 속에서 실천하며 검증하려고 하였다. 이에 다음의 제2장에서 간디즘의 구체적 원리이자 가설인 사띠아그라하와 아힌사를 먼저 살펴보고, 이어지는 제3장과 제4장에서는 구체적 실천을 통한 검증과정을 돌아보고자 한다.

II. 사띠아그라하(satyāgraha)와 아힌사(ahiṁsā)

사띠아그라하(सत्याग्रह , Satyāgraha)는 산스끄리뜨어 "satya"(truth, 진리)와 "āgraha"(insistence, holding firmly to, 추구 또는 굳세게 붙들기)의 합성어로서, 간디가 실천한 비폭력 저항운동 또는 시민 저항 운동의 특별한 형태를 의미한다. 사띠아그라하 사상은 1960년대 미국의 시민권 운동 기간 동안 마틴 루터 킹 주니어(Martin

---

게 영어식으로 표기(Anglicize)하고자 한다면 "ahinsa"라고 표기해야 한다. "산스끄리트"의 본래 표기인 "Saṃskṛta"를 "Sanskrit"로 표기하는 것도 같은 이유이다. 참고로 현대 힌디어에서 끝음절의 a는 생략한다(vowel syncope).

Luther King Jr.), 제임스 베벨(James Bevel) 등의 저항운동에 깊은 영향을 미쳤으며, 뒤이어 남아프리카 공화국의 아파르트헤이트 정책에 대한 넬슨 만델라의 투쟁 등 세계 많은 지역의 사회정의운동에 영향을 미쳤다.

　본래 사띠아그라하는 간디가 남아프리카에서 인도인의 시민권을 지키기 위하여 벌인 초기의 투쟁을 지칭하기 위하여 만든 용어로써, 남아프리카에서 간디가 발행하던 신문인 『인디안 어피니언』(Indian Opinion)이 1906년에 공모한 이름에서 기원한다. 간디의 조카인 마간랄 간디(Maganlal Gandhi)가 "Sadāgraha"라는 이름을 제안하여 상을 받았는데 간디가 그 의미를 더 명확하게 하기 위하여 "Satyāgraha"로 변경한다. "satya"는 "존재" 또는 (궁극적) "실재"를 의미하는 "sat"[8]에서 파생된 단어로서 "sat(실재)에 근거하는 것", 즉 진리를 의미한다. 애초에 간디는 자신이 벌이는 운동을 영어인 "passive resistance"(소극적 또는 수동적 저항)라고 불렀는데 공모를 통하여 산스끄리뜨어인 사띠아그라하로 변경한 것이다. 간디에게 사띠아그라하는 단순한 "소극적 저항"을 훨씬 넘어서 비폭력적인 방법으로 실천하는 어떤 힘을 의미하기 때문이다. 그는 그 이유에 대해 이렇게 설명한다.

　　"satya"는 사랑을 의미하고 "āgraha"는 무엇인가를 생성시키므로 힘의 동의어 역할을 합니다. 그래서 나는 우리 인도인의 저항운동을 "Satyāgraha," 즉 진리와 사랑 또는 비폭력에서 태어난 힘이라고 부르기 시작했고, 이와 관련하여 "소극적 저항"이라는 영어 표현의 사용을 그만 두었습니다. 영어로 글을 쓸 때에도 우

---

8) "sat" 또는 "sad"는 영어 be 동사의 3인칭인 "is"와 어원과 뜻이 같은 산스끄리뜨어 동사어근 √as의 과거분사형(past participle)이다.

리는 종종 "소극적 저항"이라는 영어 표현 대신 산스끄리뜨어
"Satyāgraha" 또는 이와 같은 의미를 갖는 영어 표현을 사용했습
니다.9)

간디는 더 나아가 쏘로우(Henry David Thoreau)의 전매특허로
널리 알려진 "시민 불복종 운동"과 자신의 사띠아그라하와의 차이
에 대해서도 명확히 한다. 간디는 1935년 9월 인디아 소사이어티
의 라오(P. K. Rao)에게 보내는 편지에서 자신의 저항 운동이
1849년 출간된 쏘로우의 『시민 불복종(Civil Disobedience)』이라는
에세이에서 착안된 것이라는 일부의 주장에 대해 이의를 제기한다.

> 내가 쏘로우의 글에서 시민 불복종에 대한 생각을 도출했다는
> 주장은 잘못되었습니다. 남아프리카에서 식민정부 당국에 대하
> 여 벌인 저항운동은 내가 시민 불복종에 관한 소로의 에세이를
> 알기 전에 이미 상당히 진전되었습니다. 그러나 그 운동은 "소극
> 적 저항(Passive Resistance)"으로 알려졌습니다. 그렇지만 그
> 의미가 불완전했기 때문에 나는 구자라뜨어10) 독자들을 위해
> 사띠아그라하라는 말을 만들었습니다. 쏘로우의 위대한 에세이
> 의 제목을 보고서 영국 독자들에게 우리의 투쟁을 설명하기 위
> 하여 나는 그의 표현을 사용하기 시작했습니다. 그러나 나는 쏘
> 로우의 시민 불복종이 우리가 벌이는 투쟁의 완전한 의미를 전
> 달하지 못한다는 것을 발견했습니다. 그래서 나는 "시민 저항
> (civil resistance)"이라는 표현을 채택했습니다. 비폭력은 항상
> 우리의 투쟁에서 없어서는 안 될 부분이었습니다.11)

---

9) Gandhi 1928: 109-110.
10) 구자라뜨는 간디의 고향이다.
11) "Letter to P. Kodanda Rao", 10 September 1935 (CWMG
 Vol.67, p.400)

간디는 이미 1920년에 영국 식민 정부에 보내는 성명서에서도 다음과 같이 사띠아그라하의 의미를 설명한 바 있다.

> 그것의 근본적 의미는 "진리를 붙들고(holding on to truth)" 있기 때문에 "진리의 힘(truth-force)"입니다. 나는 또한 그것을 "사랑의 힘(love-force) 또는 "영혼의 힘(soul-force)"이라고도 불렀습니다. 진리의 추구는 상대방을 해치는 폭력을 인정하는 것이 아니라 인내와 동정심을 통하여 과오에서 벗어나야 한다는 것을 나는 이미 사띠아그라하 운동의 초기 단계에 발견하였습니다. 한 사람에게는 진리로 보이는 것이 다른 사람에게는 과오일 수도 있습니다. 그리고 인내는 "스스로 고통을 겪는 것(self-suffering)"을 의미합니다. 그러므로 사띠아그라하의 가르침은 상대방이 아닌 자기 자신에게 고통을 가함으로써 진리를 증명한다는 것을 의미하게 되었습니다.12)

간디는 1920년의 다른 편지에서도 사띠아그라하와 "소극적 저항 운동"의 차이를 논한 바 있다.

> 나는 사띠아그라하의 교리를 논리적이고 영적으로 완전하게 전개시키기 이전에 서양에서 이해되고 실행된 소극적 저항 운동과 사띠아그라하의 차이를 그려본 바 있습니다. 나는 종종 "소극적 저항"과 "사티아그라하"를 동의어로 사용하기도 했지만, 사띠아그라하의 교리가 발전함에 따라 "소극적 저항"이라는 표현은 동의어로 사용하는 것조차도 그만 두었습니다. 왜냐하면 여성 참정권 운동(suffragette)의 경우처럼 소극적 저항 운동은 폭력을 용인해왔으며, 보편적으로 약자의 무기로 인정되었기 때문입니다. 더욱이 소극적 저항은 모든 상황에서 진리를 완전하게 고수

---

12) "Statement to Disorders Inquiry Committee", January 5, 1920 (CWMG Vol.19, p.206)

하는 것을 반드시 포함하지는 않습니다. 그러므로 소극적 저항
은 본질적으로 세 가지 측면에서 사띠아그라하와 다릅니다. 첫
째, 사띠아그라하는 강한 자의 무기입니다. 둘째, 사띠아그라하
는 어떤 상황에서도 폭력을 인정하지 않습니다. 셋째, 사띠아그
라하는 언제나 진리를 주장합니다.13)

사띠아그라하와 아힌사 사이에도 긴밀한 관계가 있다. 사띠아그
라하는 때때로 비폭력의 원리 전체를 가리키기도 하는데, 이때는
본질적으로 아힌사와 같은 의미이다. 그리고 어떤 때에는 시민 불
복종 운동의 경우처럼 식민 정부를 방해하는 직접적 행동을 구체적
으로 지칭하기 위하여 뚜렷한(marked) 의미로 사용되기도 한다.
간디는 이렇게 말한다.

> 아힌사 없이 진리(satya)를 구하고 찾을(seek and find) 수 없
> 다는 것은 아마 앞서 말한 것에서 분명할 것입니다. 아힌사와 진
> 리는 너무 얽혀있기 때문에 그것들을 풀어서 분리하는 것이 사
> 실상 불가능합니다. 그것들은 동전, 아니 차라리 아직 무늬를 새
> 기지 않은 매끄러운 금속 원반의 양면과 같습니다. 그렇지만 그
> 럼에도 불구하고 아힌사는 수단이고, 진리는 목적입니다. 수단
> 이 되는 것은 항상 우리의 손이 닿는 곳에 있어야 합니다. 그래
> 서 아힌사는 우리의 최고의 의무입니다.14)

간디의 사띠아그라하 이론에서는 수단과 목적을 분리할 수 없는
것으로 여긴다. 목적을 얻기 위해 사용되는 수단은 그 목적에 녹아
들어 한 덩어리로 붙어 있게 된다. 그러므로 정의를 얻기 위해 부당
한 수단을 사용하거나 평화를 얻기 위해 폭력을 사용하는 것은 모

13) "Letter to Mr. - ", 25 January 1920 (CWMG Vol.19, p.350)
14) Gandhi 2001.

순이다. 이를 간디는 다음처럼 말한다. "그들은 '수단은 결국 수단이다'라고 말합니다. 나는 '수단은 결국 모든 것이다'라고 말할 것입니다. 수단이 결국은 목적입니다."15) 간디는 이것을 설명하기 위해 시계를 예로 들며 말한다.

> 내가 당신의 시계를 빼앗고 싶다면, 나는 확실히 그것을 위해 싸워야 할 것입니다. 내가 당신의 시계를 사고 싶다면 그 값을 지불해야 합니다. 그리고 내가 선물을 원한다면 간청해야 할 것입니다. 내가 사용하는 수단에 따르면 시계는 훔친 것, 내 것, 아니면 기증품입니다.16)

간디는 불의는 "필요한 어떤 수단을 써서라도"(by any means necessary) 맞서 싸워야 한다는 생각을 거부한다. 만약 폭력적, 강압적, 부당한 수단을 사용한다면 어떤 목적을 달성하든 반드시 불의를 내포할 것이다. 폭력을 선동하고 비폭력 활동가들을 겁쟁이라고 부른 사람들에게 간디는 이렇게 답한다.

> 비겁과 폭력 사이에서 오직 하나만 선택해야 한다면 나는 아마도 폭력을 조언할 것이라고 믿습니다. 나는 인도가 명예를 지키고자 한다면 비겁한 방법으로 무기력하게 인도의 불행을 바라보느니 차라리 무기에 의존하게 하고 싶습니다. 그러나 나는 비폭력이 폭력보다 한없이 우월하고, 용서가 처벌보다 위대하다고 믿습니다.17)

---

15) Gandhi 2005.
16) Gandhi 1938: Chapter 16.
17) "Voice of Truth" (Selected Works of Mahatma Gandhi: Vol.V, Chap.12: Non-Violence and Cowardice: Navajivan Trust.

사띠아그라하의 정수는 적대자를 해칠 수 있는 폭력적인 저항과
는 반대로 적대자 자체를 해치지 않고 적대감을 제거하고자 한다는
것이다. 따라서 사띠아그라하를 실천하는 사람(satyāgrahi)[18]은
적대자와의 관계를 끝내거나 파괴하려고 하지 않고 대신 더 높은
수준으로 변형 또는 "정화하려고"(purify) 한다. 이런 이유로 사띠
아그라하를 "침묵의 힘"(silent force) 또는 "영혼의 힘"(soul
force)[19]이라고 완곡하게 표현하기도 한다. 그러므로 사띠아그라
하는 육체적 힘보다 도덕적 힘으로 개개인을 무장시킨다. 간디에
따르면 그것은 본질적으로 "친한 사람과 낯선 사람, 젊은이와 노인,
남자와 여자, 친구와 적을 구분하지 않기 때문에 보편적 힘
(universal force)"이라고도 불린다.[20] 간디는 진리를 고수하는 사
띠아그라하를 무력에 의존하는 두라그라하(durāgraha)와 비교하며
그 의미를 더 명확히 한다.

> "조급함(impatience), 야만성(barbarity), 무례함(insolence),
> 과도한 압박(undue pressure)이 없어져야 합니다. 우리가 진정
> 한 민주주의 정신을 기르고 싶다면 편협할 수 없습니다. 편협함
> (intolerance)은 자신의 대의에 대한 믿음을 저버립니다."[21]

---

18) yoga 수행자를 yogi라고 하듯이 satyāgraha를 실천하는 사람을
satyāgrahi라고 한다. 본래의 어간형은 satyāgrahin이지만 산스끄리
뜨어에서는 일반적으로 주격(nominative)인 satyāgrahi라고 표기한
다. 간디에 대한 경칭인 mahātma도 어간형 mahātman (mahā +
atman)의 주격형이다.
19) 마틴 루터 킹 주니어가 유명한 연설 "I Have a Dream"에서 사용한
용어이다.
20) "Some Rules of Satyagraha", *Young India* (Navajivan) 23
February 1930 (CWMG Vol.48, p. 340).
21) R. K. Prabhu & U. R. Rao, editors; from section "Power of
Satyagraha," of the book The Mind of Mahatma Gandhi, at

간디는 사띠아그라하 운동의 초기단계에 이미 교육과 훈련의 중요성을 간파했다. 그는 시민 불복종 운동을 포함하는 대규모 정치적 충돌에서 사띠아그라하를 사용할 때 사띠아그라히들이 규율을 지키기 위해서는 훈련을 받아야 한다고 믿었다. 그는 "사람들이 시민 불복종의 권리를 획득하는 것은 국가의 많은 법률들을 준수함으로써 자신의 적극적인 충성을 입증할 때뿐"이라고 말한다,22) 그래서 간디는 사띠아그라히들이 준수해야할 몇 가지 규율들을 만든다. 그런데 법과 규정의 준수는 마지못해 하는 것이 아니라 비범한 것이어야만 했다. 간디는 재미있는 예를 들며 말한다.

> 어떤 정직하고 존경스러운 사람은 도둑질을 금지하는 법이 있든 없든지 간에 갑자기 도둑질을 하지 않을 것입니다. 그러나 바로 이 사람은 어두워진 후에 자전거에 헤드라이트를 켜고 가야한다는 규칙을 지키지 않은 것에 대해 어떤 후회도 느끼지 않을 것입니다. 그는 규칙 위반에 대한 고발에 직면하는 불편함을 피하기 위해서만 이러한 종류의 의무적 규칙을 준수할 것입니다. 그러나 그러한 법의 준수는 사띠아그라히에게 요구되는 적극적이고 자발적인 준수가 아닙니다.23)

이상에서 간디의 말(言), 즉 간디즘의 핵심적 원리인 사띠아그라하와 아힌사를 살펴보았다. 이하에서 간디의 행동(行), 즉 그가 남아프리카와 인도에서 자신이 한 말들을 실천하고 검증하면서 언행을 일치시키는 과정을 다시 보고자 한다.

---

the Wayback Machine, Ahemadabad, India, Revised Edition, 1967.

22) "Pre-requisites for Satyagraha", *Young India* 1 August 1925.
23) Gandhi 1926: 575-576.

III. 남아프리카에서의 진리에 대한 실험

간디는 1869년 10월 2일[24])에 서부 인도 구자라뜨주의 작은 군주국(Princely State)[25])인 뽀르반다르(Porbandar)에서 3남 1녀의 막내로 태어났다. 힌두 집안이지만 자이나의 깊은 영향을 받은 경건하고 종교적 분위기에서 자라난 간디는 아버지의 강직함과 어머니의 성스러움을 물려받는다. 특히 어머니는 신앙심이 깊은 우아하고 헌신적인 인물로서 금식 등의 종교의식을 꼭 지켜 주변의 존경을 받는 사람이었다. 간디의 집안은 바이샤 카스트인 바니야(Baniya) 바르나(varṇa)답게 조상 대대로 잡화상을 꾸려왔으나 간디의 조부(Uttamchand Gandhi)가 뽀르반다르의 수상이 되면서 지역의 명문가로 급부상하게 된다. 그런데 수상직을 물려받은 아버지(Karamchand Uttamchand Gandhi)가 1885년에 사망하면서 가세가 기울어진다. 이때 아버지 친구인 조쉬지(Mavji Dave Joshiji)의 권유로 변호사가 되기 위하여 1888년에 영국으로 유학을 떠나 런던대학교의 이너 템플(Inner Temple)에서 법률을 공부한다.

간디는 1891년에 변호사 자격(Call to the bar)을 취득한 후 인

---

24) "Gandhi Jayanti"라고 부르는 간디의 생일은 1월 26일 공화국의 날(Republic Day), 8월 15일 독립기념일(Independence Day)과 더불어 인도의 3대 공휴일 중 하나이다. UN 총회는 2007년에 간디의 생일을 국제 비폭력의 날로 정하였다.

25) 영국 직할통치(British Raj)의 정점에도 무려 675개나 되는 봉건적 독립왕국들(Princely States)이 인도아대륙(Indian Subcontinent)의 40%를 차지하고 있었고, 그중 하이데라바드와 까슈미르는 유럽의 큰 나라들보다 영토가 넓었다. 인도가 독립한 1947년에 파키스탄을 제외한 인도연방(Indian Union) 내의 군주국만도 565개에 이른다. 이들 군주국들은 자의 또는 무력에 의해 순차적으로 인도연방에 합병되는데, 까슈미르 사태의 원인도 여기에 있다.

도로 돌아와 봄베이(지금의 뭄바이)에서 변호사 업무를 시작했지만 증인을 반대심문(cross-examine witness)할 수 없는 심리적 이유 등으로 변호사 개업에 실패하게 된다. 때마침 간디는 남아프리카에서 해운업으로 성공한 무슬림 상인 압둘라(Dada Abdullah)의 법률자문 요청을 받게 된다. 이에 1893년 4월에 23세의 나이로 남아프리카로 떠난 간디는 그곳에서 장장 21년의 시간을 보내면서 훗날 인도 독립운동의 밑거름이 되는 정치적, 도덕적, 윤리적 경험을 쌓게 된다.

간디는 남아프리카에 도착하자마자 다른 유색인들처럼 피부색으로 인한 인종차별을 겪는다.26) 압둘라와의 계약을 성공적으로 완수하고 계약조건대로 1894년에 인도에 귀국하려 했지만 새로운 나탈 정부의 차별적 법률안으로 인해 간디는 원래 계획했던 체류기간을 연장한다. 그는 식민 장관(British Colonial Secretary)인 챔벌린(Joseph Chamberlain)에게 인도인들의 투표권을 제한하는 법률안을 재고해달라고 요청한다. 비록 법안의 통과를 막을 수는 없었지만 그의 캠페인은 남아프리카에 거주하는 인도인들의 주목을 받게 된다. 이후 간디는 1900년의 보어 전쟁에서 나약한 것으로 낙인찍힌 힌두인의 용맹함을 입증하기 위하여 부상자를 운반하는 앰뷸런스 부대(Natal Indian Ambulance Corps)를 조직하여 식민 정부를 돕는다. 그리고 전쟁에서 기여한 공로를 인정받아 간디와 37명의 자원봉사자들은 여왕 메달(Queen's South Africa Medal)을 수여받는다.

그런데 1906년 식민정부가 인도인과 중국인 등 아시아인의 등록

---

26) Parekh 2001: 7.

을 강요하는 법안을 선포하면서 새로운 상황이 전개된다. 남아프리카의 유럽인 농장주들은 본래 노예나 다름없는 계약노동자로서 인도인 등을 받아들였다. 그런데 소규모이긴 하지만 자유이민자와 계약기간이 끝나고 눌러앉은 노동자들의 경제적 활동이 백인들의 질시와 경계를 불러일으키게 된다. 결국 영국 식민 정부는 인도인 등의 시민권, 투표권, 주거와 입국, 상업의 자유를 제한하는 법안을 내놓게 되는데, 그중 대표적인 것이 간디가 암흑법이라고 부른 아시아인 등록법(Asiatic Law Amendment Ordinance)이다. 법률안에 따르면,

> 트란스발에 거주하는 8세 이상의 모든 남녀 인도인들은 아시아인 등록관에게 등록하고 등록증을 교부받아야 하며 신청자들은 이름, 주소, 나이, 카스트 등을 상세히 기재하고 지문을 찍어야 한다. 일정기간 내에 등록을 하지 않을 경우 거주 자격을 박탈당하고 벌금, 징역 또는 국외 추방의 벌을 받는다.27)

1906년 8월 22일자 트란스바알 정부의 관보에 실린 법안을 읽고 문제의 심각성을 인지한 간디 등이 9월 11일에 제국극장에 모여 인도인들은 암흑법을 따르지 않을 것과 그에 따르는 모든 처벌을 감수할 것 등을 결의하였다. 간디는 개인적으로 더욱더 엄숙한 결의를 한다.

> 우리가 채택한 이 결의안은 매우 위대한 것이며 남아프리카에서 우리의 생존은 그것을 완전히 지키는데 달려있습니다. […] 인도인 다수가 저항할 것을 선서하고 선서한 모든 사람들이 자신

___
27) Gandhi 1928: 92-93.

에게 진실하면 그 법안은 통과되지 않을 것이고, 통과되었다 하
더라도 곧 철회될 것입니다. 여기에 참석한 다수가 시련을 이기
지 못하고 나 홀로 남는다 해도 나는 그 법을 따르기 보다는 죽
음을 택하겠습니다.[28]

암흑법의 철폐를 주장하는 인도인들의 저항운동을 간디는 사띠
아그라하라고 명명하는데, 이것이 그의 첫 번째 사띠아그라하 운동
으로서 훗날의 소금행진(Dandi Salt March) 등 여러 사띠아그라하
운동의 원형이 된다. 앞서 언급한 바와 같이 간디는 처음에 이 운동
을 "소극적 저항"이라고 불렀지만 자신이 발행하는 신문의 공모를
통하여 사띠아그라하라는 새로운 이름을 짓고 다음과 같이 이 운동
을 정의한다.

사띠아그라하 운동은 사랑이 근본이며 때와 장소를 불문하고 물
리적인 힘, 폭력을 사용하지 않고, 상대방을 해지려는 어떠한 의
도도 없으며 오히려 자신이 고통을 당함으로써 상대방을 이기고
자 하는 것입니다.[29]

간디의 첫 번째 사띠아그라하 운동은 1908년 간디와 스머츠(Jan
Christian Smuts) 간의 협정으로 해결을 보는 듯했지만 스머츠의
일방적인 협정파기로 다시 원점으로 되돌아갔다. 스머츠는 "대다수
의 인도인들이 자발적으로 등록을 하면 식민정부는 인도인 등록법
을 철회하고 자발적 등록을 합법화하는 조치를 취하겠다"고 간디에
게 약속했었다. 이 같은 약속에 따라 간디를 포함한 인도인들은 거
의 자발적 등록을 마쳤고 정부 또한 이러한 사실을 시인했는데, 스

---

28) Gandhi 1928: 97-99.
29) Gandhi 1928: 104-107.

머츠가 인도인들을 속인 것이다. 그는 암흑법은 그대로 두고 자발적 등록을 유효화하는 조치를 취한다. 스머츠의 조치를 배신행위로 규정한 간디는 그에게 약속의 이행을 촉구하고, 정부에는 인도인들이 감옥에 들어갈 준비가 되어있다는 것을 알렸다. 그러나 스머츠는 오히려 인도인들의 입국을 제한하는 또 다른 악법인 트란스발 이민제한법(Transvaal Immigrants Restriction Bill)을 통과시킨다. 이에 남아프리카의 인도인들은 1909년 6월에 간디를 포함하는 두 명의 대표단을 영국 의회에 보냈다.

비록 협상에 실패하고 빈손으로 귀국하였지만, 간디는 런던에서 그의 삶에 전환점을 맞는 중요한 경험을 하게 된다. 간디는 1909년 7월 10일 런던에 도착하여 11월 13일까지 약 4개월 동안 머물렀는데 이때 서신을 통하여 톨스토이를 만나게 된다. 톨스토이가 서거할 때까지 1년 동안 지속된 둘 간의 서신 교환은 이후 간디의 삶에 큰 영향을 주게 된다. 남아프리카에 돌아온 간디는 종교, 가난, 채식, 평화 등에 대한 톨스토이의 작품을 읽기 시작했다. 그중에서도 "하나님의 왕국은 당신 안에 있다"(The Kingdom of God is within You, 1893)를 통해 기독교 복음의 핵심이 힌두이즘과 자이나에서 가르치는 아힌사와 크게 다르지 않다는 것을 알게 되었다. 간디는 자서전에서 "이 책은 나를 압도하였으며, 나에게 독립적 사고와 높은 도덕성, 진실성 등의 사고에 지대한 영향을 주었다"라고 쓴다. 간디는 톨스토이를 통해 기독교의 근본적 교리들을 배우게 되는데, 특히 "어떤 악에 대해서도, 악을 극복하는 과정에서 절대로 폭력을 사용하지 말라"는, 즉 비폭력만이 악을 이기는 유일한 방법이라는 산상수훈(Sermon on the Mount)의 가르침이 간디에게 깊은 영향을 주었다. 간디는 톨스토이가 자신을 검소하고 소박하게 살게 하

고, 회의주의에서 멀어지게 하였으며, 확고한 아힌사의 신봉자가
되게 하였다고 말한다.30)

한편 협상에서 실패하고 영국에서 돌아온 간디는 기한 없는 투쟁
을 준비한다. 그런데 언제 끝날지 모를 투쟁에 수반되는 투옥이나
추방은 사띠아그라히 가족들의 부양문제를 유발했다. 이 문제를 해
결하기 위하여 간디가 생각한 방법이 공동생활이었다. 공동생활을
함으로써 경비도 절약하고, 공동체의식도 고양시킬 수 있었다. 그
래서 간디는 유대인 사업가이자 후원자인 칼렌바흐(Hermann
Kallenbach) 등의 기부금을 모아 농장을 만들어 공동생활을 시작하
는데, 톨스토이에 대한 존경을 표하고 그의 사상을 기리기 위하여
"톨스토이 농장"이라고 이름을 짓는다. 간디에 따르면,

> 톨스토이 농장은 마지막 투쟁을 위한 영적 정화와 고행, 참회의
> 도량이었다. 만약 톨스토이 농장이 없었다면 기금확보와 투쟁이
> 계속 전개될 수 있었는지, 그리고 투쟁의 마지막 국면에 참여한
> 수천 명의 사람들이 자신들의 역할을 제대로 할 수 있었는지 나
> 는 회의적이었다.31)

이 무렵 간디는 고칼레(Gopal Krishna Gokhale, 1866-1915)
등 인도본토의 지도자들에게 남아프리카에 와서 인도인 정착민들
의 상황을 들러보도록 요청한다. 1912년 10월 케이프타운에 도착
한 고칼레는 스머츠를 만나 그의 말을 액면 그대로 믿는다. 모든 문
제가 해결되었다고 생각한 고칼레는 간디에게 이제 함께 인도로 돌
아가라고 설득한다. 그러나 스머츠의 거짓말을 알아챈 간디는 톨스

---

30) CWMG Vol.9, p.241.
31) Gandhi 1926: 253-256.

토이 농장을 폐쇄하고 사띠아그라히 가족들을 피닉스 농장으로 보내는 등 더욱더 철저하게 장기간의 투쟁을 준비한다. 그리고 최후의 조치로서 어린이와 필수 인원을 제외한 모두를 감옥에 보내기로 결단한다.

> 사띠아그라히의 겸손은 끝이 없습니다. 그는 타협의 기회를 놓치지 않으며 설령 누가 그를 마음이 약한 사람이라고 비난해도 개의치 않습니다. 자기 자신을 믿고 그 믿음에서 나오는 힘을 가진 자는 다른 사람이 경멸해도 전혀 관심을 갖지 않습니다. 그는 오직 자신의 내적인 힘에 의지하며 따라서 모든 사람에게 예의 바르며 자신의 주장을 위해 세계의 여론을 활용합니다.32)

간디는 1913년 10월 28일 행진이 시작되기 전에 사띠아그라히들이 지켜야할 주의 사항을 알려준다.

> 누구도 필요 이상의 옷을 지니지 않으며, 타인의 재산에 손을 대서는 안되고, 관리나 유럽인들이 모욕을 주거나 구타를 해도 참아야 하며 경찰이 체포하려 하면 체포 탕하고 내가 먼저 체포되더라도 행진을 계속해야 합니다.33)

평화군으로 이름 붙인 사띠아그라히들은 하루에 20여 마일을 걸어서 8일 만에 톨스토이 농장에 도착할 계획을 세웠다. 평화군은 행진 중에 간디의 주의 사항을 잘 지켰으며, 더 나아가 존경스러운 행동들을 한다. 일부 사탕수수 농장의 인도인 노동자들은 파업 중 베어놓은 사탕수수를 제분공장으로 옮겨 농장주가 손실을 입지 않

---

32) Gandhi 1928: 265.
33) Gandhi 1928: 267.

게 한 후 파업행진에 참여했다. 그리고 더반(Durban) 시청의 인도
인 고용인들도 위생업무에 종사하는 사람이나 병원에서 환자를 돌
보는 사람들은 근무지를 이탈하지 않고 업무를 수행했다. 사띠아그
라히들은 상대방을 생각하고 행동하는 사람들이었다.

결국 사띠아그라히들의 존경스러운 행동과 간디의 설득으로 인
도인 구제법(Indians Relief Bill)이 선포된다. 그런데 투옥된 사띠
아그라히들의 석방, 계약노동자들에 대한 과도한 세금 철폐 등의
요구사항은 관철되었지만, 완전한 주거권, 사업권, 이주권 등은 허
용되지 않았으며, 이에 따라 일부 인도인들이 새로운 투쟁을 주장
했다. 그러나 간디는 지난 몇 개월 동안 문제 해결에 보여준 정부의
관용정신이 기존의 법집행에 계속 적용된다면 연방정부내의 인디
언 커뮤니티는 어느 정도 평화를 유지할 수 있고 더 이상 정부에 짐
이 되지 않을 것으로 확신했다.

남아프리카의 인도인들은 8년간의 위대한 사띠아그라하 투쟁의
막을 내리고 이제 평화를 얻게 되었다. 드디어 1914년 7월 18일 간
디는 21년간의 남아프리카 생활을 접고 인도로 영구 귀국하게 되었
다. 남아프리카에서 벌인 사띠아그라하 운동의 역사는 간디의 생활
의 기록이며 진리를 향한 그의 끊임없는 실험의 역사였다. 이 값진
사띠아그라하의 경험은 훗날 인도 독립운동의 밑거름이 된다.

IV. 인도에서의 진리에 대한 실험

가족, 칼렌바흐와 함께 영국을 경유해 1915년 1월 9일 인도에 도
착한 간디는 21년 전 더반에 도착했을 때의 소심하고 겁많은 청년

과는 사뭇 다른 사람이었다. 간디를 2등 시민으로 대했던 남아프리카에서의 인종차별 철폐투쟁이 그를 정치적으로 단련시켰고, 톨스토이와의 만남은 인간적으로 성숙하게 만들었다.34) 봄베이의 법정에서 신문 도중 수줍어서 밖으로 뛰쳐나왔던 그가 이제 성숙하고 강인한 정치지도자가 되어 귀국한 것이다. 그러나 그는 귀국과 동시에 인도 독립운동과 정치무대의 한복판으로 뛰어들지는 않는다. 일종의 정치적 견습기를 갖는데, 그것은 간디의 정치적 조언자인 고칼레와의 약속 때문이었다.35)

고칼레는 간디를 "영웅들과 순교자들이 가지고 있는 재능을 가진, 언젠가는 인도를 위해 큰일을 할 인물"로 평가한 바 있다. 그런데 간디의 요청으로 1913년에 남아프리카에 잠시 와서 인도인 사회를 둘러본 고칼레는 간디에게 귀국 후 1년간은 정치적 문제들에 대해 견해를 표명하지 않을 것을 확약 받은 바 있었다.36) 이에 간디는 "1년 동안 나는 인도에서 아무 것도 하지 않고 견습 기간이 끝날 때까지 경험을 얻기 위해 여행하며 공공의 문제에 대해 의견을 표명하지 않을 것이며 1년이 지난 후에도 소신의 피력을 서두르지 않겠다"고 고칼레에게 약속했다.37) 약속대로 귀국 첫해인 1915년에 간디는 정치를 멀리하면서 인도 여러 지역을 여행한다. 이 기간 동안 그는 연설과 기고문 등을 통하여 사회개혁에만 몰두하고 정치적 문제는 피해갔다. 1888년 영국유학 이래 26년 가까이 떠나 있었던, 고국이지만 그에게는 생소한 인도의 상황을 바로 보고 알기 위하여

---

34) 특히 도덕적 원칙과 일상생활을 일치시키고자 노력한 톨스토이의 사상이 간디에 깊은 영향을 주었다.
35) Gandhi 1926: 288.
36) 이정호 2000: 181-185.
37) Gandhi 1926: 288.

스스로 선택한 침묵이었다. 그러나 이때의 침묵과 관망 속에서 간디는 그만의 운동방법을 만들어가고 있었다.

간디는 우선 아쉬람(āśram)을 건립한다. 친구들이 여러 곳을 권유했지만 최종적으로 경제적 여건 등이 좋은 그의 고향 근처의 아흐메다바드(Ahmedabad)에 아쉬람을 건립하기로 한다. 그는 인도에서 처음으로 건립한 아쉬람의 이름에 대해 "우리의 신조는 진리에 대한 헌신이며, 활동은 계속하여 진리를 쫓는 것이다. 그리고 나는 남아프리카에서 시도했던 실험을 인도에 알리기를 원했고, 인도에서도 그것의 적용이 가능한지 시험해보고 싶어 사띠아그라하 아쉬람이라고 명명하였다"고 말한다.38) 이후 구성원이 늘어나면서 근처의 사바르마띠(Sabarmati) 강변으로 아쉬람을 옮기게 된다. 그런데 사바르마띠 아쉬람을 연지 얼마 되지 않아 불가촉천민(untouchable) 가족을 받아들이면서 여러 가지 문제가 발생된다. 이에 반대한 조력자들로부터 경제적 원조가 중단되고, 간디의 부인과 조카인 마간랄도 내심 반대하였지만 간디는 그들에게 불가촉천민에 대한 편견을 버리거나, 아니면 아쉬람을 떠나라고 단호하게 말한다.

간디는 사바르마띠 아쉬람의 성격을 종교적 정신 속에서 사는 집단생활로 규정하였는데, 여기서 "종교적"이란 넓은 의미로 어떤 특정 종교나 의식을 강요하지는 않았다. 그러나 도덕적, 영적 성장에 도움이 되는 사띠아그라하, 아힌사, 순결, 육체적 노동, 담대한 행동 등 몇 가지의 서약과 맹세는 있었다. 특히 아힌사는 남에게 해를 가하지 않는 소극적 개념뿐만 아니라 모든 생명체에 대한 사랑을 의

---

38) Gandhi 1926: 298.

미하는 것으로 풀이했다. 반대로 힌사(hiṁsā)는 단순히 생명체에 물리적 상해를 가하는 것뿐 아니라 악의, 미움, 증오 등도 포함하는 개념으로 간주했다.39)

아쉬람에 기거하면서 1년간의 침묵의 약속을 지킨 간디는 인도 정치의 중앙 무대에 곧바로 진입하지는 않았지만, 이후 노동자, 농민과 관련된 여러 지역분쟁에 참여하여 리더쉽을 발휘함으로써 점차 영향력을 확대해 나간다. 이 시기에 간디가 주도한 대표적 운동이 1917년의 참파란(Champaran) 사띠아그라하. 1918년의 케다(Kheda) 사띠아그라하 운동이다.

간디가 일방적으로 불리한 조건하에 인디고를 생산하는 참파란 지역의 소작농의 상황을 조사하기 위하여 비하르에 도착하자 치안 판사는 즉시 떠나라고 통보하지만 그는 양심의 명령을 따르기 위하여 판사의 명령을 거부한다는 입장을 단호하게 밝힌다.

> 나는 소작농들에게 인간적인 도움을 주고 봉사하기 위해 이곳에 왔습니다. 소작농들이 인디고 경작자들로부터 정당한 대우를 받지 못하고 있다며 와서 도와달라는 그들의 간절한 요청을 받고, 나는 이곳에 왔습니다. 가능하다면 나는 행정당국과 경작자들의 협조를 얻어 조사하고자 합니다. [⋯] 법을 준수하는 한 시민으로서 나의 첫 본능은 나에게 내려진 명령을 따르는 것입니다. [⋯] 그러나 나에게 내려진 명령을 무시하는 것은 법적인 권위를 존경하지 않아서가 아니라, 인간존재의 상위법인 양심의 소리에 복종하기 위해서입니다.40)

진리를 지키기 위하여 목숨을 걸고 양심의 명령을 따르는 간디의

---

39) 이정호 2000: 188-191.
40) Gandhi 1926: 311-312.

원칙은 1918년의 케다 사띠아그라하에서도 나타난다. 당시 케다 지역은 계속된 가뭄으로 농작물이 다 말라죽어가는 상황이었다. 그런데 수확이 정상적 산출량의 25%에 미치지 못하면 농지세를 면제해야 하는 법이 있음에도 불구하고 정부에서는 통계를 조작하면서까지 세금을 걷고자 하였다. 농민들은 곡식의 피해를 조사하는 위원회의 구성을 요구했지만 정부에서는 오히려 농지세를 납부하지 않을 경우 토지를 몰수하겠다고 협박하였다. 이에 간디는 농민들에게 그와 같은 위협과 전횡에 대항하여 죽을 때까지 싸우자고 역설하였다. 그는 케다의 농민들이 불법과 부당에 저항함으로써 이 문제를 해결할 수 있으며, 관리들에게 농민들의 동의 없이는 그들을 통치할 수 없다는 보여주자고 말한다. 뜻밖에 정부는 세금의 일부 감면을 발표하는데, 간디는 아쉬움이 없지는 않지만 정부의 체면도 살리고 농민의 실리도 챙기는 선에서 사띠아그라하 운동을 중단하는 것이 옳다고 판단했다.41)

간디는 인도에 귀국하는 도중에 제1차 대전의 발발 소식을 들었고, 그가 인도에서 전개한 초기의 사띠아그라하 운동들도 전쟁 중에 벌인 것들이었다. 간디는 보세(Subhas Chandra Bose, 1897-1945) 등과 달리 전쟁 중인 영국을 곤란하게 할 의도가 없었기 때문에 가능한 한 정부와의 충돌을 피해 전국적인 위기나 소요를 일으키지 않고 지역적인 문제로 국한하여 소작농이나 노동자들의 정당한 권익을 찾아주는데 주력했다. 이 무렵의 간디는 국가적인 인물로 부상하지는 않았지만, 억압받고 착취당하는 약자들의 권익과 자존감을 찾아주면서 점차 이름이 알려지게 된다.

---

41) Gandhi 1926: 332.

간디가 지역적 분쟁에서 그의 진리를 성공적으로 실험하고 있는 동안, 대영제국은 세계 대전에 휘말려 어려움에 처해 있었다. 그러나 간디는 "대영제국의 위기가 곧 인도의 기회"라는 일부의 주장에 동조하지 않았을 뿐만 아니라, 오히려 인도가 영국을 돕는다면 전쟁이 끝난 후 자치권을 부여받을 것으로 확신하고 있었다. 베산트(Annie Besant, 1847-1933)와 띨락(Bal Gangadhar Tilak, 1856-1920) 같은 지도자들이 영국은 그들이 곤경을 당하지 않으면 절대로 권력을 양보하지 않는다며 간디가 환상에 젖어있다고 경고했지만, 그는 "어려울 때 우리가 충성을 하는 것은 자치에 대한 정당한 시험이 아니다. 충성은 공적이 아니라 지구에 사는 시민의 필연"이라며 대영제국에 대한 신뢰를 저버리지 않았다.

1918년 초 전쟁이 연합국에 불리하게 전개되고 있을 때, 총독 첼름스포드(Frederic John Napier Thesiger, 3rd Baron Chelmsford, 1868-1933)는 간디 등 유력 정치지도자들을 델리로 초대하여 회의를 개최하였다. 간디는 처음에는 불참을 선언하였지만 나중에 참석하여 신병모집에 대한 결의안을 전적으로 지지한다고 말한다. "당신은 아힌사의 신봉자인데 어떻게 우리에게 무기를 들라고 하십니까? 정부가 우리의 협조를 받을 만한 어떠한 선행을 인도에게 행하였습니까?"[42)라는 주변의 비판 속에서도 간디는 하루에 수십 마일을 맨발로 걸어 다니며 지원병을 모집한다. 간디는 이런 강행군에 결국 이질에 걸려 혼수상태에 이르러 죽음 직전까지 가게 되었으나 아내의 권유로 염소젖을 마시고 서서히 회복하게 되었다.

간디가 이때의 상황에 대해 "살려는 의지가 진리에 대한 헌신보

---

42) Gandhi 1926: 337

다 더 강했다"43)고 말했지만, 실상 간디를 병상에서 끌어낸 것은 로울라트법(Rowlatt Act)이었다. 1917년 12월에 인도 총독 첼름스포드는 영국 내각의 인도성 장관 몬태규의 동의하에 혁명주의자들의 활동을 광범위하게 조사하는 위원회를 구성하고, 1919년에 로울라트법으로 알려진 무정부주의 및 혁명주의 범죄 처벌법(Anarchical and Revolutionary Crimes Act)을 통과시켰다. 단순히 혐의만으로도 인도인들을 체포하고, 정치범들을 비공개로 재판할 수 있도록 한 이 악법에 대한 인도 지도자들의 반대는 거의 만장일치였다. 간디는 로울라트법을 "자유와 정의를 파괴하는 부당한 것이며 국가와 집단의 안전의 기초가 되는 개인의 기본권을 짓밟는 것"44)으로 규정하고 만약 이 법안이 통과되면 즉시 사띠아그라하 운동을 전개할 것이라고 선언했다. 이후 간디는 사바르마띠 아쉬람에서 빠뗄(Sardar Patel), 나이두(Saroji Naidu) 등과 함께 로울라트법을 거부하고, 진실되고 비폭력적인 방법으로 사띠아그라하 운동을 하기로 결의한다.

  그러나 봄베이, 아흐메다바드 등지에서 비폭력의 원칙을 망각한 폭동이 발생하게 된다. 결국 간디는 국민들 속에 잠재되어 있던 폭력성을 과소평가 했다는 결론을 내리고 사띠아그라하 운동을 중지하게 된다. 그는 사전 준비 없이 대중적 운동을 전개한 자신의 오류45)를 시인하고 이 과오를 참회하기 위하여 3일간 단식한다.

  시민불복종 운동에 나서는 사람은 먼저 나라의 법을 지키고

---

43) Nanda 1992: 170.
44) CWMG Vol.XV, p.101, 139
45) 간디는 이것을 "히말라야의 오산"(Himalayan Miscalculation)이라고 불렀다. cf. Gandhi 1926: 575-577.

따르는 사람이 되어야 합니다. 처벌이 두려워 법을 지키는 사람은 사띠아그라하 운동에서 요구되는 적극적이고 자발적인 복종이 아닙니다. 사띠아그라히는 사회의 법을 자발적, 양심적으로 지키는 것을 신성한 의무로 여기며, 어떠한 법이 공정하고 불공정한 것인지 판단을 내릴 수 있습니다. 그리고 나서 그에게는 어떠한 법을 불복종해야할지 판단이 서게 됩니다. 나의 잘못은 이러한 필요한 조치를 취하지 않은데 있으며 그들이 그러한 충분한 자격을 갖추기 전에 시민 불복종 운동을 요구하였는데, 이 잘못은 나에게 거대한 히말라야 산처럼 느껴졌던 것입니다.[46]

그런데 간디가 사띠아그라하 운동을 중단하기로 결정한 4월 18일 직전에 펀잡(Punjab)에서 대학살 사건이 발생했다. 과거에 펀잡은 대영제국에 가장 완강하게 저항하여 1856년에야 영령 인도(British Raj)에 병합된 곳이지만,[47] 네팔의 구르카와 함께 세포이

---

46) Gandhi 1926: 357
47) 영국의 인도에 대한 직할 통치는 1772년에 벵갈에서부터 시작되었다. 까르나따까 전쟁(Carnatic War)을 종결지은 플라시전투(Battle of Plassey, 1757) 승리의 대가로 클라이브(Robert Clive, 1725-1774)는 1765년에 벵갈, 비하르(Bihar), 오릿사(Orissa) 지역의 조세징수권(Diwani)을 무굴제국으로부터 양도받는다. 처음에는 의도하지 않았지만 이제 동인도회사가 인도 영토의 일부를 직접 통치하게 된 것이다. 이후 6년간의 양도절차가 끝나고 헤이스팅스(Warren Hastings, 1732-1818)가 실질적인 초대 인도총독(Governor of the Presidency of Fort William)으로 부임했다. 이때 동인도회사는 무역회사에서 식민행정을 담당하는 회사국가(company state)로 변신했지만, 제국주의적 팽창정책은 아직 제한적이었다. 당시의 벵갈은 현재의 서벵갈, 방글라데시(동벵갈), 비하르, 오릿사 일부를 포함하는 광대한 지역으로서, 한명의 나왑이 관할했다. 무굴제국 후기에 벵갈은 세계 GDP의 12%를 차지하여 유럽 전체 GDP를 능가하는 부유한 지역이었지만 동인도회사가 직할통치하면서 급격하게 몰락한다. 벵갈 지역은 영국의 세계무역 시스템의 일부로 편입되며 유럽의 산업혁명에 중대한 기여를 하지만 정작 벵갈 자신은 원료의 공급지로 전락하며 탈산업화(deindustrialization)라는 역주행의 길을 걷는다.

항쟁(Sepoy Mutiny)의 진압에 협력하였고, 제1차 대전 중에는 거의 50만에 이르는 병력을 파견하는 등 대영제국에 가장 협조적인 지역이었다. 그러나 협력의 대가는 전염병과 빈곤으로 돌아왔다. 이 와중에 새로 부임한 다이어(Reginald Dyer)가 계엄령을 선포하며 공포통치를 시작하였고, 결국 4월 13일 암리짜르(Amritsar) 황금사원 인근의 잘리안왈라 공원(Jallianwala Bagh)에 모인 민간인들에게 총기를 난사하여 수백 명이 숨지는 참극이 발생한다.

　한편 사띠아그라하 운동을 중단한 간디는 식민정부에 대한 비협조운동(Non-cooperation movement)을 전개하기로 결정한다. 그는 영국 상품, 영국의 학교와 법정을 보이콧하고, 식민정부의 공직에서 사임하고, 영국 정부가 수여한 타이틀과 훈장을 포기하며, 세금 납부를 거부하자고 1919년 델리의 무슬림 회의와 1920년 캘커타(지금의 꼴까따)의 국민회의 총회에서 역설한다. 이에 영국왕 조지 5세가 인도 개혁법(Indian Reforms Act)과 정치범들을 사면하는 선언문을 발표하는데, 간디는 모든 이해당사자를 만족시킬 수 없지만 한줄기 희망이 있으므로 받아들여야 한다고 생각했다. 그리고 1919년 12월 암리짜르에서 열린 국민회의 연차총회에서는 정부의 개혁안을 수용하자고 주장하는데 결국 간디의 주장이 받아들여진다. 이제 간디는 공인(Public man)이 되었고 새로운 비전과 형식을 갖춘 전국적인 지도자로 부상하였다. 1919년에 시작한 로울라트 사띠아그라하 운동은 그를 인도 정치의 중앙무대로 이끄는 사건이 되었다. 국민회의의 지도자들은 간디가 절제된 표현을 잘 구사하는 능력을 갖고 있다고 믿었는데 사실 그것은 오랜 수련의 결과였다.48)

　그런데 1922년에 발생한 차우리 차우라 사건(Chauri Chaura

incident)으로 인해 비협조운동이 사실상 끝나게 된다. 1922년 2월 4일 연합주(United Province, 지금의 Uttar Pradesh)의 차우리 차우라에서 비협조운동에 참여한 일부 시위대와 경찰이 우발적으로 충돌하여 민간인 3명과 22명의 경찰이 죽는 사건이 발생한다. 간디는 이 사건의 주동자로 체포되어 6년형을 선고받고 2년을 복역하였다. 이후 간디는 사바르마티 아쉬람으로 돌아가 『영 인디아』(Young India) 등 잡지를 펴내며 농촌 빈민과 불가촉천민들을 위한 사회 개혁운동에 매진한다. 그리고 간디 외에 많은 다른 중진 지도자들도 체포되며 독립운동의 세대교체가 이루어진다. 이때 미래에 인도의 마지막이자 유일한 인도인 총독이 되는 라자고빨라차리(Chakravarti Rajagopalachari, 1878-1972), 미래의 총리 네루(Jawaharlal Nehru), 현직 총리 모디의 정신적 지주 빠뗄(Vallabhbhai Patel), 당대 학생들과 젊은이들의 우상 보세(Subhas Chandra Bose) 등이 등장했고, 아울러 정치적 스펙트럼도 확대되어 현재 인도 집권당 BJP의 모태인 국가자원봉사단(RSS, Rashtriya Swayamsevak Sangh), 공산당 등도 출현하게 되었다.

　한동안 아쉬람에서 자서전을 집필하며 조용히 지내던 간디를 다시 인도 정치의 중앙 무대로 소환한 사건이 발생한다. 영국 정부는 1919년의 인도 정부법(Government of India Act)에 따라 정부조직 등의 개혁을 연구하기 위하여 1927년도에 사이먼(John Allsebrook Simon, 1st Viscount Simon, 1873-1954)을 위원장으로 하는 위원회를 구성한다. 그런데 인도인들의 운명이 걸린 중대사에 단 한명의 인도인도 참여하지 못하고 오직 7명49)의 영국인으

48) 이정호 2001: 234-235.
49) 사이먼 위원회 멤버 중의 한명이 훗날 수상이 되어 인도의 독립을 전

로만 구성된 위원회의 결정을 국민회의 등 인도의 주요 정치단체들
이 참여한 1928년도의 전당 회의(All-party Conference)에서 거
부하기로 결정한다. 이어 같은 해에 캘커타에서 열린 국민회의 임
시총회에서는 1929년도까지 자치권(dominion)을 부여하라고 요구
한다. 요구가 받아들여지지 않자 1929년 12월 29일 라호르
(Lahore)에서 개최된 국민회의 정기대회에서 아버지(Motilal
Nehru)에 이어 의장으로 당선된 네루(Jawaharlal Nehru)는 완전
자치(pūrṇa swaraj)를 당헌으로 채택하고 영국 통치의 종식을 선
언한다. 그리고 31일 자정에 라비(Ravi) 강둑에 국기를 게양하고 1
월 26일을 독립기념일로 선포한다.

그리고 국민회의 실무위원회(INC Working Committee)는 전국
적 규모의 시민불복종 운동을 전개하기로 결정하고 이에 대한 전권
을 간디에게 준다.50) 이에 간디는 자신이 발행하는 잡지(Young
India)를 통해 어윈(Edward Wood Irwin, 1st Earl of Halifax,
1881-1959) 총독에게 토지세 경감, 소금세 폐지, 알코올의 전면
적 금지 등 11가지 사항을 요구한다. 그러나 총독이 간디의 요구사
항에 무대응으로 일관하자 간디는 11개 항목 중의 하나인 소금세의
폐지를 겨냥한 사띠아그라하 운동을 전개하기로 결심한다. 1882년
에 제정된 소금법에 따르면 소금의 제조와 공급은 식민 정부가 독
점하고, 이를 어기는 것은 범죄행위였다. 간디는 소금법을 의도적
으로 위반하여 정부에 불복종하기로 한 것이다.

전권을 위임받은 간디가 사띠아그라하 운동의 목표로서 소금세
의 폐지를 선택하자 처음에 국민회의는 황당한 결정이라며 간디를

격적으로 허가하는 애틀리(Clement Attlee)이다.
50) Ackerman & DuVall 2000: 83.

못미더워했다.51) 간디가 투쟁의 목표로 소금을 선택한 것에 대해 네루와 사후(Dibyalochan Sahoo)는 의아해했고, 빠뗄(Sardar Patel)은 토지세 보이콧이 더 낫지 않겠냐고 제안한다.52) 식민 정부의 기관지인 스테이츠맨(*The Statesman*)은 "웃지 않을 수가 없다"고 조롱했다. 식민 정부도 소금세에 대한 저항 계획에 신경을 쓰지 않았다. 어윈 총독은 소금세 저항운동을 심각하게 받아들이지 않았고 "현시점에 소금세 운동의 전망이 나를 잠 못들게 하지는 않는다"고 런던에 편지를 보내며 여유를 보였다.53)

그러나 간디가 이런 결정을 한 데에는 타당한 이유가 있었다. 사실 일상적인 것이 보다 더 큰 정치적 권리에 대한 추상적인 요구보다 모든 계층의 시민들에게 더 큰 공감을 줄 수 있다. 더욱이 소금세는 식민 정부 세수의 8.2%나 차지했으며 가장 가난한 인도인에게 가장 큰 피해를 입힐 수 있는 휘발성강한 테마였다.54) 간디는 자신의 선택을 설명하면서 "소금은 아마도 공기와 물 다음으로 삶에 가장 필요한 것"이라고 말한다. 다른 지도자들과 달리, 미래의 총독 라자고빨라차리(Chakravarti Rajagopalachari)는 간디의 의도를 간파했다. 뚜띠쪼린(Tuticorin)에서 열린 한 회의에서 그는 이렇게 말한다.

> 국민들이 들고 일어난다고 생각해 보십시오. 그들은 추상적인 헌법을 공격하거나 정부의 포고령, 법령에 대항해 군대를 이끌 수는 없습니다. […] 시민 불복종 운동은 소금세, 토지세처럼 어떤 특정한 대상을 직접 겨냥해야 합니다. 그것이 우리의 최종 목

---

51) Dalton 1993: 100.
52) Johnson 2005: 32.
53) "Letter to London on 20 February 1930", Ackerman & DuVall 2000: 84.
54) Dalton 1993: 72.

적은 아니지만, 당분간은 우리의 목표입니다. 그리고 우리는 그
것을 똑바로 정조준해야 합니다.[55]

간디는 소금세 저항운동이 "뿌르나 스와라지"를 모든 인도인들에
게 의미있는 방식으로 드라마틱하게 각색할 것이라고 느꼈다. 또한
힌두와 무슬림에게 똑같이 부당한 소금법과 싸움으로써 그들 간에
단결을 구축할 것이라고도 생각했다.[56] 점차 시위가 점점 격렬해
지자 처음에는 반신반의하던 정치지도자들도 간디가 선택한 소금
의 힘을 깨닫기 시작했다. 네루는 전례 없는 민중들의 반응을 보고
"갑자기 봄이 온 것 같았다"고 말한다.[57] 간디는 1930년 3월 12일
78명의 자원자들과 함께 사바르마띠 아쉬람을 출발하여 24일 동안
하루에 평균 18킬로미터씩 총 390킬로미터를 걸어 4월 5일 단디
(Dandi)에 도착했다. 도중에 점점 많은 사람들이 참여해 도착했을
때 행렬의 길이는 3킬로미터에 달했다. 간디는 행진이 끝날 무렵
"무력에 대항하는 정의의 전투에 세계의 공감하기를 바랍니다"[58]
라고 말한다. 그리고 도착 다음날 아침에 기도를 한 후 소금이 묻은
진흙 덩어리를 들고 선언한다. "이것으로, 나는 대영제국의 기반을
흔들고 있습니다." 그리고 '불법적으로' 소금 진흙을 끓여 소금을
채취한다. 그런데 진정 놀라운 것은 행진에 참여한 무명의 사띠아
그라히들이 간디의 요청에 따라 끝까지 비폭력 저항운동을 고수했
다는 것이다. 다음은 당시 현장을 취재한 연합통신(United Press)
밀러(Webb Miller) 통신원이 전하는 상황이다.

---

55) *The Hindu*, 5 April 1930.
56) Ackerman & DuVall 2000: 83.
57) *The Hindu*, 5 April 1930
58) Wolpert 2001: 148.

(경찰이 곤봉을 휘두르는데도) 행진 중 어느 누구도 곤봉을 막기 위해 팔을 들지 않았다. 그들은 볼링핀처럼 쓰러졌다. 내가 서 있던 곳에서도 두개골을 내려치는 곤봉 소리가 들렸다. 행렬을 바라보는 사람들도 곤봉을 내려칠 때마다 똑같이 아픔을 느끼면서 신음소리를 내고 한숨을 들여 마셨다. 머리가 깨지거나 어깨가 부러진 채 바닥에 널부러진 사람들은 정신을 잃거나 고통에 몸부림을 쳤다. 2-3분 만에 땅바닥은 시체로 누벼졌다. 흰 옷은 붉은 피로 흥건해졌다. 행진대열을 지킨 생존자들도 쓰러질 때까지 조용히 끈질기게 행진했다. 마침내 경찰은 사띠아그라히들의 무저항에 격분했다. 그들은 앉아있는 사람들의 복부와 고환을 잔인하게 발로 차기 시작했다. 부상당한 사람들이 고통에 몸을 비틀고 비명을 지르는 것이 경찰의 분노를 자극하는 것처럼 보였다. 경찰은 앉아있는 사람들의 팔다리를 끌고 가서 도랑에 내던지기 시작했다.59)

결국 대영제국은 인도의 비폭력에 굴복했고, 일체의 직함이 없는 민간인 신분의 간디가 총독 어윈과 협정(Gandhi-Irwin Pact)을 맺는다. 소금 행진에 참여한 여성 운동가 나이두(Sarojini Naidu, 1879-1949)는 협정에 합의한 간디와 어윈을 "두 명의 위대한 영혼(Mahātma)"이라고 칭송했지만, 보세 등 급진주의 세력과 젊은이들은 협정을 총독부에 대한 항복으로 비난한다.60) 처칠(Winston Churchill)은 협상을 위해 반쯤 벌거벗은 옷차림으로 총독관저에 온 간디에 대해 "역겹고 경멸스럽다"고 말한다.61) 그렇지만 간디와 사띠아그라히들이 대영제국의 총칼과 곤봉에 맞아 피를 흘리면서 한 숭고한 비폭력 무저항 운동은 인도인들에게 언젠가는 식민지배

59) "Webb Miller's report from May 21", Martin 2006: 38.
60) 이정호 2005: 12
61) 이정호 2005: 12.

에서 벗어날 수 있을 것이라는 자신감을 심어주었다. 더 나아가 30
여년 후에는 미국의 흑인 민권 운동가 루터 킹(Martin Luther King
Jr. 1929–1968) 등에게 깊은 영향을 미친다. 그는 간디를 통하여
무력이 아닌 비폭력, 즉 사랑의 힘이 갖는 잠재력에 대해 확신을 갖게
되었다고 고백한다.

> 대부분의 사람들처럼 나도 간디에 대해 들어 봤지만 그를 진지
> 하게 공부한 적이 없었다. 그렇지만 그에 대해 읽어가면서 나는
> 그의 비폭력 저항 운동에 깊이 매료되었다. 나는 특히 그의 소금
> 행진과 수많은 단식에 감동했다. 사띠아그라하의 개념은 내게
> 매우 심오하게 다가왔다. 간디의 철학에 깊이 빠져들수록 사랑
> 의 힘에 대한 나의 회의가 점차 줄어들었고, 사회 개혁 분야에서
> 그것의 잠재력을 처음으로 보게 되었다.62)

V. 맺는 말

동서고금을 막론하고 알렉산더, 진시황, 칭기즈칸, 나폴레옹, 링컨
등 역사를 바꾼 주요 인물들은 대부분 황제 또는 대통령이라는 권
력자였다. 인도 역시 전륜성왕이라 칭하는 아쇼까, 악바르는 제국
의 황제들이었다. 그러나 이들과 달리 또 한 명의 전륜성왕인 간디
는 민간단체인 인도국민회의(INC) 의장직 외에는 일체의 공직, 정
치적 권력, 경제적 부를 가진 적이 없는 무관의 제왕이었다, 심지어
그는 학문적 논쟁의 중심이 되는 학자도 철학자도 아니었다. 그럼
에도 불구하고 간디는 인도의 역사를 바꿨으며 세계의 수많은 변혁

---

62) King Jr. 1998: 23.

운동가들에게 깊은 영향을 끼쳐오고 있다.

　더욱이 제국의 황제와 권력자들이 승리를 위해 거짓(asatya)과 폭력(himsā)도 서슴없이 사용했다면 간디는 진리(satya)와 비폭력(ahimsā)이라는 두 가지 원칙을 절대 벗어나지 않았다. 간디는 사띠아그라하와 아힌사라는 원칙을 지키기 위해 죽음도 두려워하지 않았다. 그는 식민 지배자와 타협을 할지언정 자신의 원칙과는 타협을 하지 않았다. "내로남불"이라는 우리사회의 신조어로 상징되는 2중적 잣대가 아닌 단일의 보편적 진리(satya)를 고수(āgraha)한 것이 간디라는 인물을 존재하게 한 첫 번째 이유이다. 간디가 자신과 타인에게 동일한 원칙을 고수했다는 것은 인류가 합의한 공통의 위대한 지혜인 황금률(Golden Rule)[63]을 몸소 실천했다는 의미이다.

　앞서 언급한 바와 같이 권력자가 아니더라도 많은 이들이 "목적이 수단을 정당화 한다"(the end justifies the means)는 모토처럼 목적을 위해 수단과 방법을 가리지 않는다. 그러나 간디는 불의조차도 "필요한 어떤 수단을 써서라도"(by any means necessary) 맞서 싸워야 한다는 생각을 거부한다. 그러므로 정의를 얻기 위해 부당한 수단을 사용하거나 평화를 얻기 위해 폭력을 사용하는 것은 모순이다. 만약 폭력적, 강압적, 부당한 수단을 사용한다면 어떤 목적을 달성하든 반드시 불의를 내포할 것이기 때문이다. 그에게 사띠아그라하라는 목적과 아힌사라는 수단은 동전의 양면 이상의 분리불가능한 하나의 덩어리이다. 끝까지 원칙을 고수한 것이 간디의 위대함의 두 번째 이유이다.

---

63) 동양의 "己所不欲勿施於人", 서양의 "Do unto others as you would have them do unto you" 등이 대표적 표현이다.

세 번째 이유는 가장 어려운 이야기이다. 실천과 관련된 진리의 말들은 대부분 이해하기 쉽고, 남에게 말하기는 더 쉽다. 그렇지만 감탄스러운 미사여구로 장식된 지혜서를 읽고 이해하는 데는 몇 시간이면 충분할지라도 그것의 실천에는 수십 년이 걸리거나 영원히 불가능한 경우가 더 많다. 간디는 주변의 요청에 의해 1925년부터 1929년까지 그가 발행하는 잡지(Navjivan)에 자서전을 썼다. 그런데 어린 시절의 이야기부터 시작한 자서전이 남아프리카에서 인도에 귀국한 첫해인 1915년도에서 갑자기 끝난다. 간디는 그 이유에 대해 1915년도 이후의 자신의 삶은 여러분들이 직접 보아온 그대로이기 때문이라고 말한다. "나의 삶이 나의 메시지"(My Life is My Message)라는 간디의 말 그대로 그의 삶 자체가 메시지인 것이다.

각자 자신이 생각하는 진리를 실천해 나가기를 겸손하게 권하는 간디의 말로써 글을 맺고자 한다. 언행의 일치, 원칙의 고수라는 간디의 평범하고 단순한 가르침은 "뉴 노멀" 시대를 살아가는 우리에게 "영원한 노멀", "보편적 노멀"로써 재평가될 것이다.

> "아무도 이 자서전 속에 여기저기 들어 있는 권고의 말을 명령하는 것으로 알지 않기를 믿고 또 바랍니다. 이 실험의 이야기는 하나의 실례로 알아야 할 것이요. 각자는 자기의 의향과 능력에 따라 자기의 실험을 해나가야 할 것입니다. […] 나는 아무리 창피스런 일이라도 숨기지도 줄여서 말하지도 않았습니다. 나는 내 모든 실수와 잘못을 독자들에게 충분히 알리고 싶었습니다."[64]

---

64) Gandhi 1926: 7.

〈 약호 및 참고문헌 〉

CWMG: The Collected Works of Mahatma Gandhi, http://www.gandhiashramsevagram.org/gandhi-literature/collected-works-of-mahatma-gandhi-volume-1-to-98.php.

이정호, 1999. "마하트마간디의 사티아그라하(Satyagraha)운동", 『남아시아연구』, 제4호, 155-179.

이정호, 2000. "정치적 견습기의 마하트마 간디(1915~1918)", 『남아시아연구』, 제5호, 181-199.

이정호, 2001. "중앙 정치무대에 입성한 마하트마 간디 - 로우라트 사띠아그라하를 중심으로", 『남아시아연구』, 제6호, 223-238.

이정호, 2005. "마하트마 간디의 시민 불복종 운동 - 소금법 반대행진을 중심으로", 『남아시아연구』, 10/2, 119-136.

이정호, 2012. "레오 톨스토이와 마하트마 간디 - 마하트마 간디에게 미친 톨스토이의 영향을 중심으로", 『남아시아연구』, 18/2, 115-129.

Ackerman, Peter & DuVall, Jack. 2000. A Force More Powerful: A Century of Nonviolent Conflict. Palgrave Macmillan.

Dalton, Dennis. 1993. Mahatma Gandhi: Nonviolent Power in Action. Columbia University Press.

Gandhi, Mahatma, Speeches and Writings of M. K. Gandhi with an Introduction by C. F. Andrews and a Biographical Sketch. Madras. G. A. Natesan. 1922 Reprint.

Gandhi, M. K., 1926. (reprinted 1948). An Autobiography, or, The Story of My Experiments with Truth. Ahmedabad: Navajivan Publishing House.

Gandhi, M. K., 1928. (reprinted 2003). Satyagraha in South Africa. Lebanon: Greenleaf Books.

Gandhi, M. K. 1938. Hind Swaraj or Indian Home Rule. Ahmedabad: Navajivan Publishing House. (Electronic edition), https://www.mkgandhi.org/hindswaraj/hindswaraj.htm.

Gandhi, Mahatma. 2001. Non-violent Resistance (Satyagraha). Mineola, N.Y.: Dover.

Gandhi, Mahatma. 2005. (1960 1st). All men are brothers: life and thoughts of Mahatma Gandhi as told in his own words. Ahmedabad: Navajivan Publishing House.

Johnson, Richard L. 2005. Gandhi's Experiments With Truth: Essential Writings By And About Mahatma Gandhi. Lexington Books.

King Jr., Martin Luther. 1998. The Autobiography of Martin Luther King, Jr. Warner Books.

Martin, Brian. 2006. Justice Ignited. Rowman & Littlefield.

Nanda, B.R. 1992. Mahatma Gandhi, A Biography, Oxford University. Press.

Parekh, Bhikhu C. 2001. Gandhi: A Very Short Introduction. Oxford University Press.

Wolpert, Stanley. 2001. Gandhi's Passion: The Life and Legacy of Mahatma Gandhi. Oxford University Press.

마오이즘의 세계인식과 평화관

- 초기사상, 혁명적 실천과 모순개념,
우공이산(愚公移山)을 중심으로 -

최 자 웅

마오이즘의 세계인식과 평화관
– 초기사상, 혁명적 실천과 모순개념,
우공이산(愚公移山)을 중심으로 –

최 자 웅

I. 서_태평천국, 손문, 모택동의 연속선

오늘날은 전 지구적으로 사상적 카오스와 혼돈 시대라고 일컬을 수 있을 것이다. 사회주의권이 1980년대에 망하면서 그래도 자본주의 체제의 모순을 구조적으로 혁파할 수 있는 거대한 신념체계 ─이데올로기와 대체 가치와 이상과 실천의 축이 사라져 버린 황폐한 현실에서, 지구촌에 이른바 신자유주의라는 거대한 흐름이 지구촌을 압도 하고 있는 것이다. 그럼에도 불구하고 아직도 비록 사회주의의 근본 신념과 가치와 이상으로 볼 때는 너무도 많은 변화와 문제를 안고 있으면서도 지구상의 몇 나라들은 아직도 체제와 이념으로서는 사회주의를 고수하고 있다. 그중에서도 중국대륙은 아직도 중국공산당이 전 대륙의 체제를 장악하고 있으며1), 비록 내용적으로는

---

1) 1921년에 상해에서 불과 13명의 창당대표들로 출범된 중국공산당은 오늘날 중국 공산당 제18차 전국대표대회를 통하여 중국 공산당 당원이 지난해 8천 5백 만 명을 넘었으며 공산당원 4명 중 1명은 여성인

많은 자본주의적인 요소를 허락하고 있지만, 이념적으로는 아직도 그 공과를 분명히 하면서도 중국사회주의혁명을 이룩한 모택동 사상과 중국공산당의 영도에 흔들림이 없는 것은 분명한 현실이다.

오늘 지구촌의 코로나사태로 인한 문명적인 새로운 가치와 방향을 근본적으로 모색해야하는 우리의 현실과 상황에서, 막상 오늘의 코로나 팬덤이 중국의 무한지역과 중국의 박쥐에서 기인한 바이러스로부터 생성된 것이라는 것이 거의 정설로 되어있다. 출발이 그러함에도 불구하고 오늘의 중국대륙은 신속하게 중국대륙의 인구가 거대하고 아직 의료체계나 근대화 현대화가 온전히 이룩되지 못한 현실에서도 중국공산당의 일사불란한 영도와 지도 속에서 자체적으로는 놀라운 코로나 바이러스의 확산을 막는데 일단은 성공하고 있는 것으로 보인다. 비록 권위주의적이고 집단적 전체주의적 체제와 요소가 그런 성공을 가능케 하는 것으로도 보이지만 일찍이 중국혁명 이전의 중국대륙의 혼돈과 비참은 가히 필설로 표현하기

것으로 나타났다. 공산당 중앙조직부의 통계에 따르면 지난해 말 기준으로 중국 공산당 당원 수는 모두 8천512만7천명으로 지난해 말보다 3.1% 증가했다. 또한 전문대 이상 학력을 갖춘 공산당원이 3천408만1천명으로 전체의 40%를 차지했으며 35세 이하 당원이 2천180만1천명으로 전체의 25.6%를 차지했다. 직업별로는 농·목·어민이 2천534만8천명, 기업 관리인·전문기술자가 2천19만6천명, 공업 노동자가 725만명, 학생 290만5천명 등이었다. 당 기관지 인민일보(人民日報)는 1일 당 창건 92주년을 맞아 사설을 통해 "당과 인민은 공동 운명체이다"며 "대중과 당이 분리되는 것이 집권당에 닥칠 수 있는 최대위협 요소인 만큼 각 당원은 자신을 대중과 동일시하고 대중과의 유대를 더욱 강화해야 한다."고 강조했다. 또한 "형식주의, 관료주의, 향락주의, 사치풍조 등이 당과 인민을 가로막는 보이지 않는 벽"이라며 "부패 척결을 적극적으로 추진해야 한다"고 덧붙였다: 人民日報 2013. 7.2

어려운 중병에 걸려 빈사상태로 잠자는 사자였었다.

　그러한 중국대륙이 일찍이 태평천국의 난과 그 뒤를 이은 손문의 공화주의 혁명에 이어서, 중국의 근대적 각성과 혁명을 부르짖은 오사운동과 그 직후에 태동된 중국공산당의 창당과 혁명적 실천에 의하여 간난신고의 과정을 거쳐서 1949년에 중국의 사회주의 혁명이 이룩되고 중국대륙은 새로운 운명으로 거듭나게 되었다. 그리고 많은 중국인들과 역사가들이 평하는 바에 의하면 그것은 중국공산당과 그것을 영도한 모택동과 혁명적 동지들의 리더십과 특별히 중국적 공산주의 사상으로 독창적이라고 일컬어진 모택동 사상의 역할들로 평가되는 것이 현실인 것이다. 필자가 보기에도 이러한 평가는 상당히 일리가 있으며, 이것은 손문 당시에 중국인민들이 모래알들처럼 분열되고 흩어져 있었으나 그래도 손문이라는 위대한 혁명가와 그 뒤를 이은 모택동이라는 걸출한 혁명적 리더십과 특히 집단지성과 철학으로 평가되는 모택동사상이라는 중국적 공산주의의 출현과 그 역할이 결정적인 성공의 견인차가 되었다고 보인다. 그리고 그것은 가치 중국대륙에 있어서는 단순한 사상만이 아니라 중국의 인민들에게 가히 구원의 신념체계와 살아있는 종교처럼 역할을 수행하였다고 생각되는 것이다.

　본고에서는 이같은 관점에서 오는 미래적 세계와 지평에서도 이미 미국과 그 어깨를 나란히 하면서 세계의 슈퍼 파워로 등장하고 그 역할을 수행하고 있는 중국 굴기와 현실의 배후에 깊이 작동하고 있는 중국공산주의의 원형질로서의 마오이즘에서 추구했던 전쟁과 평화의 내용은 무엇이었는가를 점검하고 밝혀보고자 하는 것이다. 어쩌면 우리 현대의 아시아에 있어서의 가히 위대한 인물과 사상은

인도의 간디와 간디즘 및 중국대륙의 모택동과 마오이즘으로 일컬을
수 있을 것이다. 그러나 간디가 이른바 비폭력평화주의라는 신념과
노선을 견지한 데 반하여 모택동은 철저한 혁명과 전쟁을 통하여
그의 우공이산으로 표방되는 새로운 인간과 세계를 열망하였고 추
구하였다. 본고에서는 과연 모택동과 마오이즘을 통하여, 특별히
그 토대를 이루는 초기사상의 형성과 인간과 세계에 대한 이해를
검토하고자 한다. 원래는 중국의 전통적인 인문학에 매우 깊은 고
전적 바탕을 두었던 모택동과 마오이즘의 초기형태에서 마르크스
레닌주의를 받아들이고 중국적인 창조적인 인식론과 실천론으로 발
전을 시키면서 과연 그 내용적으로 근본적인 어떤 문제들과 과제들
이 제기되고 추구되었는가, 그리하여 오늘과 내일에도 중국민족의
커다란 모순의 척결과 혁명적 실천을 위한 과정에서 치열한 투쟁과
장기적인 전쟁을 성공적으로 치루고 이룩한 중국혁명과 마오이즘
은 과연 어떤 세계와 평화의 이상을 추구하고 있는가? 그리고 우리
세계와 지구촌의 평화와 공존이 어떻게 과연 가능할 수 있을 것인가
를 검토하여 보고자 하는 것이다.

마오이즘 즉 모택동 사상은 보편적인 마르크스 레닌주의의 원리
와 사상을 반(半)식민지였던 중국의 피압박 인민과 민족의 구체적
현실에 창조적으로 적용시킨 사상이다. 또 반제국주의, 반봉건주의,
그리고 반관료자본주의라는 기치로 중국혁명의 구체적 실천과정과
활동에서 운용, 발전시킨 것이었다.

모택동사상은 결코 모택동 개인의 사상이라고 할 수 없다. 그것
은 중국의 국가사상이며 중국공산당과 인민의 집체투쟁과 집단적

지혜의 총화이며 결정이라고 할 수 있기 때문이다. 중국혁명의 성
공이후, 사회주의 국가 건설기간에 있어서 실용주의 노선의 유소기
와 더불어 담지자의 일인이었던 등소평은 특히, 문화혁명기에 있어
서 모든 당직과 직위와 신분을 박탈당하고 하방 당했다가 극적으로
복권되어 모택동 사후에 개혁개방의 시대를 주도한 등소평도 이렇
게 모택동사상에 대해 언급했다.

"모택동 동지의 사업과 사상은 모두 단지 그 개인의 사업과 사상
만은 아니며, 동시에 그의 전우, 당, 인민의 사업과 사상이고, 반세
기 이상의 중국인민 혁명투쟁경험의 결정인 것이다."(鄧小平,
1983, 「堅持四項基本原則,」 『鄧小平文選』 北京人民出版社,159.)

II. 모택동의 삶과 초기사상의 형성

모택동의 생애의 전반부 청년기의 삶을 조명하는 것은 그의 사상을
파악하는데 있어서 매우 중요한 의미를 지닌다.2) 원래 5.4운동을

────────────

2) 모택동은 1893년 12월 26일 청나라 호남성 상담현의 부유한 농가에서
농부의 셋째 아들로 태어났다. 원래는 셋째 아들이었으나, 위의 형제
두 명이 요절했기 때문에, 사실상 맏이가 되었다. 그의 집안은 명문
호족의 후손이었다가 빈농으로 전락하였으나 그의 부친이 농업과 곡물
상 등을 하면서 재산을 모으고 가세를 일으켜 상당한 부농이 되었다.
유모와 하인을 두었던 마오는 비교적 풍족한 환경에서 자라났으며,
1900년 8세 때 마을 서당에 입학하여 유교경전의 기초지식을 익혔다.
이 유교경전을 서당에서 배운 것은 모택동의 삶과 정신형성에 매우 중
요한 기초를 만들게 되었다. 유년기부터 민족주의적인 사상을 접하게
된 그는 청나라를 이민족의 침략자라 생각하고 은연중 반청 사상을 갖
게 되었다. 이후 학교에 들어가 정식 초등교육을 받았는데, 집안이 상
대적으로 넉넉했기 때문에 학교에 다닐 수 없었던 동년배들과는 달리

전후한 아직 마르크스주의자가 되기 전의 모택동은 전통적인 가치

학교에 갈 수 있었다. 그러나 그는 교육의 용도는 문서기록이나 계산을 위한 것이라고 생각하는 완고한 부친의 주장과 집안 분위기 속에서 성장했다. 이 같은 배경 속에서 1905년 13세 때 학업을 중단하고 아버지의 강요로 집안의 농장에서 일하게 되었다. 상급 학교에 진학하고 공부를 하고자 했던 그는 부친의 강요에 의해 학업을 중단하였으나 공부의 꿈을 포기하지 않았다. 당시의 풍습대로 그도 조혼을 하게 되었으나 부모가 정해준 여자와 결혼시키려고 하자 집을 나와 현립(縣立) 동산 고등소학교에 입학했다. 이후 하숙과 아르바이트로 생활했고, 후에 장사에 있는 상향 중학교로 전학하고[3] 독서를 좋아한 그는 학교에 재학하며 역사책과 소설을 탐독하였으며, 반청활동가들의 소식을 접하게 된다. 1911년 신해혁명이 터지자 혁명군에 가담했다. 1911년 10월 10일 후난성 혁명군 소속의 한 부대에 배속되어 사병으로 6개월을 보냈다. 스스로 의용군으로 입대하여 군대에 복무한 이 경험도 그의 삶에서 매우 중요한 체험이 되었다.1912년 봄이 되어 중화민국이 신해혁명과 함께 개국했고 이후 학교로 복학하여 다시 학업에 매진하면서도 일 년 여의 방황기를 독서로 보내다가 1913년에는 호남성립 제1사범학교에 입학하였다. 그는 제1사범학교에 재학 중, 영국에서 유학하고 돌아온 유학파 출신으로 당시 중국의 봉건사상을 비판하던 교사 양창제를 만났고, 그로부터 많은 영향을 받았다. 제1사범학교 재학 중인 1917년 그는 개혁성향의 꿈을 꾸던 동료학생들과 신민학회(新民學會)를 조직하였는데, 회원은 대부분이 제1사범학교 학생들이었고, 신민학회 출신은 훗날 호남성의 혁명적 지식인의 근본과 모태가 된다. 1918년 제일사범학교를 졸업한 그는 대학의 교수로 취임한 양창제의 소개로 북경대학에 취직, 도서관 사서보로 근무하였다. 스승이자 훗날 장인이 되는 양창제와 함께 북경에 왔던 것이었다. 1919년 양교수의 추천과 이대조와의 교분으로 도서관 사서로 일할 수 있었던 그는 한편으로 일하면서 한편으로는 진독수, 이대조와 같은 당시 사상계를 주도하던 인물들의 강의를 접하고 수많은 사상, 혁명과 전쟁에 관한 책들도 읽을 수 있었다. 이때의 학습으로 훗날 그의 중요한 사상의 기초를 다졌던 것이다. 1919년 여름에 그는 그의 고향 장사에서 농민을 제외한 학생·상인·노동자들만의 연대단체를 결성, 조직해 당시 국민 정부에 항일운동을 촉구하는 시위를 주도했다. 동시에 각 언론에 글을 발표하여 계몽을 촉구하였다. 1920년 고향으로 돌아와 잡지 《상강평론》를 창간했지만 성정부의 탄압으로 폐간되었다. 이후 교육의 중요성을 깨닫고, 학교 창립에 참여, 장사사범학교 부속 초등학교의 교사가 되었다. 교육 사업은 성공적이었고, 아버지의 유산까지 물려받아 생활이 안정되자, 그는 양창제의 딸이자 동급생이었던 양개혜와 결혼하여 아들을 두 명 두었다. 그는 1920년 상해로 건너가 공산주의 사상가 진

관과 소박한 민주주의를 희구하는 강력한 민족주의자였다. 그래서 그의 계급적 각성 전의 인간이해는 그의 호남사범시절에 일찍이 신민학회를 만들고 사서삼경의 대학(大學)에 나오는 신민(新民)개념과 가치의 윤리적인 인간이해에 머물렀다고 볼 수 있다.

가) 천하위공과 신민(新民), 대본대원(大本大源)

원래 아시아에 있어서, 특히 중국에 맑시즘이 상륙하기 전에 전통적인 유교적 개념의 인간과 공동체이해와 그 준거가 중요하였다. 중국혁명을 성공적으로 수행한 모택동이 그가 공산주의 혁명가로 입신하고 이론을 갖추기 전에 그는 어린 날에 서당에서 중국의 사서삼경을 공부하였으며 아울러 청년기에 그의 모교인 호남사범학교에서 자치 학생이념서클을 만들었는바 그 이름이 사서삼경의 대학에 나오는 신민학회였다. 이 신민학회는 매우 활발하고 역동적으로 자신들의 인식의 심화와 더불어 훗날 중국의 혁명과정에서 모

독수를 만났으며 다시 창사로 돌아왔다. 1920년 말 그는 장사제1사범학교의 부속소학교 교장 겸 사범학부 어문 교사가 되었고, 1924년까지 창사 제1사범학교에 재직했다. 장사 제1사범학교 교사 재직 중인 1921년 1월부터 그는 공산주의에 심취하기 시작하였고, 신념으로 마르크스주의를 본격적으로 수용하고 혁명가의 길에 투신을 결심하였다. 그리하여 1921년 8월 상하이에서 열린 중국 공산당 제1차 전당대회에 창립대회에 참석하였다. 이때 참석한 멤버 중 중화인민공화국 건국 때까지 중국 공산당에 남아 있었던 사람은 마오와 동필무 두 사람뿐이었다. 나머지는 혁명 운동 중에 죽거나 혹은 변절하여 중국 국민당이나 일본 제국으로 전향하였다. 이 대회에서 마오는 회의 서기를 맡아 보았다. 이후 고향으로 돌아와 10월에는 후난성에 중국 공산당 지부를 창립하고 서기로 취임하였다. 이후의 모택동의 생애는 온전히 중국공산당의 역사와 함께 동행 하는 고난과 영광을 함께하는 중국혁명사의 공적 역사가 되었다.

택동과 더불어 지도적인 리더쉽을 행사한 큰 의미가 있는 바, 모택
동이 대학에서 빌려온 신민(新民)이라는 개념자체가 민을 새롭게
한다는 대학지도(大學之道)의 삼강령 팔조목의 매우 전통적이지만
깊은 일종의 공과 의를 강조하고 추구한 지향이라고 할 수 있을 것
이다.

　모택동의 청년기의 대단한 의미를 지니는 신민학회(新民學會)와
중국공산주의의 이념의 발전과 혁명을 보면 건강하고 내실 있는 전
통적인 윤리적 公개념이 머않은 미래에 그가 맑시스트 혁명가로서
추구한 사회주의와 공산주의의 콤뮨개념인 共개념으로 충분히 통
하고 발전하고 일치되거나 승화되며 필연적으로 이행 되는 것을 본
다.

　모택동은 1919년의 5.4운동을 계기로 해서 다른 중국의 진보적
인 젊은 지식인들이 그랬듯이 급격하게 맑시즘을 받아드리게 된다.
그러나 1917년의 러시아의 혁명이 발발하기 전과 이후 5.4운동의
거대한 물결 속에서 중국의 사상계가 맑시즘으로 일대 전환을 하기
전3)에 모택동은 그이 '대본대원(大本大源)'적 공(公)개념과 윤리적
사고와 새로운 이상적 공동체인 신촌(新村))의 건설과 아나키즘에도

---

3) 중국의 5.4운동을 전후한 신문화 운동 시기에 당시에 세계적인 철학자
　로 명성을 얻은 쫀 듀이와 버트란드 럿셀이 중국에 와서 강연을 하고
　인기를 끌기도 했다. 이 당시에 모택동은 장사에 와서 강연을 한 러셀
　의 강연을 듣고서 이렇게 평가한 바 있다. "러셀은 장사에서 연설을
　하여...마땅히 교육적 방법에 의해 유산계급이 각오하게 해야 하지만
　자유를 방해하거나, 전쟁을 일으키거나, 혁명에 의해 피를 흘려서는
　안 된다고 하였습니다. 하지만 나는 러셀의 주장에 대해 단지 두 마디
　의 비평만을 하고자 합니다. 이론적으로는 아주 그럴 듯하지만 사실상
　으로는 행할 수 없는 것입니다."(<新民學會資料>, 1980, 北京人民出版
　社, 60.)

관심을 기울이던 지식인이었다. 이제 그가 맑시스트로서의 사상적 변화 이전과 이후의 사상적 탐색과 추이를 살펴보기로 하자.

모든 이들에게 있어 인생의 청년시절은 중요하고 특히 스승의 만남은 매우 큰 의미를 지닌다. '청년 모택동 사상의 구체적이 역정 속에서 그의 스승 양창제는 모택동에게 직접적인 중대한 영향을 미쳤다. 확실히 양창제는 위로는 담사동을 계승하고 아래로는 모택동으로 이어지는 위치에 있다고 말할 수 있다.(李澤厚,998.)

모택동이 그의 청년기의 여금희 선생에게 보낸 서신에서 보이는 바와 같이 호남에서 배출된 큰 인물이었던 증국번에 대한 존경은 큰 것이었다. 또한 증국번과 담사동을 잇는 스승이 모택동에게는 양창제였다.[4]

---

4) 독일과 영국에서 유학을 한 서구적 지식을 습득하였으면서도 양창제는 모택동에게, 급진적인 서구화론자와 '신청년'의 구습타파자들 뿐만 아니라, 그들 조국의 부활을 중국인들의 유산 자체의 테두리 안에서 찾는 자들로서 그 영감을 17세기 초기의 유명한 호남성 출신 학자 王夫之의 저술 속에서 찾는, 또 다른 구릅을 가르쳐 주었다. 船山學社(왕부지 연구회)라는 이 구릅은 '신청년'과 거의 같은 시기에 만들어진 것으로 장사에 있는 다른 지식인들에 의해 만들어진 거이다. 왕부지는 청의 정복시기에 중국의 새로운 이민족 군주를 섬기는 것을 거부했던 몇몇 급진적인 훌륭한 인물들 중의 한 사람이다. 왕부지를 위시한 이들은 주자와 송명학파가 학자들의 관심을 실제적인 현실의 문제에서 자아 개발과 신비로운 문제에 대한 것으로 주의를 돌리게 함으로써 국가의 자립을 상실케 했다고 생각하여, 그들의 고전에 대한 이상론적인 해석을 비난하였다. 그들은 또 고전 그 자체는 아니더라도 전통적인 태도로부터 생겨난 것을 부정하면서, 武의 숭상을 중시하였다. 이러한 모든 것에서부터 선산학사의 회원들은 현존의 문제에 대한 해결의 영감을 받았다. 모택동은 양창제의 권고로 그들의 모임에 참석하여 선산학사 회원들의 견해를 흡수하였다. 털보 원선생도 모택동에게 그렇게 하도록 격려해 주었다.(S. Schram, 48.參照)

청년 모택동을 말할 때 이 시기 유가 학설이 미친 영향은 매우 중요하다. 당시 그의 어린 마음속에는 공자와 맹자가 무엇과도 비교할 수 없는 권위를 차지하고 있었다. 청년 시기에 쓴 글, 편지, 독후감 등에는 공자와 맹자의 말이 많이 인용되어 있다. 예를 들어 <체육의 연구>에서는 여덟, 아홉 곳 이상에서 사서오경을 인용하였다. (畢劍橫,78.)

모택동은 명말 청초의 철학자, 왕부지, 고염무, 안원 등의 저작을 진지하게 연구함으로써 그들의 계몽사상 특히 경세치용(經世致用)과 '돈독하게 실천함(踐覆行)'같은 주장에 깊은 영향을 받기도 하였다. 그가 공부하던 곳에서 쓴 <강당록(講堂錄)>과 논문 <체육의 연구>에는 이러한 사상이 뚜렷히 반영되어 있다. 철학에 대한 모택동의 강렬한 애정은 당연히 중국철학사에서 중요한 지위를 점유하고 있는 윤리사상에도 반영되었다. 그는 양창제가 번역한 <서양 윤리학사>를 7권 분량으로 세밀하게 베껴 쓰기도 하였다.(畢劍橫, 83.)

증국번, 담사동에 대한 극도의 존숭뿐만 아니라, 동(動), 운동, 입지(立志), 수신, 학이치용(學以致用). 실사실공(實事實功), 그리고 '자아실현'에 대한 양창제의 강조는 그의 제자 모택동에게 아주 커다란 영향을 미쳤다. 모택동이 청년시기에 써서 양창제의 칭찬을 받았던 <마음의 힘>(心之力)이란 글은 오늘날에는 이미 볼 수 없게 되었다. 하지만 앞서 언급된 '동력', '귀아', 즉 주관적 정신과 의지 역량의 고양이란 점과는 그다지 차이가 없을 것이다.(李澤厚, 180.)

나) 인간의 윤리, 주의주의(主意主義)와 조반유리(造反有理)

모택동에게 있어서 자아의 실현은 매우 중요한 개념인 바, 이택후는 이에 대해 다음과 같이 언급하고 있다. 특별히 이 자아의 실현과 함께 신앙을 강조한 것은 그의 많은 글에서 보이는 신심(信心)의 강조와 함께 그가 직접적인 종교는 명백히 부인하지만 신앙의 힘과 존재와 함께 주의(主義)의 필요성을 강력하게 주장하는 것을 주목할 수 있다.

이택후에 의하면 모택동 사상의 특징의 중요한 요소가 '주관적 도덕률'로 본다.

모택동은 처음부터 '사상과 도덕'을 함께 거론하고 있었다. 앞서 인용한 철학을 강조하는 서신 속에서, 그는 "무릇 사상은 인간의 마음을 주재하고 도덕은 인간의 행위를 규제하는 것으로, 이 둘이 깨끗하지 못하면 모든 것이 더러워집니다. 이 둘의 세력에 의해 모든 것이 더러워집니다. 이 둘의 세력에 의해 채워지지 않은 곳이 없는 것입니다"라고 생각하고 있었다. 따라서 '우주의 진리', '운동', '투쟁'의 관념은 도덕 행위와 밀접하게 결합된 것이기도 하였다. 우주관을 수립하는 것과 병행하여 청년 모택동은 스스로 '성현이 되고', "그때에는 천하의 모든 사람들이 모두 성인이 될 것"(여금희에게 보내는 글)이라는 도덕률을 제기하였다. 본래, '성인'이상을 추구 목표로 삼는 것은 중국의 전통이 지식인들에게 침적시켜온 의식, 무의식이지만, 여기에서 청년 모택동의 특징은 위와 같은 체백자강(體魄自强)의 기초 위에 건립된, 이른바 '귀아'(貴我)의 도덕률이다.

모택동은 도덕률이 어떠한 외재적 규정이나 사물에서 비롯되거나 거기에 복종하거나, 아니면 그 기초 위에서 건립되는 것은 아니라고 생각하여, 반드시 개인(自我)의 기초 위에 건립되어야 한다고 강조하였다.(李澤厚, 165.)

또한 그는 호남사범의 은사의 한사람인 여금희(黎錦熙)(竹內 實, 240)에게 장문의 편지를 올리면서 다음과 같은 유가의 전통적인 개념과 철학들을 피력한 바 있다.

"생각하건대 본원(本源)이란 학(學)을 중히 여기는 것입니다. 학은 기초인데도 지금의 사람들에게는 학이 없습니다. 기초가 약하여 붕괴될 위험성이 있습니다. 요즘 사람들 중에서 저는 증문정(曾文正)[5] 한 사람만을 존경합니다. 천하는 크고 사회의 구조는 복잡합니다.

---

[5] 손문이 혁명가의 삶을 태평천국의 홍수전을 영웅으로 한 것과는 조금 다른 모택동의 경우가 그 난을 진압한 호남의 영웅인 증국번이었다는 사실이다. 증국번(曾國藩,1811-1872)은 호남성 하급관리의 아들로 태어나 지방관리를 거쳐 28세에 과거에 급제, 중앙정부에 진출해 유학에 정통한 고급 관리로 성장했다. 1849년 예부의 최고 책임자로 봉직하던 중 어머니의 별세로 고향에 돌아와 있다가 1850년 태평천국의 난이 터지자 향토 의용군, 즉 향용 조직의 책임을 맡는다. 청나라 조정은 도저히 관군마능로 이 난을 평정할 능력이 없는 상황에서 강력한 지방 군대 조직이 시급함을 깨닫고 증국번은 주변의 향신 계층을 설득하여 이들 상류계급과 유교 엘리트로서 기독교를 기치로 내건 태평천국을 크게 불안해하던 향신들의 적극적인 협조로 12만 명에 이르는 향토의용군이자 지방 군대인 상군을 조직, 그 지휘관으로 그는 이러한 능력을 크게 인정받아 1857년 청 제국 군대 총 사령관으로 승진했고 이 증국번과 비슷하게 1861년 이홍장이 조직한 회군과 연합하여 1864년 태평천국의 난을 진압한 후 청나라 말기 최고 정치인으로 활약하였다. 손문이 일찍이 태평천국과 그 지도자 홍수전을 숭배하면서 혁명에 뜻을 둔 바와는 대조적으로 모택동은 증국번을 문무를 겸비한 호남성 출신과 뛰어난 지도자와 인물로서 증국번을 매우 존경하였다.

게다가 수 천 년의 역사가 있고 백성의 지혜(民智)는 막혀 이것을 개통시키는 것은 결코 쉬운 일이 아닙니다."(竹內 實, 2005, 158.)

"천하를 움직이기 위해서는 마땅히 천하의 마음을 움직여야 합니다. 즉 표면의 현상에 현혹되지 않는 것입니다. 마음을 움직이기 위해서는 마땅히 대본대원(大本大源)을 갖추어야 합니다. 오늘의 변법(變法)은 지엽말단으로부터 착수되고 있습니다. 의회, 헌법, 내각, 군사, 실업, 교육 등 이것들은 모두 지엽말단입니다. 본원을 파악하지 못하는 한 이것들은 쓸모없는 것이고 지리멸렬하며 일관된 것이 아닙니다. 다행히 잘 해 나가면 본원[6]에 가까워지더라도 잘못해 나가면 역방향으로 가게 될 것입니다."(竹內 實, 158)

일찍이 손문은 즐겨서 '천하위공(天下爲公)'을 즐겨 사용하고 강조한 바 있다. 젊은 날의 모택동이 천하의 본원(大本大源)을, 천하의 민중과 특별히 민중의 마음을 강조한 것은 매우 그 의미가 크고 이것이 훗날 그의 사상에서 매우 중요한 요소로 발전하는 단초라고도 말할 수 있을 것이다.

모택동은 무엇보다도 인간의 철학, 윤리의 개조를 역설한다. "지금의 천하는 뒤죽박죽이 되어 어수선하기만 합니다. 그 원인을 생각해보면,

---

6) 모택동은 천하의 민중이 제각기 우주와 일체가 되고 우주의 진리는 사람들의 마음속에 갖추어짐과 천하의 마음을 다음과 같이 논한다. "본원은 우주의 진리입니다. 천하의 민중이 제각기 우주와 일체가 되면 우주의 진리는 사람들의 마음속에 갖추어집니다. 비록 치우치고 비뚤어졌다고 해도 대개 얼마간은 존재합니다. 여기서 우리들이 대본대원을 가지고 호소한다면 어찌 천하의 마음이 움직이지 않겠습니까? 천하의 일을 할 수 있음으로 부강하고 행복하지 않을 국가가 있겠습니까?"(竹內 實, 159.)

하나는 앞에서도 서술한 바와 같이 안으로 내적 성찰의 지혜가 없기 때문이며, 다른 하나는 천하가 어떻게 나아가야만 할 것인지 그 길을 알지 못하면서 움직이기 때문입니다. 그래서 저는 생각하건대, 당금의 세상은 마땅히 당당한 기세(大氣)로써 사람을 판단해야 합니다. 철학, 윤리학으로부터 착수하여 철학을 개조하고 윤리학을 개조합니다. 전국의 사상을 근본으로부터 전환시키는 것입니다. 이러한 커다란 깃발이 휙 하고 흔들릴 때 많은 사람들이 모여들고, 천둥소리가 울려 퍼지니 드리워진 암운이 일시에 제거됩니다. 그 기세등등함과 왕성함을 결코 제어할 수는 없겠지요."(竹內 實, 159.)

나아가서 모택동은 인간의 사상과 마음을 다음과 같이 표현하고 있다.

"사상은 사람의 마음을 주재합니다. 도덕은 사람의 행위를 규제합니다. 두 세력은 도처에 확대되기 때문에 이것들이 깨끗하지 못하면 여기도 저기도 모두 더럽혀집니다. 사상과 도덕은 반드시 참되고, 반드시 진실 되어야 합니다. 우리나라에서 사상과 도덕은 '거짓이면서도 참되지 않고,' '공허하면서도 진실 되지 못하다'는 말로 요약할 수 있습니다. 힘을 쥐어짜지 않는 한, 오천년 이래 지금까지 전해져 깊게 뿌리를 내리고 있는 것을 때려 부수고 제거할 수가 없습니다."(竹內 實, 159-160.)

모택동은 아래에서 뜻의 중요성을 피력하는데 그것이 위에서 본 바와 같이 철학, 윤리학의 기본적인 강조는 물론이면서도 아울러서 훗날 마오이즘의 중요한 요소인 주의주의(主意主義)의 남상과 뿌리를 보이는 것으로 파악된다.

"뜻은 우주의 진리로서 나타나고 이것에 비추어 우리들 마음이
향하는 방향을 결정하는 것입니다. 요즘 사람들이 '뜻을 세우라'고
말하는 것은 군인이 되려고 하든지 교육자가 되려고 하든지 간에
모두 선배나 가까운 사람이 성공한 예를 보고 부러워한 나머지 남
을 흉내 내어 자신이 세운 뜻을 세운데 지나지 않으며 모방성이 있
습니다. 진실로 뜻을 세운다는 것은 그렇게 쉬운 일이 아닙니다. 반
드시 먼저 철학, 윤리학을 연구하고, 그래서 얻어진 진리를 자신의
언동의 기준으로 받들어 앞길의 목표를 세우고, 그 다음에 이 목표
에 합치하는 바를 선택하며 온 힘을 다하여 실천합니다. 이것을 목
적 달성의 처방전으로 삼는다면 뜻이 있다고 말할 수 있습니다. 이
러한 뜻이 진정한 뜻으로 남의 흉내를 내는 뜻이 아닙니다."(竹內
實, 160.)

특히 아래에서 10년 세월이 걸려도 뜻이 없음은 죽음이라고 까
지 말하면서 진정한 뜻을 세움을 강조하는 것은 훗날 그의 주의주
의와 주관능동성과 함께 강력한 뜻으로 중국혁명의 지난한 목표와
원대한 전망을 토로했던 '우공이산(愚公移山)의 신심(信心)'을 떠
올리게도 한다.

뜻을 세우면 그것을 결정한 당초에는 선을 추구하는 경향이나 진
(眞), 미(美)를 추구하는 경향이 있겠지만 이것은 충동에 지나지
않으며 진정한 뜻이 아닙니다. 그렇다고는 하지만 뜻을 세우는 것
이 그렇게 쉬운 일이겠습니까? 10년이 걸려도 진리를 파악하지 못

하면 10년간은 뜻이 없으며, 죽을 때까지 파악하지 못하면 죽을 때까지 뜻은 없습니다. 이것이 배움을 유년시절부터 시작하는 것을 중요시하는 까닭입니다."(竹內 實, 160.)

　모택동은 그의 사상적인 독창성을 "호남농민운동시찰보고"에서 보인 바 있었다. 그리고 그가 언제나 "조사 없이는 발언 없다"라는 그의 탐구와 연구와 특별히 조사의 중요성을 강조했다. 아울러 그의 혁명운동에의 기본태도로서 조반유리(造反有理)를 늘 혁명과 현장의 운동 속에서 강조한 바 있었는데 비록 도전의 개념으로 쓰고 있지만 다분히 '조반유리'의 이러한 기본적인 경향과 뿌리를 그가 호남사범의 어린 학생이었을 당시에 다음과 같이 이미 보이고 있다. 지엽말단이 아닌 대본대원의 문제라면 반드시 도전하고 잘못된 것을 가리는 것이 중요함을 그는 역설한다.7)

---

7) 큰 배움과 진리를 추구하는 유학의 대학(大學)에서도 본말을 중요시하는데 대원의 문제는 모택동에게 중요한 것이었다. "요즘 사람들은 배움이라는 것이 문(文)이라고 말합니다. 그래서 논의를 좋아하고 시비를 가려 판단하며 붓을 들면 매우 많은 말들을 쏟아냅니다. 이러한 살마을 세간에서는 '재능이 있다'고 하여 많은 사람들의 입에 오르내립니다. 그러한 사람은 엉터리 같은 짓을 알지 못합니다. 그 논의는 즉흥적인 생각에 지나지 않으며 우주에서 펼쳐지는 사리의 참됨과는 합치하지 않습니다. 연구에 시간을 들이지 않고 진리가 어디에서 오겠습니까? '오늘의 나는 어제의 나에게 도전 한다'고 말하는 사람이 있습니다. 그렇다면 내일의 나는 오늘의 나에게 도전할지도 모릅니다. 연구는 나날이 진보하고 이전의 일시적인 실수는 분명하게 드러납니다. 세간에서 발표된 언론을 현자가 말하는 것이라 하여 그것을 굳게 믿고 실행합니다. 하지만 그 후가 되어 잘못되었음을 알게 됩니다. 이렇게 되면 천하를 현혹시키는 것입니다. 이러한 경향은 저에게도 있으므로 금후에 스스로 경계하고 모든 노력을 기울여서 대본대원을 향하여 탐구하고자 합니다. 탐구하면 일체가 해결될 수 있습니다. 지엽말단에 관해서는 의론하지 않으며 시간을 헛되이 낭비하지 않겠습니다."(竹內 實, 160-161.)

모택동은 뜻을 확실하게 세우고 실천하는 우공(愚公)의 이산(移山)적 주체가 아닌 참으로 어리석은 자(愚者)를 설명하고 있다.

"철학적 견해를 가지면 저절로 인심이 평정되고 분쟁은 발생하지 않으며 진리는 널리 퍼지고 악인은 그 모습을 감추는 것입니다. 그런데 젊은 사람들 중에도 도리를 염두에 두지 않고 형식적으로 행동하는 자가 있습니다. 예를 들면 철학 교실에 들어가면서 강의는 건성으로 듣고 정신없이 졸기만 합니다. 도리를 염두에 두지 않는 자들은 오랜 역사를 가진 열악한 사회로 말미암아 생각은 틀에 박히어 자신의 뜻대로 되지 않습니다. 이 또한 크게 불쌍히 여겨야 할 일입니다. 이러한 자들이 아침부터 저녁가지 골똘히 생각하며 고민하는 것은 죽고 싶지 않다든가, 돈벌이를 하고 싶다든가, 세간의 평판은 어떠할까라는 문제들뿐입니다. 어리석은 자(愚者)는 눈앞의 일만을 생각하여 이럴까 저럴까 하는 갈림길에서 허둥지둥하며 망설이기만 할 뿐입니다. 이들에게는 판단을 내릴 때 의거할 확실한 기준이 없습니다. 악의 위력에 굴종해도 우연이며 선의 위력에 굴종했다고 해도 우연인 것입니다. 이러한 어리석은 사람을 지혜로움으로 되돌리고 싶은데, 그러기 위해서는 철학을 보급하지 않으면 안 됩니다.(竹內 實, 162-163.)

다) 군자(君子), 성(聖), 이상적 공동체와 대동(大同)세계

모택동은 유교에서 강조한 바 있는 군자의 중요성과 소인의 구분을 다음과 같이 설명하고 있다. 그리고 훗날 그가 맑시즘을 수용하고 혁명을 지상과제로 삼고 살아가게 되지만 그의 혁명의 대의와 혁명

가의 인간 모델이 군자의 개념과 결코 멀지 않음을 내포하고 있다고
볼 수 있는 개연성을 보인다.

모택동은 성(聖)의 경지를 다음과 같이 공자의 말씀에 의지하여
태평세와 승평세의 개념과 손문도 강조하였던 대동세계(大同世界)
를 향한 군자의 덕과 실천의 중요성을 언급하고 있다.

"지혜를 열고 덕을 쌓도록 원조의 손을 뻗치어 모두 성역에 올라
가도록 해야 합니다. 그 때 모든 어리석음은 사라지고 천하는 모두
성현이 됩니다. 일체의 세상 법은 완전히 파괴되어 태화(太和)의
기를 부르고 맑은 바다의 파도를 호흡합니다. 공자는 이것을 알고
있었습니다. 그는 이러한 것을 목표로 삼아서 태평세(太平世)를
세웠습니다만, 그렇다고 해도 난세와 승평세(昇平世)를 부정하지
는 않았습니다. 대동(大同)은 우리들의 목표입니다. 덕을 세우고
공을 세우며, 말씀을 세우고, 그러함으로써 이 세상을 위해 전력을
다합니다. 이것이야말로 우리들이 자비로운 마음을 가지고 소인을
구원하다고하는 것입니다."(竹內 實, 165.)

모택동은 군자가 소인들을 구원하는 고난과 뜻있는 실천적인 삶
을 옛 인물들을 열거하며 설파하는데 이것은 훗날 그와 중국공산당
과 홍군이 감당할 고난과 뜻있는 고난을 감내하는 '연안정신
(Yenan−Sprit)에 미래적으로는 연결되는 것일 수도 있을 것이다.
그러나 아직은 모택동은 맑시즘을 자신의 세계관으로 받아들이기
이전에 분명한 유교적 세계관과 군자(君子) 및 공(公)의 개념 속에
있던 것으로 보인다.

안자(顔子)가 '한 그릇의 밥과 한 표주박의 물'로, 범공(范公)이 굳어진 죽에 선을 그어 각각 배고픔을 참으면서 공부한 일을 상기하며 배운다면 어떻게든 지탱할 수는 있겠지요.(竹內 實, 165.)

모택동이 마르크스주의자가 되기 이전에 중국에 이상사회를 건설하려는 모택동의 노력은 그의 생애 내내 일관성 있게 나타나고 있다. 모택동은 자신을 마르크스주의자라고 생각하기 이전에 이미 일본 무정부주의자들의 유토피아 사상에서 영향을 받았다고 생각했고, 이것을 현실에 직접 실천하려고 노력하기도 했다. 모택동은 '새로운 사회'(新村)를 건설하기 위해 여러 차례 시도했다.

"나는 수년 동안 새로운 사회생활을 상상해왔지만 별다른 방법이 없었다. 7년 전에 친구들과 함께 위에루산(岳麓山)에서 일하면서 공부하는 '고학동지회'를 결성한 적이 있다. 그러나 이들이 호남에 오래 머무르지 않았고, 나 역시 북경으로 떠나 뜻을 이루지 못했다 금년 봄에 호남으로 돌아와 다시 이런 생각을 하게 되었으며, 악록산에 신촌을 건설할 계획8)을 세웠다." <早期文庫,449>

---

8) 모택동은 1912년 장사에서 중학교를 다닐 때 친구들과 함께 신촌(新村)을 건설하려 했으나, 개인적인 사정으로 뜻을 이루지 못한다. 이후 7년이 지난 1919년, 모택동은 자신이 결성한 학회와 학생회를 중심으로 신촌 건설계획을 다시 한 번 실천에 옮긴다. 물론 그의 노력은 나중에 공산당 창당이라는 다른 형태로 나타난다. 당시 모택동이 건설하려고 했던 이상사회인 신촌은 평등한 분배와 모든 사회기관이 공동으로 운영되던 사회였다.(신봉수, 291-292.)

III. 마오이즘에서의 실천 및 모순 개념과 세계인식

가) 초기사상에서 혁명적 마르크스주의로의 전이(轉移)

모택동의 위에 언급한 공동체의 이상과 윤리와 철학을 강조하고 인간의 대본대원을 강조한 의식은 그가 맑시즘을 신념으로 받아들이면서는 철저한 계급의식과 공산주의적 세계관을 지니게 되었다. 그러면서도 모택동은 그의 맑시스트로서의 신념체계와 함께 중국의 현실과 전통에서 특장을 갖고 생명력을 지니는 제 가치와 방략의 추구에 신념으로 임하였다. 그것의 하나가 정통 마르크스 레닌주의의 혁명론에서 프롤레타리아 중심이 되는 혁명 전략이 아닌 중국현실에서 가장 혁명의 주도세력과 담지자들이 중국농민인 것을 발견하고 그를 혁명의 전략으로 견지하였다.

세계 최초의 사회주의 혁명인 러시아 혁명은 가히 세계사에 하나의 코페르니쿠스적인 전환을 가져온 노동자 계급의 소비에트 정권을 탄생시켰고 레닌은 러시아혁명에 이은 세계혁명을 부르짖으며 세계의 피압박민족과 계급의 해방에 코민테른을 통하여 막대한 물심양면의 지원을 아끼지 않았다. 특히 레닌은 이른바 그의 세계혁명의 '동방우회전략'을 통하여 "파리는 북경을 돌아서"의 구호로 세계혁명은 마르크스가 원래 예언한대로 구라파의 선진노동자계급이 포진하고 있는 발달된 자본주의국가에서가 아니라 세계의 후진제국들과 식민지 반식민지 상태의 아시아의 제국들에서 가능할 수 있음을 이미 천명하고 코민테른과 그 에이전트들을 현지에 파견하고 현지의 혁명가들을 소련과 모스크바에서 직접 교육과 훈련을 시키고 다시 임무를 부여하고 파견하는 지원을 아끼지 않았다. 그리고 이런 세계혁명을 위한 소련의 노력과 큰 지원은 레닌의 사후에 스탈린이 그를 계승하여 중국혁명을 비롯한 아시아 제국의 마르크스주의 혁명의 사업에 지대한 영향을 미쳤다.9)

1919. 5.4운동 이후에 중국의 사회운동과 사상계에서도 러시아혁명과 맑시즘에 비상한 관심을 기울이기 시작하였는데 그 선두에 선 이는 진독수와 더불어 북경대학 교수와 도서관장으로 있던 이대교였다.(Maurice Meisner, Li Ta-chao and the origins of Chinese Marxism(Harvard Univ. Press, 1990)) 드디어 진독수가 주도하던 '신청년'에서는 1919년 5월에 마르크스주의 특집호를 내고 이대교의 논문 <나의 마르크스주의관>을 게재하고 그 이듬해 1920년 5월에는 메이데이 기념호를 내었다.

코민테른의 새 대표로 중국에 파견된 마링은 이대교나 진독수와 같은 진보적 지식인들만 만난 것이 아니라 1921년 계림에서 중국의 지도자인 손문을 만나서 회담을 갖고 손문이 이끄는 국민당이

---

9) 당연히 레닌의 세계혁명의 지원 속에는 제국주의의 침략 앞에서 식민지 혹은 반식민지 상태에서 신음하던 모든 세계의 피압박민족이 포함되었고 그 중에서도 아시아의 중국과 조선 혹은 월남과 인도들도 매우 중요한 세계혁명의 새로운 현장들이 되었다. 1919년 3월에 세계혁명을 위하여 창설된 코민테른은 1920년 7월의 제 2회 대회에서는 <민족, 식민지 문제에 있어서의 테제>를 채택하고 "식민지와 피억압민족의 모든 민족해방을 자기의 주위에 결합해야 한다"고 선언하였다. 드디어 1921년 6월에는 코민테른의 새 대표인 마링이 프로핀테른 대표 니콜스키와 같이 파견되며 1921년 7월 말에 제 1회 전국 대표대회가 상해에서 개최되고 각지의 공산주의 그룹을 대표하는 모택동도 호남의 대표로 포함된 13인의 참석으로 중국공산당이 창립된다. 이 시기의 전국의 공산당원 수는 불과 57명이었지만, 약 30년 후에 중국은 역사적인 세계 최대의 인구를 지닌 나라로서 노동자와 농민의 정권을 실현하게 되는 것이다.(Michael Y. L. Luk, 1920-1928)

진정한 대중적 기반과 당의 독자적인 혁명적 군대를 건설해야 한다는 제안을 하고 손문은 이 제안을 흔쾌히 받아드렸다. 이후 손문은 그가 혁명의 모델로 상정하였던 구미의 의회민주주의 체제에 비판적인 태도를 갖게 되면서 소련에 대한 관심과 더불어 국민당의 소련고문의 제안을 받아드려 개조를 단행하기에 이른다. 손문은 장개석을 소련에 파견하여 군사, 정치, 소련공산당의 시찰을 하게하고 급기야 1923년 10월에는 코민테른 대표 보로딘이 국민당의 고문에 취임하고 국민당과 공산당의 국공합작을 추진하기에 이르렀다.

모택동은 그의 호남사범시절의 은사인 양창제로 인하여 북경대학 하급직 사서로 일하면서 문화운동의 온상이자 새로운 맑시즘의 요람이던 이대교가 이끌던 마르크스주의연구회에 가담하면서 급속히 맑시스트가 되고 그가 주도하던 신민학회와 호남사범을 중심으로한 호남에서의 문화서사와 반 장경요 타도와 호남자치를 위한 학생운동 및 활발한 활동을 통하여 호남의 중심인물이 되었다. 이런 활동과 기반 위에서 그는 중국공산당의 창당요원으로서 호남서기장의 직책으로 노동운동 및 공산당 조직운동에 매진하면서 마침 이루어진 손문의 제1차 국공합작을 통하여 공산당원이면서 아울러 국민당의 간부로서 농민운동 및 선전, 조직활동에서 두각을 나타낸다.

원래 혁명운동에서 경시되던 농민의 혁명적 역량과 가능성을 인정하고 중국혁명에 있어서의 농민운동의 중요성을 주장하고 실천에 옮긴 것은 이 같은 생각과 노선을 미리 지니고 있었던 이대교의 영향을 받은 모택동이었다. 모택동은 1926년과 27년에 발표한 그의 논문에서 지속적으로 농민의 자발적인 혁명성과 스스로의 지도

능력을 주장하고 있었고 그 스스로도 1926년과 27년 사이에 농민
운동에 실천적으로 깊은 관계를 맺고 투신하고 있었다. 이미 그는
1925년 호남에서 농민운동에 참여한 바 있었고 1926년에는 중국
공산당과 국공합작을 이룬 상태에서 국민당의 공식적인 농민운동
강습소의 제 6대 소장 직책을 맡아서 수행하였다. 그리고 이 농민
운동강습소에서는 여러 농민활동에 관한 혁명적 교양과 더불어서
이미 군사교육도 시행한 바 있었다.10)

1927년 무렵에 중공당 지도와 특별히 모택동의 지도에 따라 호
남성에서 농민운동은 급진화 하여, 모택동에 보고에 따르면 1927
년 1월 단계에서 농민조합원 200만명, 그 아래의 대중이 1,000만
명에 달하여 대지주는 물론 중소지주의 토지까지 몰수하고, 지주권

---

10) 모택동은 이미 혁명적 교양과 더불어 군사교육도 시도했던 농민운동
강습소에 이어서 그가 1927년 8월과 9월에 중국공산당 중앙의 위임
으로 호남을 중심으로 한 4개성에서 농민과 안원지역의 광부들을 중
심으로 조직하여 이른바 '추수폭동'을 주도하였다. 모택동의 보고에
의하면 당시에 그가 주도하였던 호남의 농민운동은 매우 급진적인
성격을 띤 것으로서 농민협회가 모든 鄕政機關의 권한을 인수하고, 적
지않은 수의 토호들과 열신이 참살되거나 재물을 빼앗기고 많은 지주
들이 수모들을 당하는 사태가 있었다. 그리고 이같은 격렬한 대치의
상황에서 토호열신의 民團의 공격을 방어하기 위해서 농민협회 아래
농민자위군을 만들었다.(Jerome Ch'en, 1967, Oxford University
Press, S. 131-132) 1927년 11월 중앙위원회는 '우파노선(Rightism)'
을 추구했다는 이유로 모택동을 정치국에서 추방했다. 그 때 겨울,
모택동은 정강산에서 수행한 기본공작은 모두 '불법적인'것으로 간
주되었는데 그는 몇 개월 동안 자신의 공작이 당에 의해 불법시 되
고 있다는 점을 전혀 몰랐다. 모택동은 당 중앙위원회로부터 그의 당
생활 중에 세 차례 징계를 받고 또 세 차례나 추방당하기도 했다. 그
가 당에서 징계와 추방된 사실을 모르고 정강산 소비에트 공작에 정
력적으로 착수하던 결국 모택동은 당에 의하여 공식적으로 1928년 6
월에 복권되었다.(Edgar Snow, 164.)

력에 대신하여 농민협회가 권력을 장악하기에 이르렀다.(中嶋嶺雄,98.)

특별히 모택동은 농민운동이 중국혁명운동의 주력군임을 발견하고 유명한 호남농민운동시찰보고를 내면서 새로운 창조적이고 실제적인 혁명의 전략 전술을 추구하게 된다. 그러나 당 중앙의 무모한 지도와 정책의 실패로 그 또한 호남의 장사에서 폭동에 실패한 후에 농민과 광부를 중심으로 한 무리의 패잔병 부대를 이끌고 강서와 호남의 경계에 있는 정강산으로 도주하였던 것이다. 모택동이 추수봉기가 실패하고 정강산에 들어가서 소비에트운동을 벌리며 홍군을 건설하려할 때 그는 당과의 관계에 있어서는 고립무원과 모든 직책을 박탈당하고 징계를 받는 상태에 있었다.11) 그는 공산당 중앙위원회로부터 세 차례 징계를 받고 또 세 차례나 추방을 당한 것이었다.(Edgar Snow,164.)

모택동은 원래 1927년 5월 무한에서 개최된 중국공산당 제5차 전국대표자대회에서 광범위한 토지 재분배를 권고하는 제안을 하였다. 원래는 그의 제안을 채택하는 결의안이 통과되었으나, 결과

---

11) 모택동은 당시의 상황에 대해서 다음과 같이 언급했다. "추수봉기계획이 당중앙위원회의 찬성을 얻지 못했고. 제1군이 다소 심각한 패배를 당했으며, 또 도시 중심의 관점에서 살펴볼 때 이 운동이 실패로 끝날 것이 뻔해 보였기 때문에, 중앙위원회는 이제 나와의 관계를 완전히 끊어 버렸습니다. 나는 정치국 위원직에서 해임되었고 당전선위원회에서도 쫓겨 났어요. 호남성 당위원회도 우리를 '소총운동이라고 지칭하면서 비난을 퍼부었어요. 그럼에도 우리는 스스로 올바른 노선을 따르고 있다고 확신하면서 정강산에 계속 군대를 결집시켜 놓았는데, 그 이후에 벌어진 사태는 우리의 생각이 옳았음을 충분히 입증시켜 주었어요. 새로운 보충병이 계속 들어오면서 원래의 사단 규모를 다시 갖추게 되었습니다. 이제는 내가 지휘관이 되었어요."(Edgar Snow, 165.)

적으로 진독수가 이끄는 당중앙위원회는 이 제안을 거부하였
다.(Edgar Snow, 159.) 모택동이 당중앙위원회와 갈등을 빚은 것은
중국혁명에 있어서의 농민의 문제였다. 모택동은 이 문제에 대해서
에드가 스노우와의 회견에서 만약에 진독수가 이끌던 당중앙위원
회가 정확하고 현실적인 농민문제와 농촌정책을 승인하였더라면
훨씬 더 강력하고 힘있는 농민운동과 농촌소비에트가 더 일찍 가능
하였던 것으로 확신하였다.12)

　　그 후 모택동은 10월 추수봉기를 준비하기 위하여 장사로 파견
되었을 때, 대지주는 물론 중, 소지주의 모든 토지와 재산을 몰수하
는 급진적 농촌정책을 실시하고 소비에트를 조직하는 것을 목표로
하였다. 그러나 10월 추수봉기의 실패로 인하여 구체적인 실천을

---

12) 모택동은 이 과정을 다음과 같이 구체적으로 밝힌 바 있다. "나는 호남
　　농민의 조직화를 연구하고 실천하던 경험을 바탕으로 '중국사회의 각
　　계급 분석'과 '조항척의 계급적 기반과 우리의 임무'라는 두 편의 논
　　문을 완성했습니다. 진독수는 공산당 주도 하의 급진적인 토지정책과
　　강력한 농민조직화를 제창한 첫 번째 논문의 견해에 반대하여 이를
　　공산당 중앙기관지에 발표하기를 거부했어요. 이 논문은 나중에 광주
　　에서 발행되는 <중국농민>과 잡지 <중국청년>에 발표되었어요. 두
　　번째 논문은 호남에서 소책자로 발표되었어요. 나는 이 무렵 진독수
　　의 우경 기회주의적 정책과 의견이 대립되기 시작해 그 이후 점차
　　멀어졌지만 우리 사이의 싸움은 1927년에 비로소 절정에 이르게 되
　　었어요..이에 따라 대혁명에 위기가 임박한 상황에서 개최된 제5차
　　전국대표대회는 적절한 토지계획안을 통과시키지 못했지요. 농민투쟁
　　을 급속하게 강화시키자는 내 의견은 토의조차 되지 않았어요...당 대
　　회는 500무 이상의 토지를 소유한 농민을 지주로 규정함으로써 토지
　　문제를 소홀하게 처리해 버렸는데 이러한 규정은 계급투쟁을 발전시
　　켜 나갈 기초로서는 전혀 부적절하고 비현실적일 뿐만 아니라 중국의
　　특수한 농촌경제의 성격을 완전히 도외시한 것이었어요. 그러나 이
　　대회가 끝난 후 전국농민협회가 조직되어 내가 초대회장이 되었지
　　요."(Edgar Snow, 160.)

하지 못하고, 호남성과 강서성의 접경지대에 있는 정강산으로 들어가 혁명을 위한 농촌근거지를 구축하였다. 이에 대해서 구추백은 모택동을 도시 프롤레타리아트에게서 등을 돌린 '소부르주와적 인민주의자'라고 비난하였다.(Maurice Meisner, 1982 :116.)

이와 같이 모택동은 그의 중국혁명문제에서의 농민운동과 전략에 대한 당 중앙과의 심각한 의견과 노선차이로 말미암아 때로는 우파(Rightism)와 인민주의자로 비난당하고 축출당하기도 하였다. 그러나 이 같은 우여곡절과 과정을 겪으면서 결과적으로 그가 추수폭동에 실패하고 정강산에 들어가 중국혁명의 새로운 근거지와 힘을 구축한 것은 매우 심대한 의미를 지닌다. 이 과정에서 홍군의 탄생 및 패잔병에서 새로운 의지를 갖춘 하나의 계기가 되었던 삼만 개편의 과정은 정강산 소비에트의 중요한 상징과 남상(濫觴)이 된 것이었다.[13]

---

13) 남창봉기의 패배 후에 잔여병력 중에서 주덕이 지휘하는 부대가 최초로 공농혁명군 제1사로 개편되었으며 동랑(董郞)이 이끄는 부대가 공농혁명군 제2사로 개편되었다. 모택동도 호남추수폭동에서 실패한 후 잔여병력을 이끌고 퇴각하던 중에 강서성 영강현(寧岡縣) 삼만에서 이른바 삼만 개편(三灣改編)을 단행하고, 그의 부대를 공농혁명군 제1군 제1사 제1단으로 편성하였다.(서진영,1992,154.) 삼만 개편에서의 모택동이 행한 연설은 다음과 같다. 특별히 이 '삼만 개편'은 최초로 모택동이 학생과 농민만이 아니라 이제 새로운 군대라는 범주에서 인간개조를 시도한 것으로 평가된다. '동지들! 우리는 적을 피하여 왔다. 적은 멀리 후방에서 두서없이 총을 쏠 뿐이다. 그렇게 쏘는 총이 어떻게 우리를 해칠 수 있겠는가? 우리들은 모두 여자의 뱃속에서 자라난 사람이다. 적의 다리가 두 개라면, 우리의 다리도 두 개다. 하룡(河龍)동지가 분연히 궐기했을 때는 겨우 부엌칼 두 자루가 무기의 전부였다고 한다. 그런데도, 그는 지금 어엿한 장군으로서의 당당한 위용을 자랑하기에 이르렀다. 우리는 지금 두 자루의 부엌칼에 비교하면, 매우 훌륭한 무기를 가지고 있다. 우리는 2개 대대가 넘는 병력을 보유하고 있다. 여러분은 왜 우리가 성공하지 못할까 걱정하고

모택동의 중국공산당과 중국혁명의 행로 및 특별히 중국 홍군의 발전에 있어서 삼만개편은 매우 중요한 의미를 담고 있다. 위의 에드가 스노우와 모택동이 회견하면서 스스로 밝힌 것처럼 '남하 도중 수천 명의 국민당군을 돌파하지 않으면 안 되었고, 또 많은 전투를 겪으면서 여러 차례 패배도 맛 보았'던. '군기(軍紀)는 엉망이고 정치훈련 수준도 낮았으며 장교와 사병들 속에는 동요하는 사람들도 많았으며 탈주하는 장병들도 상당수 있었던' 지휘관 '여주도가 도망친 후 부대는 영도(寧都)에서 재편성'되었던 것이 이른바 '삼만개편(三灣改編)'이었다.

모택동과 중국홍군 및 중국공산당이 그들의 이후의 혁명과정에서 인간의 개조가능성과 인간의 의지에 대한 신뢰가 이른바 주의주의적인 인간관으로 잘 알려진 바 있다. 심지어 이들은 적과 특별히 포로들에게도 이 같은 원칙으로 임하여 큰 효과를 거두기도 했다. 그런데 바로 이 같은 인간개조와 주의주의적인 가능성을 정강산 소비에트 시절에 두 산적 두목의 비적으로부터 비록 후에는 다시 배신하고 산적노릇을 하다가 살해되기는 하였으나 한 때, 공산당원과 혁명에 헌신하였던 것도 매우 시사적이고 상징적인 사건이 아닐 수 없다.

패잔병을 모아 정병을 만들고 도적을 혁명가로 개조하고 포로들에게도 인간적으로 대하면서 그들의 의식을 개조함으로써 혁명군으로 만들은 것이 모택동과 중국홍군의 작풍이요, 그 근저에는 그

있는가? 무엇을 두려워할 게 있단 말인가? 좌절과 실패없이는 성공 또한 없는 것이다.'(金忠烈, 1979,「毛澤東의 鬪爭過程」12)

어떤 인간들도 인격으로 대하고 수단으로 삼지 않으면서도 그들을 인간개조를 목표로 하는 깊은 인간이해의 힘과 신뢰가 바탕이 되었다고 생각된다. 그것이 모택동과 중국홍군이 어려운 초기시절을 거쳐서 마지막 혁명의 완성에 이르는 승리의 비결이자 핵심적인 요소였다고 파악된다. 그리고 여기에 연안시대에 매우 성숙한 인간에 대한, 공산주의와 사상과 철학에 있어서의 근본원리의 하나인 변증법적 유물론의 인식론적 토대인 모순론의 심화와 더불어 마오이즘과 중국공산당은 더 일층 내적으로 발전된 단계로 나아갈 수 있었다.

나) 모순(矛盾)의 구조와 세계

마오이즘에서 모순과 실천개념은 너무도 중요하다. 이 개념들에서 혁명과 전쟁 및 그가 그리고 추구하는 평화와 이상세계가 있기 때문이다. 모택동이 그의 모순론을 통해서 어떻게 인간의 존재와 인식에 대한 접근과 해석을 하였는가. 그의 모순개념과 모순론은 중국혁명의 실천 속에서 그가 인간이해를 어떻게 했고 중국과 세계와 혁명을 어떻게 구조적으로 이해했는가 하는 마오이즘에 있어서의 핵심의 하나가 되는 주요한 인식과 논리의 토대이고 중국혁명의 분석틀과 프리즘이라고 하지 않을 수 없다. 그의 모순론에서 가장 중요한 개념은 보편과 특수로 일컬어지는 공상과 수상의 카테고리와 개념들이다. 원래 서양의 변증법에서 나타나는 원래 창과 방패를 의미하는 대립적인 모순의 개념은 중국에서는 멀리 고대의 법가의 중심사상가였던 한비자(韓非子)의 현(賢)과 세(勢)의 '모순지설'(矛盾之說)에서 일찍이 개념화된 것이었다.14)

마르크스 레닌주의의 교조적 원리이며 내용의 하나인 상부구조와 하부구조와의 전형적 개념과 관계를 모택동은 그의 신축성 있는 모순개념과 철학에 의하여 마르크스 레닌주의의 변증법적 기본적 원리는 매우 중요하지만 그러나 때로는 상황과 논리적인 필연성 속에서는 과거의 도그마와 원리에 갇히우는 단순한 기계적 적용이 아닌 창조적이고 구체적인 실천을 위해서, 필연적인 조건과 상황에서는 상부구조가 중요할 수도 있음을 강조하였다.

　주지하는 바와 같이 마르크스 레닌주의 세계관과 철학은 중요한 세 개의 요소로 구성되었다.

　철학적으로는 변증법과 역사적으로는 사적유물론(唯物史觀)과 경제적으로는 잉여가치설과 더불어 정치경제학이 고전적인 마르크스 레닌주의의 구성부분들인 것이다. 그중에서도 일찍이 레닌에 의하여 '마르크스주의의 살아있는 영혼(lebendige Seele)'으로 까지 불리는 변증법이 마르크스 레닌주의의 철학적 토대이다.15)

---

14) 중국에서의 전형적인 모순개념은 법가에 속하는 한비자(韓非子)에게서 구체적으로 개념화되었다. 한비자의 법은 구조와 행위의 차원에서의 인간 행위와 관련된 것인 한, 일체의 행위규범은 법의 형태로 파악되고 제시될 수 있다. 군주가 탁월한 지력을 갖추는 것과 강력한 힘과 권위로 나라를 다스리는 것과 사이에는 아무런 대립이 없는 것처럼 생각된다. 그러나 현(賢)과 세(勢)의 '모순지설'(矛盾之說)은 한비자가 이와는 전연 다른 방식으로 양자의 관계를 단순한 대립과 갈등을 넘어, 어떠한 현상이나 본질을 전체적으로 그 본질을 고민하고 파악하고 통합하려 함을 보여준다. 한비자의 모순개념과 법치사상을 인간이해의 차원과 관점에서 해석하고자 할 때 특별한 주목할 만한 가치가 있다고 보인다.(勞思光,1986,355-385참조.; 方立天,1998,중국철학과 인성의 문제, 참조, 蕭公權,1945,中國政治思想史참조, Liao, W. K. (trans.): The Complete Works Of Han Fei Tzǔ. 2 vol. London: Arthur Probsthain, vol. 1 1939, vol. 2 1959.; 李憲堂,《大家精要。韓非子, 李憲堂,《大家精要。韓非子》,2009.

15) 마르크스는 　　헤겔의 　　변증법을 　　'일반적인 　　운동양식(allgemeinen Bewegungsformen)' (K.Marx, 1975, *Das Kapital*, Erster Band,

역사적으로 헤겔 변증법(Dialektic)의 직접 선구자 역할을 한 것은 -헤겔이 높이 평가한, 대립의 통일을 갈파한 헤라이클레이토스의 심오한 이론 이외에도-헤겔 직전의 피히테와 셸링이다. 정립과 반정립 그리고 종합화의 무수한 과정 중에 '지양(止揚, aufgehoben)' 은 핵심적인 개념과 내용에 속한다.16)

모택동의 변증법적 유물론에서 가장 중요하게 포착한 모순론(矛盾論)에서 <1>모순의 구조는 보편적 모순과 특수 모순으로, 보편적 모순은 보편적 주요모순과 보편적 비주요 모순으로, 특수한 모

Bd.23, Berlin,22-23.)이라고 그의 자본론에서 언급하였다. 엥겔스는 이 변증법을 '우리들의 가장 최선의 노동수단과 창조적인 무기(unser bestes Arbeitsmittel und unsere schaerfste Waffe')(F. Engels, 1962, *Karl Marx/ Friedrich Engelss Werke(MEW)*, Bd. 21, 293.)로 명명했다. 레닌 또한 특히 철학의 학설과 이론 및 혁명적인 사유방법으로서의 유물변증법으로서의 변증법은 마르크스주의에 있어서 '살아있는 영혼(lebendige Seele'(W. I. Lenin, 1963, *Ueber einige Besonderheiten der historischen Entwicklung des Marxismus*, Bd.17,Berlin,23.)로 일체의 사회현상과 역사발전에 매우 역동적인 핵으로까지 일컬었다.

16) "피히테는 우선 제 1단계로 자아가 곧 자기를 정립한다는 명제에서 출발하였다. 그러나 이 일차적 정립에 의해서 세계를 구성하는 전체적 내용이 발전적으로 전개되어 나갈 수는 없었다. 즉, 여기에는 운동의 요소와 자아의 전개를 가능케 하는 어떤 대립인 장애요인이 결핍되어 있었다. 따라서 피히테는 둘째로 自我가 非我를 '反定立'시켜야 한다는 점에 착안하였다. 일차적인 '定立(These)'에 이어서 이와 반대되는 '反定立(Antithese)'을 제시한 것이다. 그러나 이 자아와 非我가 끝내 대립관계만을 고수할 수는 없으므로, 여기서 양자가 더 이상 서로를 부정하는 관계가 아닌 또 다른 방향에서 각기 지니는 타당성에 제약을 가할 제3의 '綜合化(Synthese)'가 필요해진다. 여기에는 '더 높은 단계로 高揚된다(hinaufgehoben)'는 뜻이 있다. 이것은 선행하는 두 단계가 더 이상 상호배타적으로 대립하지 않는다는 뜻에서의 止揚인 것이다.(Hans Joachim Stoerig, 1978. 『Kleine Weltgeschichte der Philosophie』:225-226.)

순은 특수 주요 모순과 특수 비주요 모순으로 분류될 수 있다. <2>적대적 모순과 비적대적 모순은 역시 보편적 모순과 특수 모순으로 구분되어 보편적 적대적 모순과 보편적 비적대적 모순으로, 특수한 모순은 특수, 적대적 모순과 특수 비적대적 모순으로 분류할 수 있다. <3> 적대적 모순과 비적대적 모순은 주요모순과 비주요 모순으로 구분되어 주요모순에는 주요 적대적 모순과 주요 비적대적 모순으로, 비주요 모순은 비주요 적대적 모순과 비주요 비적대적 모순으로 분류할 수 있다.

　모택동에 의하면 모순에 있어서 가장 주요한 모순을 정의하여 "여타 모순의 존재와 발전을 결정하고 영향을 주는 모순이 주요모순"이라고 정의한다.(毛澤東, 矛盾論, 毛澤東選集, 第一卷. 331.) 모택동이 모순론에서 적대적 모순과 비적대적 모순을 판별해 내는 기준으로 적대적 모순은 인민과 적과의 관계요, 비적대적 모순은 인민들 내부와 관계의 옳고 그른 것을 가려내는 일로 그의 '인민내부의 모순을 정확히 처리하는 문제에 관하여'에서 밝히고 있다.(Jan 1957. Mao Tse-tung Ausgewaelte Werke, Bn. V. :434-446.)

　모택동은 언제나 사물과 현상을 두 개의 카테고리로 분류해서 보는 대구어법이나 그 두 개의 범주를 대비시키면서 그 두 개의 범주를 별개의 분리된 것으로 보지 않고 언제나 하나로 통일 조화시키는 것으로 보인다. 갈등(대비되는 대상의 대립)과 조화(대비 대상의 통일)의 반복되는 과정을 통해서 정체적이 아닌 유동적인, 혼돈이 아닌 질서, 여럿 속의 통일성, 또한 변증법을 통해 다원성 속에 일원성을 추구하는 음양사상을 내포하고 있는 것으로 보인다.(Wang

Tait Chan, 1972. New Jersey,:245.)

　이러한 모택동의 모순과 음양(陰陽)적 혹은 노장(老莊)적 사유의 단초는 그의 초기 장사사범 시절에 이미 보이고 있다. "...생즉사(生卽死)요 사즉생(死卽生)이다. 현재는 과거요. 미래요. 과거와 미래는 현재이다. 작은 것은 큰 것이요. 음은 양이며, 높은 것은 낮은 것이요, 불순한 것은 순수한 것이요, 두꺼운 것은 얇은 것이며, 복수적인 것은 단순한 것이요, 변하는 모든 것은 영원하다."(S. Schram, 1958-69, in the China Quertery, (April-June, 1971), No.46. 225.)

　이 같은 모택동의 모순개념은 그의 모순론을 통하여 다양하고도 깊은 구조와 순환, 연기적 관계로 심화된다. "생명이 없다면 죽음도 없다. 죽임이 없다면 생명 또한 있을 수 없다. 상이 없다면 하도 없다. 하가 없다면 상도 있을 수 없다. 불행이 없다면 행이 있을 수 없고 어려움이 없다면 순리 또한 있을 수 없다. 지주가 없다면 영세농도 없을 것이고 영세농이 없다면 지주 또한 있을 수 없다. 부르주아가 없다면 프롤레타리아도 없고, 프롤레타리아가 없다면 부르주아도 있을 수 없다. 제국주의적 압박이 없다면 식민지나 반식민지도 없고 식민지나 반식민지가 없다면 제국주의적 압박 또한 있을 수 없다. 모든 대립적인 것들이 다 이러하다.(毛澤東, 1967, "矛盾論", 毛澤東選集 第一卷, :317.)

　이와 같이 모순은 상대적인 존재성과 구조일 뿐만 아니라 다음과 같이 상호 연관성, 침투성, 전화(轉化)로 얼마든지 변화와 전환이

가능하다. 영원한 부단혁명(不斷革命)의 과정과 연속선이 모순 개
념과 구조 속에 내포 되어 있는 것이다.17)

이와 같이 마오이즘에서는 변증법의 원리와 논리의 중요한 모순
이라는 개념을 포착하고 발전시켜 중국혁명의 원리와 에너지와 그
혁명에 참여한 중국의 인민과 농민계급 및 중국공산당과 혁명가들을
이론적으로 무장시킬 수 있었다. 인간의 역사와 삶과 혁명을 총체
적인 모순의 영원한 체계와 투쟁으로 파악하면서, 중국혁명의 실천
속에서 철저한 혁명의 사상적 무기와 에너지와 인간과 역사와 세계
의 구조를 '이해(理解:Versthen)'하는 기본적인 분석의 논리와 거
울로 삼은 것은 마오이즘의 커다란 장점과 공로가 아닐 수 없을 것
이다.

다) 모순(矛盾)의 이재사중(理在事中)

원래 '모순론'은 마르크스 레닌주의의 기본적인 철학적 원리로서
중요한 변증법의 모순개념과 관계와 체계를 모택동이 그의 연안시
절에 이론적으로 중국적인 특수성과 창조적인 이론으로 천착하며

---

17) 영원한 신진대사와 무한순환이 모순의 생명력이자 부단한 혁명(不斷
革命)의 내적 비의에 속한다. "자식들은 아버지로 변하고, 아버지는
자식들로 변한다. 여자는 남자가 되고 남자는 여자로 변한다. 이러한
전환은 직접적으로 일어나지 않는다. 그러나 결혼 후에는 자녀가 출
생한다. 이것이야 말로 전환이 아닌가. 압박하는 자와 압박받는 자는
그 반대로 변한다. 부르주아와 지주, 그리고 노동자와 농민의 관계가
그러하다. 유일한 것은 무한 것으로 변하고 무한한 것은 유한한 것으
로 변한다. 이 세상에 생성하고 발전하고 쇠퇴하지 않는 것이란 없
다. 원숭이는 사람으로 변하고, 인간 그리고 전 인류는 종내 자취를
감추고 다른 어떤 것으로 변할지 모른다."(S. Schram, 224.)

추구한 것이었다. 또한 이 모순론은 실천론과 여타의 모택동의 논문이나 저술처럼 현실적으로는 중국공산당의 내부 상황의 실천적인 요구와 함께 노선적인 차원에서는 당 내부에 심각하게 존재하던 교조주의 사상을 극복하기 위한 목적으로 모택동이 쓴 것이기도 했다. 중국인민과 중국공산당이 처한 혁명적 상황에서의 바른 실천을 위하여 그 어려운 구조와 상황의 모순을 정확하게 통찰하고 어떠한 사안이나 일의 바른 인식과 방향을 얻고 그것을 바른 실천으로 나아가는 것이 모순론의 요체였다.18)

이 모순론에서 모택동은 두 가지 철학상의 문제를 제기하고 다루었다. 즉, 그것은 두 개의 대립면인 통일과 투쟁의 문제이고, 다른 하나는 일반과 특수, 공상(共相)과 수상(殊相)의 관계에 대한 문제이다. 이러한 관계와 계통적 설명과 개념에서 중국 전통 철학에서는 '이치는 일 가운데 있다(理在事中)'고 일컫기도 했다.

이러한 모순의 이재사중의 차원과 성격에서 모택동은 '인민'이란 개념도 "나라에 따라, 역사적 시기에 따라 다른 뜻을 갖는다"라고 말하고 있다.(Mao Tse-tung, 434.)

---

18) 이러한 한 예가 1938년, 강력한 일본의 침략 앞에서의 모택동이 중국인민과 중국공산당이 싸우고 나아갈 방향과 바른 인식을 <持久戰論>에서 주장한 것이다. 모택동은 심각한 일본의 침략의 상황에서 그 일의 근본 모순을 분석하고 밝힘으로써 '이치는 일 가운데 있다'는 것과 모순의 온전한 통찰과 분석은 반드시 그 바른 해결책이 가능함을 드러냈다. 그리하여 모택동은 중일 쌍방 간의 4가지의 기본적인 모순과 성격을 들어서 구조적으로 분석하였다. 이 같은 상호 모순의 정확한 분석 위에서 모택동은 '항일전쟁은 앞으로 전략적 방어, 전략적 대치, 전략적 반격 등 세 단계를 반드시 경과하여 발전할 것으로 과학적으로 예견하였다.'(료중개,166-167, ;<論持久戰>,1938,5.참조)

또 하나의 실례로 혁명과 특별히 항일전쟁시기의 통일전선시기에 민족 자본가를 여러 차원에서 일컫기도 했다. 이들은 "한 쪽으로는 혁명에 가담할 가능성이 있으나 다른 한 쪽으로는 혁명의 적과 화합할 경향도 아울러 가지고 있다"라고 했다.(毛澤東選集, 第二卷,349.)

모택동이 그의 '모순론(矛盾論)'에서 다룬 철학 상의 문제를 살펴보면, 모택동은 1957년 중국 최고 국무회의 제 11차 확대회의에서 이렇게 말한다. "동일성, 통일성, 일치성, 상호침투, 상호관통, 상호의뢰 혹은 의존, 상호연결 혹은 상호협조, 이것들은 모두 이름은 다르지만 의미는 하나이니, 다음 두 가지 상황을 말한다. 첫째, 사물의 발전과정에서 모순되는 두 방면은 모두 각각 그 대립되는 방면을 자기 존재의 전제로 삼으며, 쌍방은 하나의 통일체에 함께 처해있다. 둘째, 모순되고 있는 쌍방은 일정한 조건에 의거해 각기 그 상반된 방향을 향해 전화(轉化)한다. 이것이 이른바 동일성이라는 것이다"('矛盾論', 『毛澤東選集』 제1권, :301-302.)라고 하였다. 모순론은 이같은 실천적 우주론이자 실천적이고 전투적인 당의 철학과 레닌이 표현한 변증법의 핵심으로서 '살아있는 영혼'과 인식의 논리적 무기였다.

라) 모순(矛盾)의 전화(轉化) 및 세계의 이해

모택동은 한 사물이나 현상에서 반드시 전체와 두 개의 면을 보아야함을 모순의 주요방면과 비 주요방면, 신진대사와 그 복과 화의 상호전화의 관계를 다음과 같이 분석한다. "총괄컨대, 우리는 반드시 문제를 전체적으로 보도록 배워야 한다. 사물의 정면을 보아야 할 뿐만 아니라 그 반대면도 보아야 한다. 일정한 조건에서 나쁜 것은 좋은 결과를 이끌어 낼 수 있으며, 좋은 것도 나쁜 결과를 이끌어 낼 수 있다. 노자(老子)는 2천 년 전에 이미 '화(禍)인가 ,복(福)이 기대어 있는 곳이다. 복인가, 화가 숨어 있는 곳이다.'라고 말했다.(Hans Joachim Stoerig, 227.) 일본은 중국을 공격하고는 승리했다고 했고, 중국은 커다란 땅이 침략당하여 실패했다고 했다. 그러나 중국의 실패 속에는 승리가 포함되어 있었으며 일본의 승리 속에는 실패가 포함되어 있었다. 역사가 이처럼 증명한 것이 아니라고 할 수 있겠는가?"(『人民 內部에 있는 矛盾의 정확한 處理에 관하여』 1957.)

모택동의 이 강연은 연안시대의 모순론에서 펼쳐진 모순개념의 연속이다. 그는 계속하여 모순의 양면성과 무수한 제 관계19)와 무궁한 변화의 체계를 다음과 같이 분석한다. 모순과 지양, 전화 그리고 신진대사는 투쟁의 개념 못지않게 중요하다.

모택동의 모순 개념에는 무한한 모순의 발전과 대립의 성격으로 인한 신진대사와 변화 및 전화(轉化)가 깃들어 있다. "모든 세계는

19) 원래 모택동사상의 전개와 형성에서 모순론이 매우 독창적인 가치로 중요하지만 모택동은 항상 실천의 가치, 특히 혁명적실천을 중시하였다. 그에 의하면 이러한 모순과 실천의 관계는 세계에 대한 근본적인 인식과 세계에 대한 근본적인 개조와 모순의 혁파를 위한 상호보완성을 지니고 인간과 사회의 해방과 영구혁명을 위한 두 개의 수레바퀴라고 할 수 있는 것이다. 이점에서 과거의 철학의 관념적 해석에 머문 한계를 통렬히 지적하고 포이에르바흐의 테제를 빌어 철학자들이 이제는 세계의 해석만이 아닌 개조를 해야 한다고 설파한 마르크스와 모택동의 연속선이 필연적으로 가능한 것이다.

이처럼 새로운 것으로 낡은 것을 대체하며, 이처럼 신진대사를 하여 낡은 것을 제거하고 새것을 펼치거나 진부한 것을 밀어 제치고 새로운 것을 내놓는다."(『矛盾論』, 299.)

모택동은 진리와 이론은 실천 속에서 검증되어야 함을 강조하고 역설하였다. 혁명적 실천과 결부되지 않은 이론은 공허한 것이고 혁명적 이론이 전제되지 않은 실천은 맹목적 실천이라고 강조했다.

일찍이 마르크스는 '포이에르바하에 관한 테제'에서 "철학자들은 단지 여러 가지 방식으로 세계를 해석해왔을 뿐이다. 그러나 문제는 세계를 변혁하는 데 있다"(馬克思, "關於費爾巴哈的提綱", <馬恩選集>,第3卷, 19.)라고 하였다. 마르크스 레닌주의의 이 같은 세계개조와 중국혁명을 위한 실천을 모택동 역시 그의 실천론을 통하여 실천궁행(實踐躬行)의 인간을 중국혁명의 현실 속에서 추구하였다. 모택동은 실천의 3대 기본형식으로 '생산실천, 사회투쟁(계급투쟁)실천과 과학실험실천(浙江省七個關於幹部參加勞動的好材料"的 批語", (1963.5.9.) 北京大學哲學系毛澤東哲學思想敎硏室編,(1983),97.)'을 언급한 바 있었다. 모택동은 "무산계급이 세계를 인식하는 목적은 오직 세계를 개조하기 위한 것이다. 이 외에 다른 목적이 없다."라고 하면서 인간의 사회적 개조와 혁명적 실천을 강조하였다.[20] 또한

---

20) 알랭 바디우의 경우에도 모순의 전략적인 해결책의 냉엄하고 단호한 혁명적 실천을 강조한다. 중간지점의 관용은 존재하지 않는 최종결과의 승리와 패배의 전쟁과 같은 혁명적 상황과 실천을 그는 강조한다. 혁명적 실천의 마오주의적 실행방법에 따르면 생디칼리즘이 제공하는 중간지점에 대한 관용이란 존재하지 않는다. 그 대신에 혁명은 그 최종 결말에 이를 때 까지, 즉 부르주아의 잔재 및 그 경제와 법률과 문화 모두가 흔적조차 없이 쓸려 나갈 때까지 지속된다.(알랭 바디우 "모순의 이론"73)

이러한 혁명적 개조와 실천에 최고의 모순을 해결하는 전쟁도 포함되는 것이다.

IV. 우공이산(愚公移山)과 모택동의 평화관

마오이즘이 특히 문혁기간을 통하여 강력한 열풍으로 불 때, 모택동 어록이 제작되고 그 중에서 가장 핵심사상이 담겨 있는 글을 특별히 "노삼편(老三編)"이라고 하며, 그것들은 <인민을 위해 일하자(为人民服务)> <우공이산(愚公移山)>, <닥터 노먼 베순을 추모하며(纪念白求恩)>이다. 이 중에서도 우공이산은 심대한 의미를 지닌다.

모택동은 아직 중국대륙을 석권하기 전야이던 중국공산당 7차당대회 (1945.4.23~6.11)의 폐회사에서 중국의 고전의 하나인 열자(列子)의 탕문편(湯問篇)에 나오는 고사와 전승을 매우 의미 있게 인용했다.[21] 중국인민의 머리를 짓누르는 두 거대한 산이 있습니다.

---

21) 원래 중국의 전국시대의 도가사상에 속하는 사상성이 높게 평가되는 열자(列子)의 탕문편에 언급된 고사는 다음과 같다 : 옛날, 중국의 북산에 우공(愚公)이라는 90세 된 노인이 있었는데, 태행산(太行山)과 왕옥산(王屋山) 사이에 살고 있었다. 이 산은 사방이 700리, 높이가 만 길이나 되는 큰 산으로, 북쪽이 가로막혀 교통이 불편했다. 우공이 어느 날 가족을 모아 놓고 말했다. "저 험한 산을 평평하게 하여 예주(豫州)의 남쪽까지 곧장 길을 내는 동시에 한수(漢水)의 남쪽까지 갈 수 있도록 하겠다. 너희들 생각은 어떠하냐?" 모두 찬성했으나 그의 아내만이 반대하며 말했다. "당신 힘으로는 조그만 언덕 하나 파헤치기도 어려운데, 어찌 이 큰 산을 깎아 내려는 겁니까? 또, 파낸 흙은 어찌하시렵니까?" 우공(愚公)은 흙은 발해(渤海)에다 버리겠다며 세 아들은 물론 손자(孫子)들까지 데리고 돌을 깨고 흙을 파서 삼태

하나는 제국주의 이고, 다른 하나는 봉건주의입니다. 중국공산당은
일찍이 이 둘을 파내기로 결심했습니다. 우리는 반드시 이를 계속
해야만 하고, 반드시 계속 일해야 합니다. 그러면 우리도 하느님을
감동시킬 수 있습니다. 그 하느님은 바로 다른 것이 아니라 모든 중
국의 인민대중입니다.[22]

　우공이산은 모택동이 제7차 전국대표대회의 폐막사 발표 시에
제국주의와 봉건제도를 산에 비유하여 발표함과 동시에 당시 국가
발전 방향성에 대한 비유로 자주 사용했다. 원래 중국혁명에서 우공
이산과 더불어 삼좌대산(三座大山)의 개념이 있다. 이것은 우공이
산의 두 개의 산인 봉건주의와 제국주의와 함께 관료자본주의를 추
가한 것이었다. 이미 중국혁명기에 국민당의 심각한 부패 및 독재
와 함께 이른바 중국인민을 착취하고 압박하는 관료독점자본의 표
상이던 4대가족(족벌)이 있었다. 이것은 모택동과 중국공산당이
중국인민과 민족의 운명과 삶에서 가장 중요하고 커다란 모순이었
고 적대적 모순이었고 그러기에 이 모순을 혁파하지 않고는 중국인
민과 민족에 평화가 있을 수 없기에, 그 혁파를 위한 커다란 피를
흘리는 정치인 혁명전쟁의 실천과 투쟁에 나서야만 했던 것이다.

　기와 광주리 등으로 나르기 시작했다. 황해 근처의 지수라는 사람이
그를 비웃었지만 우공(愚公)은 "내 비록 앞날이 얼마 남지 않았으나
내가 죽으면 아들이 남을 테고, 아들은 손자(孫子)를 낳고. 이렇게 자
자손손 이어 가면 언젠가는 반드시 저 산이 평평해 질 날이 오겠지."
하고 태연(泰然)히 말했다. 한편 두 산을 지키는 사신(蛇神)이 자신들
의 거처가 없어질 형편이라 천제에게 호소했더니, 천제는 우공의 우
직함에 감동(感動)하여 역신(力神)과 아씨(夸蛾氏)의 두 아들에게 명
하여 두 산을 하나는 삭동(朔東)에, 또 하나는 옹남(雍南)에 옮겨 놓게
했다고 한다.: 철학사전, 중원문화. 2009./열자, 연암서가,2011.참조.
22) "모택동 노삼편- 우공이산(愚公移山)".

그리고 이 장구한 평화를 위한 대장정과 혁명적 실천을 위한 전쟁을 통해서 그들은 마침내 1949년에 중국의 사회주의혁명의 성공을 이룩할 수 있었다. 우공이산의 모택동의 강화의 내용에는 신심이라는 개념이 많이 언급된다. 옥황상제를 감동시켜 이산의 대역사가 이루어지는데, 모택동과 중국공산당의 이산의 실천과 투쟁과 역사는 하늘의 옥황상제가 아닌 중국인민을 감동시켜야만 이룩된다는 모택동의 주장은 가히 또 다른 종교적 차원과 신심의 세계가 아닐까 하는 것이다.

아직도 모택동과 중국공산당이 추구했던 그 이상과 신념이 중국대륙에 어느 만큼 살아있는 것일까? 오늘 중국과 시진핑이 이끄는 중국공산당은 과연 어디로 가는 것일까? 워낙 중국대륙이 거대한 나라이기에 다소 패권적인 측면이 있었을지라도 모택동과 주은래가 통치하던 중국은 일대일로(一帶一路, One belt, One road)[23]를 구가하면서 강력한 중화중심을 추구하는 것처럼 보이는 오늘의 중국처럼 패권적이지는 않았다고 보인다. 완벽하지는 않았을지라도 기본적으로 마르크스 레닌주의의 기본철학과 원칙에 속하는 사해동포주의와 국경과 민족을 초월한 국제주의와 조선족을 비롯한 소수민족에의 존중과 평화가 혁명적인 중국사회의 개조 및 국제혁명

---

23) 2013년에 시진핑은 카자흐스탄의 나자르 바 예프 대학에서 새로운 실크로드의 깃발아래 지구촌을 중화세계와 연결하는 무려 향후 35년의 웅대한 구상과 계획을 발표하였다. 중국의 공식적인 통계에 따르면 일대일로 계획은 지구상 인구의 63%에 해당하는 44억 인구를 대상으로 하고, 이와 관련한 GDP는 전세계 GDP의 29%인 21조 달러에 달한다. 王毅：着力打造西部陆海新通道 推动高质量共建"一带一路"-新华网 (in Chinese). Xinhua News Agency. Archived from the original on 21 August 2019. Retrieved 21 August 2019.

과 평화를 위한 지원과 우호가 기본적으로 추구되었다. 그 국제적
인 평화원칙과 노선이 이른바 제삼세계론과 함께 전후 세계질서에
큰 새로운 축으로 떠오른 비동맹 제3세계의 회의에서 천명된 반둥
의 평화 10원칙이었다.

바야흐로 시진핑이 이끄는 오늘의 중국과 중국공산당은 아직도
정치적으로는 강력한 공산주의 이념과 모택동사상의 토대와 뿌리를
강조하지만 이미 경제적으로는 강력한 국가자본주의와 중국사회에
만연한 배금주의의 팽배 및 부패와 불평등의 심화와 모순구조를 심
각하게 노정하고 있다. 모택동은 <작은 불씨가 온 들판을 태울 수
있다>(星星之火, 可以燎原)는 논문을 정강산의 초기 투쟁기에
발표한 바 있었다. 이는 원래는 한서 62권 사마천전에 나오는 것인
데, 당시 혁명적 열기가 장개석과 국민당의 구데타와 무자비한 숙
청과 학살극 뒤에 적막하고 고적한 반동기에서도 한 점의 불꽃이
미래의 광야를 태울 수 있다는 원래는 서신형식으로 쓰인 논문이었
다. 비장하고 신념에 가득 찬 새로운 중국을 꿈꾸는 혁명적이고 전
투적인 글이었다. 필자는 우공이산의 산을 옮기는 신심과 더불어
이러한 작은 별빛과도 같은, 크고 작은 모순의 세계를 혁파하려고
하는 신념과 의지가 철학과 이념으로 특히 혁명적 실천으로 치열하
게 추구될 때에 진정한 평화와 새로운 역사가 가능하다고 믿는다.
그것은 중국의 근대사로부터의 흐름에서 볼 때는 어쩌면 낡은 봉건
적 시대의 태평천국의 이상이 아닌 새로운 시대와 세기를 맞이하면
서 태평천국의 평화와 이상향이 중국사회를 통하여 꽃피어날 수 있
을까.

태평천국의 이상을 추구했던 손문의 삼민주의를 계승한 마오이즘,

그리고 그 마오이즘의 공과가 분명함에도 불구하고 아직도 깊은 중국공산당과 중국사회의 근본이념으로 작동되는 그 실체와 현실과 흐름 속에서 중국은 지금 이른바 사회주의정신문명의 창도를 자신들의 과제로 삼고 있다. 마오이즘에서 강조되는 무기보다 중요한 뜻(主意) 하나가 소중한 철학과 사상으로 발전하며 때문에 작금의 코로나시대의 바이러스 아닌 성스러운 백신과 인간과 세계를 구원하는 효소일 수 있는 것이다. 오늘날은 서두에서도 언급한 바처럼 지구촌에 사상의 카오스와 아노미의 시대라고 할 수 있다.

  본고에서 살펴본 바와 같이 마오이즘의 초기사상에는 매우 중요한 인문적이며 철학적인 성찰이 풍성히 깃들어 있다. 어쩌면 그들의 뿌리사상들—특히 마오이즘의 이상주의와 초기사상의 새로운 검토와 더불어 새로운 우공이산적인 그들의 의지와 이념적 방향의 설정이 필요할 것이다. 그리고 이제는 세계평화의 진정한 향도자로서 중국과 중국공산당이 단순한 미국을 견제하는 중화패권주의를 넘어서 크게 기여해야 할 것이다. 이 같은 관점에서 모택동과 마오이즘에서는 과연 오늘의 중국의 방향과 세계의 모순과 혼돈에 대해서 본질적으로 어떻게 보고 대처할 수 있을 것인가를 살펴보았다. 평화와 행복을 추구하려면 모름지기 전쟁의 필연성과 세계의 구조적 모순을 반드시 이해하여야만 한다. 로마격언에 평화를 원하거든 전쟁을 알아야만 한다고 하였고 일찍이 송조(宋朝)시대의 소식(蘇軾)은 천하가 비록 태평스러워도 전쟁을 잊어서는 안 된다고 하였다. 우리민족과 지구촌의 진정한 평화와 평등의 인내천(人乃天)의 세계개벽을 위한 星星之火, 可以燎原...!

〈 참고문헌 〉

『毛澤東選集』, 第1-6卷, 北京, 人民出版社, 1999.

『毛澤東著作選讀』, 中共中央文獻編輯委員會,,北京,人民出版社,1986.

『毛澤東文集』, 第1-8卷, 中共中央文獻研究室, 北京,人民出版社, 1993

Mao Tse -tung: Ausgewaeltweke, 4Bne. Diez Verlag, Ost-Berlin,1956.

Mao Tse-tungs Ausgewaehlten Schriften, Dietz Verlag, Ost-Berlin (1958),

Worte des Vorsitzenden Mao Tse-tungs, Verlag fuer fremdsprachige Literatur, Peking 1967.

Mao Tse-tung: Ausgewählte Werke. Verlag für fremdsprachige Literatur, Peking 1968/69; Dietz Verlag Berlin 1955, 4 Bände.

Helmut Martin (Hg.): Mao intern. Hanser, München 1974, ISBN 3-423-01250-1.

Jerome Chen: Mao papers. Nymphenburger Verlagshandlung, München 1972, ISBN 3-485-01823-6.

Helmut Martin (Hg.): Mao Zedong Texte., 6 Bände. Hanser, München/Wien 1982, ISBN 3-446-12474-8.

Mao Tsetung: Ausgewählte Werke, Band V. Verlag für fremdsprachige Literatur, Peking 1978.

민두기,『 중국초기혁명운동의 연구』, 서울대학교 출판부,1997.

김충열, 『중국철학산고II』, 온누리, 1994.

H. G. 크릴, 『중국사상의 이해』, 이동준, 이동인 역, 경문사,1981.

풍우란, 『중국철학의 정신』, 곽신환역, 숭전대학교대출판부,1985.

Barnett, A,Dock. China on the Eve of Communist Takeover, New York: Praeger, 1963.

_____, Communist China after Mao, N.J: Princeton

Univ.,Press,1967.

Meisner,Maurice,"Leninism And Maoism: Some Populist Perspectives On Marxism-Lenismism,"in the China Quertery, No. 45, Jan.-Mar.1972.

Schram, Jan.Stuart "Mao Tse-tung as Marxist Dialectican," China Quartery 29, -Mar.1967

Wittfogel,Karl,A. "The Legend of Maoism." in the China Quertery,No.2.1960.

김준엽, 『중국공산당사』, 사상계사,1961.

김상협『모택동사상』, 일조각, 1975.

다케우치 미노루(竹內 實), 『청년 모택동』,, 신현승 역, 논형, 2005년

로개융,『중국공산당사』 1919-1991, 정석태역, 녹두,1993.

리쩌하우,『중국현대사상사론』, 김형종역, 한길사,2005.

모리스 마이스너,『 마오의 중국과 그 이후 1』. 김수영 역. 이산. 2004.

――――――― ,『 마오의 중국과 그 이후 II』. 김수영 역. 이산. 2007.

――――――― ,『모택동 사상과 마르크스주의』, 김광린,이원웅 공역, 남명 문화사,1987.

A. 도크 바네트, 중공과 아시아』, 김일평역, 『아시아 문제연구소번역 총서5』, 동아출판사.1968.

벤자민 슈워츠, 『중국공산주의운동사』. 형성사. 1983.

소공권,『중국정치사상사』, 최명, 손문호 공역, 서울대 출판부, 1998.

서진영, 『중국혁명사』, 한울, 1992.

에릭 R. 울프.『20세기의 농민전쟁,1984. 서울. 형성사.

송영배, 『중국사회사상사』, 한길사, 1986.

신봉수,『마오쩌둥-나는 중국의 유토피아를 꿈꾼다』, 한길사. 2010.

에드가 스노우, 신홍범 역,『 중국의 붉은 별』, 두레, 1985.

양재혁,『동양사상과 마르크시즘』, 일월서각, 1987.

    , 『장자와 모택동의 변증법』, 이론과 실천,1989.

오병헌, 『모택동사상』, 백송문화사, 1975.

宇野重昭, 『중국공산당사』, 김정화역, 일월서각, 1984.

엘.이. 이스트만, 『중국사회의 지속과 변화』, 이승휘 역, 돌베개, 1999.

이택후, 『중국현대사상사론』, 북경, 동방출판사,[1987]중국현대사상사의 굴절, 김형종 역, 지식산업사, 1992.

체스타 탄, 민두기 역, 『중국현대정치사상사』, 지식산업사, 1985.

필검횡, 『모택동사상과 중국철학』, 이철승 역, 2000. 서울. 예문서원.

H.G. 크릴, 이동준, 이동인 역, 『중국사상의 이해』, 경문사, 1981.

죤 킹 페어벵크, 중국사 연구회 역, 『신중국사』, 까치글방, 1994.

貝塚茂樹 외, 『 중국사 』, 윤혜영 편역, 홍성사, 1989.

康電, 蔡昌瑞(外) 共編, 『中國共産黨建設七十年』大事記, 成都, 四川人民出版社,1991.

종교적 관점으로 보는 평화담론:
틱낫한과 함석헌의 종교사상을 중심으로

김 종 만

종교적 관점으로 보는 평화담론:
틱낫한과 함석헌의 종교사상을 중심으로[1)]

김 종 만

Ⅰ. 들어가는 말

가톨릭 신학자 한스 큉(Hans Küng)은 종교 간 평화 없이 세계 평화가 있을 수 없다고 역설했다. 세계 평화에 있어 종교 간의 화해와 협력, 그리고 평화의 중요성은 더 이상 이견의 여지가 없는 분명한 명제이다. 평화의 선결 조건에서 종교의 역할은 매우 중요하다. 하지만 종교에서 평화의 범주는 너무 광범위하여 쉽게 접근할 수 없다. 왜냐하면 "종교에서 평화는 개인적이거나 사회적이기도 하지만, 동시에 우주적이기"[2)]때문이다.

종교에서 평화를 다루는 학문적 논의가 아무리 방대해도 평화학 (Peace Studies)의 주제인 '평화'와 종교학(Religious Studies)의 대상인 '종교'사이에는 공통 요소가 있다. 바로 '평화 개념'이다.[3)]

---

1) 이 논문은 2019년 대한민국 교육부와 한국연구재단의 지원을 받아 수행된 연구임(NRF-과제번호)(NRF-2019S1A5B5A07088755).
2) 이찬수, 「종교평화학의 모색-평화학과 종교가 만나는 지점-」, 『종교교육학연구』 41(2013): 146.
3) 이찬수, 「종교평화학의 모색-평화학과 종교가 만나는 지점-」, 146.

평화의 사전적 의미는 "삶이 조용하고 편안한 상태, 갈등이나 불안이 없는 상태, 정치적으로는 전쟁이 없는 상태, 경제적으로는 기근이나 불경기로 굶주림이 없는 상태, 사회적으로는 계층 간의 갈등이나 남녀 간 혹은 인종 간의 차별이 없는 상태"이다.4) 여러 평화의 정의에서 드러나듯 평화는 정치적, 사회적, 문화적, 경제적, 종교적 관점 등 다양한 분야에서 논의가 가능하다. 하지만 본 연구는 종교적 관점에 국한하여 평화 담론을 고찰하고자 한다.

구체적 논의를 위해 두 인물을 제기한다. 한 사람은 불교계의 틱낫한 스님이고, 다른 한 사람은 기독교계의 함석헌이다. 두 사람은 외형적으로는 각각 불교와 기독교라는 종교적 배경을 지닌다. 하지만 틱낫한은 불교와 기독교의 사상적 혼용, 함석헌은 동서 융합의 정신으로 자신들의 종교적 배경을 뛰어넘었다. 이들은 종교 표층을 달리하면서 종교 심층에서 만났다.

비록 이들이 표층적으로는 다른 종교 전통 속에 있었지만 두 사람의 사상에는 한 가지 교집합이 발견된다. 그것은 '평화'이다. 이들에게 '평화'는 전쟁과 억압, 그리고 폭력이라는 유사한 시대적 배경 가운데 배태된 경험적 요인이 작동한다. 틱낫한은 1960년대 중후반 베트남이 전쟁의 소용돌이 가운데 있을 당시, 반전(反戰), 비폭력적 저항, 그리고 평화 운동을 전개했다. 함석헌 역시 한반도의 전쟁과 남북분단, 군사독재, 그리고 외세에 장악된 정치와 문화의 구조적 폭력 가운데서 비폭력적 평화를 실천했다. 그것은 두 사람이 노벨 평화상 후보에 올랐다는 사실에서 증명된다.5) 본고는 틱낫한과

---

4) 손규태, 『한반도의 그리스도교 평화윤리』(서울: 동연, 2019), 20.
5) 틱낫한은 30대 후반인 1961년에 도미(渡美)하여 종교간 대화와 화해, 그리고 인류를 향한 종교적 헌신을 주장함으로써 1967년 마틴 루터 킹의 추천으로 노벨 평화상 후보에 오른다. 그때 킹 목사는 "베트남에

함석헌의 평화사상이 만나는 지점을 탐색하는 것을 목적으로 한다.
이들에게 담지된 '평화'의 저변에는 각각 '참여불교'와 '씨올'이라는
종교적 개념이 함의되어 있다. 따라서 본 연구는 틱낫한과 함석헌
의 종교사상을 통해 종교적 평화 담론을 고찰함으로써 평화 논의는
곧 종교적 담론이라는 사실을 밝힘으로써 종교를 통한 평화사상을
제시하고자 한다.

II. 선행연구 검토

지금까지 국내에서 진행된 평화연구는 상당수 있었다. 특히 평화
논의에서 빼놓을 수 없는 사상가인 함석헌과 관련된 연구 결과물은
셀 수 없이 많다. RISS에서 검색되는 것만 해도 학위논문 23개, 국내
학술 논문 35개, 단행본이 211개이다. 뿐만 아니라 한국의 함석헌
기념사업회, 함석헌 학회, 함석헌 평화연구소, 씨알사상연구원, 씨
알재단, 그리고 미국의 함석헌 사상연구회 등, 함석헌과 관련된 각
종 단체, 그리고 개인 연구자들에 의해 진행된 함석헌 관련 연구는
상당하다. 그중에서도 대표적인 1차 자료는 1980년대의 『함석헌
전집』 20권과 이것을 증보해 2009년에 출판한 『함석헌저작집』
30권이 있다. 최근에는 함석헌의 외손자인 정현필이 42권으로 된

서 온 이 부드러운 수도승만큼 노벨 평화상을 받을 자격이 있는 사람
을 나는 알지 못한다"고 말했다고 한다. 틱 낫한(Thich Nhat Hanh),
『마음에는 평화 얼굴에는 미소』, 류시화 옮김 (서울: 김영사, 2002),
10-11. 한국의 간디로 불리는 함석헌은 1979년과 1985년에 미국 퀘
이커회로부터 두 번이나 노벨 평화상 후보로 추천되었다. 씨알사상연
구회, 『씨올 생명 평화』 (파주: 한길사, 2007), 263, 464; 김성수, 『함
석헌 평전』 (파주: 삼인, 2011), 380.

『함석헌문집』이라는 전자책을 발간(2018년 12월 30일)[6] 했다.

반면 틱낫한과 관련된 국내의 평화 연구는 거의 없다.[7] 틱낫한과 평화라는 이름으로 논의된 대표적인 연구 논문은 이거룡, "틱낫한의 평화사상"(Thich Nhat Hanh's Philosophy of Peace and Mutual Understanding)이 유일하다. 이 글의 논지는 틱낫한의 핵심 종교 사상 가운데 하나인 상호존재를 자각할 때, 진정한 의미의 평화의 소통이 가능하다는 것이다. 이외에도 주제에서 평화를 직접 언급하지 않았지만 이 연구 주제와 관련성이 높은 연구 논문은 김종만의 "틱낫한 'Interbeing' 관점으로 보는 개신교 재해석: 성육신, 원수사랑, 예배"(Re-interpretation of Protestantism from the Perspective

---

6) 정현필은 『함석헌문집』(이하『문집』) 저술의 구체적인 동기를 다음과 같이 밝힌다. "지난 1986년부터 캐나다로 이민을 와서 자영업을 하다 1999년부터 캐나다에서 함 선생님에 대한 웹사이트를 운영했다. 이 일이 인연이 돼 지난 2007년 함석헌기념사업회 이문영 이사장의 부름으로 그해 서울로 가서 함석헌기념사업회 사무국장으로 일을 하게 됐다. 그 당시 서울로 갈 때는 기념관(건립)을 생각했다. 그래서 일을 시작하면서 관련 자료를 모으기 시작했다. 지난 2009년 한길사에서 『함석헌저작집』 30권을 출판했다. 그러나 출판과정에서 함 선생님의 글이 원문과 다른 오류가 있음을 알게 돼 판매를 중지하는 일이 일어났다. 그때부터 함석헌기념사업회에서 함 선생님의 전집을 새로 출판해야 한다는 뜻이 모아졌다. 그동안 자료실을 만들어 관련 자료들을 다양하게 모아 놓은 것과 각 도서관과 중고책방을 뒤져 함 선생님의 글을 찾았다. … 하지만 기념 사업회 사정으로 일이 순조롭게 진행되지 못했고 나는 다시 캐나다로 돌아올 수밖에 없었다. 돌아와서 전집 출판을 위해 편집을 했고, 지난해 12월 전자책 42권을 완성했다." 그는 현재 자신이 운영하는 바보새함석헌(ssialsori.net) 웹사이트에 『문집』을 부분적으로 공개하고 있다. http://www.ohmynews.com/NWS_Web/View/at_pg.aspx?CNTN_CD=A0002500344&CMPT_CD=P0010&utm_source=naver&utm_medium=newsearch&utm_campaign=naver_news. 2019년 2월11일 검색.
7) 국내에서 평화적 관점만이 아닌 전체적으로 틱낫한에 대해서 연구된 결과물은 번역서가 100여 편, 학위 논문이 6여 편, 연구 논문이 6여 편, 그리고 틱낫한 관련 각종 기사들이 다수 있다.

of Thich Nhat Hanh' Interbeing: Incarnation, Love of Enemy, Worship)이다. 여기서는 서양의 이원론적 구조가 아닌 틱낫한의 비이원적 구조인 상호존재의 관점으로 개신교의 원수사랑의 의미가 재조명되면 주체와 객체, 나와 너, 친구와 원수 등 사물화 된 객체적 존재가 사라지고 모두가 상호존재이기 때문에 진정한 의미의 원수사랑이 가능하다는 것이다. 이러한 주장은 본 연구의 종교적 평화 담론으로 가는 사상적 기반을 제공할 수 있다는 점에서 의의가 있다고 본다.

지금까지 국내에서 논의된 틱낫한과 함석헌의 연구는 각각 개별적으로 이루어졌다. 틱낫한과 함석헌을 다른 인물과 연관하여 진행된 논의는 틱낫한 쪽에는 달라이라마, 토마스 머튼, 데니얼 베리건, 그리고 폴 니터와 관련된 연구이다. 함석헌 쪽에서는 유영모, 간디, 노자, 우찌무라 간조, 안중근, 토인비, 본회퍼, 김교신, 왕양명, 장일순 등이다. 앞선 선행 연구들은 틱낫한과 함석헌의 평화를 각각 개별적이거나 다른 인물이나 사건과 연관된 방식으로 종교 간 대화를 통한 평화, 정치적 입장에서의 평화, 세계 평화를 지향하자는, 이른바 거대담론에서의 평화 논의가 주를 이룬다.

그러나 본 연구는 틱낫한과 함석헌의 평화사상을 상호존재와 씨올 개념에 집중하여 두 사람의 평화사상에서 나타나는 공통적 특징을 탐색함으로써 종교적 이상이 현실 가운데 구체화되는 평화 담론은 종교적 평화 담론이어야 한다는 논의로 전개하고자한다.

III. 틱낫한과 참여불교

최근 국제적으로 "제4의 탈 것", "fourth Yana"라 불리는 참여불교(engaged buddhism)는 종교연구 전반에서 주목을 받고 있다.8) 기존의 부파불교, 대승불교, 금강승 불교가 종교로서의 사회적 제 기능을 다하지 못했다는 것을 시사한다. 이는 전통 불교의 교리가 현대의 삶에 동화되지 못하고 유리되었음을 뜻한다. 그러나 참여불교는 불교의 사회참여를 강조하는 것으로 종교의 사회적 기능을 재정립하려는 노력의 산물이다. 로이(David R. Loy)는 기존의 불교 교리와 사상이 '전통'에 갇힌 채 시대 변화에 상응하지 못한 것으로 파악하고 참여불교의 시대적 필요성과 그 이유를 시대적 상황과 연결하여 설명한다.

> 불교는 왕과 제후들이 통치하던 무자비한 시대에 살아남기 위해서 그 교리를 내세에 집중할 수밖에 없었다. 이는 특히 불교의 제도적 측면들, 업(karma), 공덕(merit)과 같은 불교 교리들이 사회 질서와 무관한 방식으로 전개되는데 중요한 역할을 했다.9)

로이에 따르면, 불교가 현대 사회의 문제에 관여하지 못하고 내세를 강조할 수밖에 없는 이유는 왕과 제후라는 독재 권력이 통치

---

8) Ryu Jedong, 「A Study of the Hua-t'ou Method as a Way of Engaged Buddhism: With Reference to the Gongan (Kōan) of Baizhang's Meeting with a Wild Fox from the Perspective of Critical Buddhism」, 『인문사회과학연구』 62(2019): 3.

9) Ryu Jedong, 「A Study of the Hua-t'ou Method as a Way of Engaged Buddhism: With Reference to the Gongan (Kōan) of Baizhang's Meeting with a Wild Fox from the Perspective of Critical Buddhism」, 3-4.

하던 전근대적인 시대적 배경에 기초하기 때문이다. 하지만 이제는 근대적인 민주사회로 전환되었으니 불교가 사회 변화에 따라 더욱 적극적인 사회 참여가 이루어져야 한다는 것이다. 그가 제시한 참여불교의 중요성은 사회−정치적 상황에서의 '시대성'에 주목하여 이루어졌다. 그러나 실제로 참여불교라는 용어를 창시한 틱낫한의 모국인 베트남의 상황은 로이가 주목한 참여불교의 시대성과 거리가 있다.

틱낫한의 참여불교는 1950년대 초, 제1차 인도차이나 전쟁 당시 민중의 고통을 들어주기 위해서 창안되고 1960년대 베트남 전쟁을 통해 심화된다. "모든 이들에게 가장 중요한 계율은 깨달음의 상태로 사는 것이며 세상이 어떻게 돌아가고 있는지를 아는 것이다."[10] 참여불교는 산속에 고립된 전통불교를 담장 밖으로 가지고 나와 대중에게 확산시켜 사회, 즉 일상생활에서 실천화하는 것이다. 이런 맥락에서 운동 혹은 활동 영역으로써 참여가 강조된다.

틱낫한의 참여불교는 지엠 정권의 가톨릭 편향적 정책과 그에 따른 베트남 사회의 분열, 갈등 등과 일정 부분 관련되어 발생했다. 틱낫한은 1956년 무렵, 달라트(Dalat) 근처의 푸옹보이(Phuong Boi)에서 베트남 전체 불교도 협회(All Buddhist Association)의 공식기관지인 베트남불교(Phat Giao Viet Nam)의 편집장을 맡으면서 지엠 정권의 불교 탄압을 비판했고 이로 인해 베트남 불교에 대한 지엠 정권의 탄압이 한층 강화되었다.[11] 우선, 여기서는 지엠

---

10) Thick Nhat Hanh, *Being Peace* (Berkely: Parallax Press, 1996), 65.
11) 이거룡, 「틱낫한의 평화사상」, 『한국불교학』, 60(2011): 68. 결국 푸옹보이에서의 급진적인 저술활동이 지엠 정권을 더욱 자극하여 압박이 심화되었고 그 결과 주민 대부분이 푸옹보이를 떠나게 된다. 이후 1961년에 틱낫한은 프린스턴대학교에서 특별연구비를 지원받는 연구

정권의 탄생을 역사적으로 개괄하고 그 정권이 어떻게 왜 가톨릭 편향적 정책을 추구하였고 불교를 탄압할 수밖에 없었는지, 그리고 그러한 종교적 갈등이 어떻게 참여불교의 심화로 전개되었는지를 살핀다.

지엠 정권의 가톨릭 편향성의 기원은 17세기부터 시작된다. 당시 응웬 왕조(1802-1945)는 프랑스 선교사들을 박해하였다. 프랑스는 자국의 선교사 살해와 가톨릭 박해를 빌미로 1859년부터 군사 침략을 시작한다. 이어서 프랑스는 1867년 사이공과 베트남 남부 지역을 식민지로 만들고 '코친차이나'로 명명한 후 약 80년간 베트남을 식민지로 삼는다. 이후 파리에서 돌아온 호찌민(胡志明)은 1941년 베트민(越盟, 베트남 독립동맹)[12]의 지도자 되어 1945년 9월 2일 하노이에서 베트남 재통일과 독립을 선언한다. 이를 기점으로 프랑스와 8년에 걸친 제1차 인도차이나전쟁(1946-1954)[13]이 발발한다. 이 전쟁은 민족 해방과 민족 자주를 표방하였다. 그러나 중국은 베트남을 지원하고 미국은 프랑스를 지원하는 등 냉전 구조의 열전(熱戰)의 성격을 띤 전쟁이었다. 베트남은 1954년 제네바 협정[14]으로 북위 17도선을 경계로 북부는 베트남 민주공화국(Democratic Republic of Vietnam), 남부는 베트남 공화국(Republic of Vietnam)으로 양분된다.

그러나 미국은 베트남 절반이 공산화된 현실에 불만을 품고 협정

원으로 가게 되고 프린스턴대학교에서 비교종교학을 공부하고 콜롬비아대학교에서 현대 불교에 대한 강의를 하게 된다.
12) 후루타 모토오(古田元夫), 『역사 속의 베트남 전쟁』, 박홍영 옮김 (서울: 일조각, 2007), 16.
13) 후루타 모토오, 『역사 속의 베트남 전쟁』, 17.
14) 유인선, 『새로 쓴 베트남의 역사』 (서울: 이산, 2002), 387.

에 서명을 하지 않고 "도미노 이론"15)을 내세우며 제네바 합의를
거부하려는 움직임을 보인다. 미국의 의도는 베트남의 남북분단을
고착화하고16) 남베트남을 자신들의 세력권으로 편입시키는 것이
었다. 이때 미국의 지원으로 남베트남을 통치하게 된 사람이 응오
딘 지엠(Ngo Dinh Diem, 吳廷琰)이었다.17) 지엠 정권은 호찌민의
민족주의에 대항하여 반봉건 · 반외세를 지배이데올로기의 기치로
삼았다. 하지만 프랑스가 물러난 자리에 미국을 끌어들임으로써 사
실상 식민잔재의 인적청산을 제대로 펼치지 못했다. 박금표의 연구
는 이를 잘 보여준다.

> "1959년 초 공무원 가운데 36%가 프랑스 식민지 정부에서 관직
> 을 가졌고, 14명의 각료 가운데 8명이 식민 행정 혹은 보호국 행
> 정에 관련되어 있던 인물이었다. … 지엠이 목표로 천명하던 반
> 봉건, 반외세의 기조는 희석되어 버렸다. 요컨대 반봉건, 반외세
> 기조가 희석되면서 지엠이 정책의 기조로 삼을 수 있는 것은 미
> 국과 연계한 반공뿐이었다고 볼 수 있다."18)

친미 · 반공의 정책 기조로 추진된 지엠 정권의 또 다른 사회적
약점이 드러났다. 당시 남베트남은 토지개혁으로 지주제가 크게 동
요했고, 카오다이교(Cao Dai), 호아하오교(Hoa Hao)19) 같은 신흥
종교 세력, 그리고 빈 쑤언 같은 폭력집단이 큰 세력을 형성하고 있

---

15) 후루타 모토오, 『역사 속의 베트남 전쟁』, 20.
16) 후루타 모토오, 『역사 속의 베트남 전쟁』, 22.
17) 박금표, 「베트남 근대화에 미친 불교의 영향 —베트남 전쟁과 불교도
　　항쟁을 중심으로—」, 『한국선학회』, 26(2010): 560.
18) 박금표, 「베트남 근대화에 미친 불교의 영향 —베트남 전쟁과 불교도
　　항쟁을 중심으로—」, 561.
19) 송정남, 『베트남 탐구』 (서울: HUINE, 2015), 422-430.

었다. 뿐만 아니라 제네바 협약에 따라 남하한 민간인 약 90만 가운
데 60만 명 정도의 가톨릭 신자가 남베트남에 편입되면서 사회적
결집력도 매우 취약했다.20) 이러한 상황에서 미국의 지원을 받아
수립된 지엠 정권은 친미정부로서 후에(Hue) 지역의 가톨릭 대주
교였던21) 그의 형 응오 딘 껀(Ngo Dinh Can)을 비롯하여 가톨릭
신자들을 정권의 주요 지지기반으로 삼고자 했다. 한마디로 지엠
정권은 한국의 이승만 정권이 친미, 반공을 기치로 개신교 세력에
정치적 지지기반을 두었던 것과 마찬가지로 친미·반공의 친가톨릭
정부였다.22)

　지엠 정권의 반공·친미·친가톨릭 정서는 1954년 11월 아이젠
하워와 사이공 대사로 파견된 로턴 콜린스 장군의 미국의 남베트남
6개안 계획안 중 네 번째 안에서 극명하게 드러난다.23) 이 계획안은
미국의 노골적인 천주교인들의 정착에 대한 일방적인 도움이었다.
이는 미국이 지엠 정권으로 하여금 남베트남에서 큰 세력을 형성하
고 있던 카오다이교(Cao Dai)와 호아하오교(Hoa Hao)와 같은 신
흥종교 세력, 그리고 불교를 탄압할 수 있는 정치적 여지를 마련하
는 계기가 되었다. 지엠 정권은 1955년 5월부터 1956년 5월까지

20) 후루타 모토오, 『역사 속의 베트남 전쟁』, 22-23.
21) 최병욱, 『최병욱 교수와 함께 읽는 베트남 근현대사』 (파주: 창비,
　　2008), 150.
22) 뿐만 아니라 그의 형 응오 딘 껀(Ngo Dinh Can)은 가톨릭 대주교로
　　서, 경찰력을 장악한 동생 응오 딘 뉴(Ngo Dinh Nhu)는 정부의 자
　　문으로서 주요 정책들에 결정적 영향력을 행사함으로써 지엠의 독재
　　정치를 비호해주었다. 최병욱, 『최병욱 교수와 함께 읽는 베트남 근
　　현대사』, 150; 유인선, 『새로 쓴 베트남의 역사』, 400.
23) 송정남, 『베트남 역사읽기』 (서울: 한국외국어대학교출판부, 2002),
　　486. 북에서 남으로 이주한 천주교인들의 정착과 농지개혁안을 공표
　　한다.

'멸공작전' 1단계를 시행하여 국방과 치안에 위협을 주는 모든 세력
들을 체포하고 수감한다.24)

> 체포된 대상은 주로 대불항쟁시대의 전사로서 남부에 남아있던
> 혁명 전사들과 제네바협정에 근거하여 통일선거를 요구하는 집
> 단, 그리고 지엠 정권을 지지하는 가톨릭에 대항하는 카오다이,
> 호아하오, 빈쑤언 교파였다. 1955년에서 1958년까지 남부 공산
> 당원의 90%가 제거되었다.25)

지엠 정권은 미국의 일방적인 지원으로 친프랑스파 및 신흥종교
세력 등 체제 내의 정적 세력을 제거함으로써26) 친가톨릭적 종교
적 편향성을 드러낸다. 박금표의 연구에 따르면,

> 군대 내부의 민감한 자리에는 가톨릭 장교를 배치하였으며, 공
> 무원과 군 장교 승진에 가톨릭 신도를 우선 고려했고, 토지분배,
> 세제감면, 사업적 특혜 등을 가톨릭 신도들에게 주었다. 또한 베
> 트콩 게릴라의 공격에 대비한 촌락 자위용 총기도 가톨릭 마을
> 에만 보급했다. 심지어 1959년 대부분이 비기독교인인 국가를
> 동정녀 마리에게 봉헌하기도 했다. … 정부의 이런 압박이 전통
> 적인 베트남 사람들을 압박함으로써 프랑스 식민지 시절 '가톨
> 릭으로 개종하라 그러면 먹을 쌀을 갖게 될 것이다'라는 말이 회
> 자되었다.27)

종교적 중립을 포기한 냉전정권의 종교정책은 결국 타종교에 대한

---

24) 송정남, 『베트남 역사읽기』, 486-487.
25) 송정남, 『베트남 역사읽기』, 487.
26) 후루타 모토오, 『역사 속의 베트남 전쟁』, 23.
27) 박금표, 「베트남 근대화에 미친 불교의 영향 —베트남 전쟁과 불교도
    항쟁을 중심으로—」, 562-563.

차별 및 탄압으로 귀결되어 사회적 분열을 초래했다. 이후 불자들
과 카오다이교도, 호아하오 교도들의 극심한 저항이 일어났다.[28]
특히 불자들에 대한 탄압은 1963년 1년 동안 세 차례 진행된다.
첫 번째 탄압은 1963년 5월8일 부처님오신 날, 후에(Hue)에서
종교기 게양 문제를 두고 발발한다. 부처님오신 날 하루 전인 5월 7
일, 가정과 경축 행사장에 불교기가 게양되었다. 지엠 정권은 가톨
릭기 게양은 허용하였으나 이미 게양된 불교기는 불허하고 군대를
파견하여 끌어내렸다. 뚜담 사원에서 개최 예정된 경축 행사도 취
소되었다. 결국 부당한 종교차별에 항의하는 시위 진압으로 9명이
사망한다.[29]

  두 번째 탄압은 1963년 6월 3일, 베트남 정부군이 기도하고 있는
불자들의 머리에 최루탄 액체를 뿌리면서 시작된다. 이 사건으로
학생을 포함한 67명이 호흡곤란과 화상 등의 중상을 입고 병원으로
이송된다. 2회에 걸친 불교 탄압으로 반(反)지엠 정서가 확대되자
틱 꽝 득(Thich Quang Duc) 스님은 비폭력 투쟁으로 불교 탄압 중
지를 촉구하는 편지를 몇 차례 정부에 보냈다. 그러나 박해는 멈추지
않았고 결국 틱 꽝 득 스님은 1963년 6월 11일 판 딘 풍 거리에서
가부좌를 튼 채 몸에 기름을 붓고 분신한다.[30] 이후 재가자 신도

28) 최병욱, 『최병욱 교수와 함께 읽는 베트남 근현대사』, 149.
29) 박금표, 「베트남 근대화에 미친 불교의 영향 −베트남 전쟁과 불교도
   항쟁을 중심으로−」, 564. 봉축기간에 불교기 게양을 불허한 것은 응
   오 딘 껀(Ngo Dinh Can)의 추기경 서품 예정 사건과 관련이 있다.
   당시 응오 딘 껀(Ngo Dinh Can)대주교는 추기경 서품을 받을 예정
   이어서 바티칸에서 대표단이 파견되었는데 이때 바티칸 대표단에 대한
   예우로 응오 딘 껀(Ngo Dinh Can)은 종교의식에 불교의 상징물을
   사용 금지 명령을 내렸던 것이다.
30) 틱 꽝 득 스님의 소신공양 소식을 접한 마담 뉴(Madame Ngo Dinh
   Nhu)는 '바베큐 승려'라고 조롱하였고, "만약 다른 승려가 바비큐가

1명을 포함해 승려 36명이 연이어 분신하는 등 불자들의 저항은 절정에 달한다.31)

세 번째 탄압은 베트남 정부군과 지엠 정권 뉴의 특수부대 간 권력 투쟁에서 발생한다. 1963년 8월, 베트남 정부군 장성들은 명목상 계엄령을 선포함으로써 쿠데타를 도모한다. 이를 간파한 지엠 정권의 뉴는 1963년 8월 21일 사로이 사원과 뚜담 사원, 띠에 드 사원을 공격하여 분신한 승려들의 유물을 몰수하고 불상을 파괴한다. 이때 격분한 불자들 뿐 만 아니라 일반 대중, 학자, 교수, 고위 공직자들까지 시위에 참여한다. 이 사건으로 미국은 지엠 정권에 대한 지원을 줄였고 결국 1963년 11월 1일, 군부 장성들의 쿠데타로 지엠과 뉴가 사망함으로써 지엠 정권은 막을 내린다.32)

이러한 역사적 패턴은 1960년 4.19 혁명으로 이승만 독재정권이 몰락하고 박정희의 군부 쿠데타를 겪은 한국의 정치적 변화 과정과 매우 유사하다. 그러나 종교사회학적인 관점에서는 차이가 있다. 한국의 기독교 세력은 정권의 몰락 이후 근대화 과정을 거치면서 더욱 팽창하여 사회정치적 기득권 세력으로 부상한다. 이에 반해 베트남의 가톨릭은 지엠 정권 몰락 이후 소수종교로 전락하고 대신 전통적 불교가 득세한다.

이 차이에 대해 이찬수는 지엠 정권에 대한 베트남 불교인들의 저항은 단순한 종교적 저항이 아니라 "베트남에서 불교는 일상의

되고자 한다면 나는 기꺼이 기름과 성냥을 공급할 용의가 있다"고 발언해 빈축을 샀다.
31) 이찬수, 「'베트남공화국'의 몰락: 지엠 정권의 '식민지적 민족주의', '서구적 종교편향', '하향적 반공주의'를 중심으로」, 『담론 201』, 21(2018): 66.
32) 박금표, 「베트남 근대화에 미친 불교의 영향 −베트남 전쟁과 불교도 항쟁을 중심으로−」, 568-571.

삶과 분리된 별도의 종단이기보다는 전통 민간 신앙과 결합된 민중
적, 토착적 성향이 강한" 민중 종교적 성격이 강하기 때문이라고 말
한다.33) 따라서 종교적 이상과 일상적 삶이 유리되지 않은 베트남
불자들의 종교성은 불교의 사회 참여적 성격의 강화로 이어질 수밖에
없었던 것으로 판단된다. 이 점에서 참여불교가 주목 받는 계기가
되었는데 실제로 1963년 지엠 정권이 몰락 한 후 불교의 재조직이
필요하다고 느낀 불교지도자들은 틱낫한의 귀국을 요청했다. 이때
틱낫한은 콜롬비아 대학의 베트남학과를 맡아달라는 학과장의 권
유를 뿌리치고 그해 12월에 귀국하여 1965년 사회봉사청년학교
(The School of Youth for Social Service)와 반한 대학(Van Hanh
University)을 설립하고 1966년에는 참여불교의 한 형태인 접현종
(接現宗, Order of Interbeing)을 창설한다.34) 접현종은 원래 중국
의 임제종에서 나온 그 학파의 42대로 전쟁 중 베트남에서 시작된
불교이다. 서로 안에 존재한다는 의미를 가진 접현종의 '접(接)'은
'접촉을 갖는다'로 '참여'의 뜻이 내포되어 있다.35)

IV. 참여불교의 종교사상적 원천

참여불교는 여타의 사회운동과 달리 불교의 영성을 그 사상적
기초로 삼고 있다. 특히 베트남 참여불교는 틱낫한의 불교 사상에
근거한다. 그가 창안한 참여불교 사상을 대표하는 두 가지 핵심

---

33) 이찬수, 「'베트남공화국'의 몰락: 지엠 정권의 '식민지적 민족주의',
　　'서구적 종교편향', '하향적 반공주의'를 중심으로」, 67.
34) 이거룡, 「틱낫한의 평화사상」, 70.
35) 틱 낫한, 『틱낫한의 평화로움』, 류시화 옮김 (서울: 열림원, 2002), 162.

개념은 정념(mindfulness)과 상호존재(interbeing)이다. 사실, 정념과 상호존재는 전자가 남방불교의 수행적 성격을 지닌 교의라면, 후자는 대승불교의 근본교의인 연기와 공, 보살도, 자비에 관한 근본교의를 현대적 의미로 재해석한 것으로 불교의 사회참여에 새로운 지평을 연 것이라고 볼 수 있다.[36]

우선 정념(正念)은 팔정도(八正道) 가운데 하나로 정념에서 념(念)은 현재를 뜻하는 금(今)과 마음을 뜻하는 심(心)의 결합인 마음(心)이 현재(今)에 바르게(正) 머물 수 있도록 하는 수행이다.[37] 틱낫한은 인간이 직립 인간(Homo Erectus)에서 기술을 가진 인간(Homo habilis), 생각하는 인간(Homo sapiens)을 거쳐 이제 의식하는 인간(Homo Conscious)이 되었다며 정념의 인간을 "알아차리는 인간, 깨어 있음을 아는 인간"으로 간주한다.[38] 그는 정념의 인간상을 통해 참여 불교의 이론적 근거를 다음과 같이 제시한다.

> 그런 알아차림이 있어 우리는 이 지구의 환경이 모든 생명체에 속한 것이고, 인간이 그 환경을 파괴하고 있음을 안다. 사람들이 정치적 억압이나 사회 부정의에서 야기된 고통을 알아차릴 때, 그들이 이런 것들을 있는 그대로 볼 수 있을 때, 그들은 자신들의 행위를 멈출 수 있을 뿐만 아니라 남들 역시 행위를 멈추고 다른 방향으로 갈 수 있도록, 지구를 파괴하지 않는 방향으로 갈 수 있도록 도울 수 있다.[39]

---

36) 이거룡, 「틱낫한의 평화사상」, 71-72.
37) Thich Nhat Hanh, *The Heart of the Buddha's Teaching* (New York: Harmony Books, 2015), 64-65; 틱낫한, 진우기 옮김, 『힘』 (서울: 명진출판, 2003), p.17.
38) 틱 낫한, 『화해』, 진우기 옮김 (서울: 불광출판사, 2011), 56.
39) 낫한, 『화해』, 156-157.

틱낫한은 깨어 있음을 아는 정념의 상태에서 우리는 현재의 상태를 제대로 볼 수 있고 상황을 새롭게 바꾸어 평화와 행복을 가져 올 수 있다고 본다. 틱낫한의 참여불교는 현실과 괴리된 형이상학적인 교리적 탐구나 추상적인 명상, 그리고 담론과는 거리가 멀다. 그것은 구체적인 현실에서 일어나는 경험적 현실의 관찰을 통해 평화와 행복, 자유를 추구할 수 있도록 만드는 힘을 의미한다.

그러나 정념의 인간상을 통해 참여불교를 추동할 수 있게 하는 또 다른 이론적 근거는 '상호존재'이다. 상호존재는 불교의 전통적 개념인 연기설을 틱낫한이 현대인들에 맞게 새롭게 탄생시킨 용어이다. 존재(being)는 스스로 존재하는 자존적 실체를 전제하는 반면, 인간을 포함한 만물은 자존하지 않고 의존적으로 함께 존재할 수 있다는 의미에서 상호존재(interbeing)로 표현한다. 따라서 상호존재는 존재하는 모든 것은 서로 연관되어 있고 상호 침투하며 다른 것들과 공생한다는 연기론적 의타성 및 만물의 불이성을 나타낸다.40) 그는 개인이 고통에서 해방되는 것뿐만 아니라 만인이 고통에서 해방되어야 한다며 삶 속에서 수행이 실천적으로 나타나는 것이 참여불교라고 단언한다. 곧, 모든 존재는 상호존재이기 때문에 사회참여가 결여된 불교는 불교가 아닌 것이다. 따라서 틱낫한 참여불교의 근저에는 연기론인 상호존재 개념이 자리 잡고 있는바 여기서 상호존재는 연기론을 내재적 주관주의로 격하된 연기론이 아니라 외재적 실천주의로 격상된 실천적 연기론으로 해석된다.41)

---

40) 김종만, 『틱낫한과 하나님』 (서울: 열린서원, 2019), 34.
41) 김종만, 『틱낫한과 하나님』, 304.

V. 함석헌의 평화사상

함석헌의 평화사상은 틱낫한과 비슷한 냉전시대의 맥락에서 꽃을
피운다. 함석헌이 살았던 시대는 폭력이 다층적으로 구조화되어 있
었다. 첫째는 외세의 정치와 문화가 반도의 정신을 억압했고, 둘째
는 남북분단과 전쟁이 고통을 가중화했고, 셋째는 군사독재가 민중
들의 숨통을 조이고 있었다. 함석헌은 구조화된 폭력이 현실 가운
데 만연한 이때에 구조화된 폭력을 깨트리고 일어나는 생명운동을
전개했다.42) 이러한 맥락에서 함석헌의 평화사상은 다층적인 고통
의 현실과 "외세의 정신·문화적 지배를 극복하고 민중의 관점에서
세계평화와 인류의 전체의식을 추구"43)했다는 점에서 주목된다.

함석헌의 평화사상은 중국의 중화적 민족주의와 일본의 팽창적
민족주의, 그리고 한국의 저항적, 배타적 민족주의와의 갈등 가운
데서 빛을 발한다: "한국의 식민지 백성으로서 제국주의적 민족국
가주의를 극복하고 민족의 정신문화적 주체성을 강조하면서도 배
타적 민족주의를 벗어나서 민족 국가의 경계를 넘는 세계평화주의
를 추구했다."44) 이처럼 침략적 민족주의와 저항적 민족주의의 갈
등 속에서 형성된 함석헌의 평화사상은 민족국가들의 갈등과 전쟁
가운데서도 평화의 비전을 제공하고 평화사상을 정착시켰을 뿐만
아니라 비폭력 평화원칙으로 한국의 민주화 운동을 선도했다.45)

또한 함석헌의 평화사상은 기독교 평화주의, 구체적으로 퀘이커

---

42) 박재순, 「동아시아와 함석헌의 평화사상」, 『日本思想』 16(2009): 26.
43) 박재순, 「동아시아와 함석헌의 평화사상」, 25.
44) 박재순, 「동아시아와 함석헌의 평화사상」, 25.
45) 박재순, 「동아시아와 함석헌의 평화사상」, 25.

리즘의 기독교 평화주의에 기초한다. 이 평화주의는 반전, 반군사
주의 평화사상과 비폭력주의를 두 축으로 삼는46)것으로 함석헌은
평화의 전제 조건을 마음의 변화에 두고 종교가 그 기능을 수행할
수 있다고 본다. 그에게 평화는 총을 버려서 오는 게 아니라 혼의
해방47)을 통해서이다. 혼의 해방이 마음의 변화이고 그것이 곧 평
화주의이다.48) 혼이 해방된 자에게 세상은 전혀 다른 방식으로 인
식된다. 곧 평화의 세계인데 이는 안, 밖, 생, 무생의 복합적 힘의 얽
힘이 하나의 질서로 편성된다.49)

> 우리는 모두 세 세계를 살고 있다. 극대(極大)의 나라, 극소(極
> 小)의 나라, 중간 나라, 물질계를 보는데 눈·망원경·현미경의
> 세 눈이 있듯이, 정신계에도 세 눈이 있어야 한다. 영원·무한을
> 내다보는 눈, 마음의 갈피를 찾는 눈, 그리고 사회와 역사를 두
> 루 살피는 눈.50)

함석헌은 이 여섯 세계를 공통으로 다스리는 원리를 평화로 파악
한다. 그에게 평화는 구경의 원리이자, 내재의 원리로서 씨올이 자
유로운 정신활동을 할 수 있는 것이다. 주목할 점은 함석헌은 평화
의 주체를 씨올(grassroots)에 정초했다는 것이다. 씨올은 내재의

---

46) 정지석, 「한국기독교평화윤리의 연구-기독교 평화주의(Christian
Pacifism)와 함석헌의 평화사상」,『기독교사회윤리』11(2006): 223.
47) 함석헌의 평화주의인 혼의 해방은 그리스도교 사상에서 비롯된다. 모든
죄가 무조건적으로 용서받아 낡은 역사에서 해방되고, 새 사람으로
고쳐졌다는 믿음에서 하나님에 대한 절대 감사가 나오고 거기서부터
혼의 절대 평화가 이루어졌다는 것이다.
48) 함석헌, 「"생각하는 백성이라야 산다"를 풀어 밝힌다」,『함석헌 전
집』14, (서울: 한길사, 1993), 126.
49) 함석헌, 「세계 평화의 길」,『함석헌 전집』12, (서울: 한길사, 1984), 281.
50) 함석헌, 「세계 평화의 길」,『함석헌 전집』12, 281.

평화, 극소세계의 평화로 씨올의 바탕이 평화이며, 평화의 열매가
씨올이다.51) 함석헌의 평화운동의 종교적 기초는 겉으로 드러난
제도나 조직을 변경하는 사회운동이나 정치운동과 달리 속마음과
관계된, 즉 내재화된 실천적 평화주의라 할 수 있다. 내재화된 실천
적 평화주의란 씨올의 평화를 말한다. 씨는 생물학적인 차원에서
생명의 영원성을 표현하는 것으로 생명의 출발이요, 동시에 생명의
열매이다. 생명 없는 씨는 씨가 될 수 없다. 씨는 영원한 생명의 순
환을 목적으로 한다. 씨는 죽지 않는다. 올은 종교론적 측면을 드러
낸다. 올의 "(ㅇ)은 극대(極大) 혹은 초월적 하늘을 표시하는 것이
고 (·)은 극소(極小) 혹은 내재적 하늘 곧 자아를 표시하는 것이며
(ㄹ)은 활동하는 생명의 표시이다." 그러므로 올 글자 안에는 초월
과 내재, 대우주와 소우주가 함께 있고 이것이 생명활동으로 발현
되는 사상을 나타낸다. 더 이상 올은 '알'만을 뜻하는 것이 아니라
거기에는 하나님의 움직임이 있다.52)

평화주의란 에너지 불변의 법칙과 같이 사라지지 않는 절대 명령
과 같은 것이다. (ㅇ)는 극대(極大) 혹은 초월적 하늘이 불변을 의
미하듯 평화주의란 하나 밖에 없는 유일한 길이요 생명이다. 생
(生)은 명(命)이다. 그 점에서 함석헌의 평화사상은 가부를 묻는
성격이 아니라 당위와 의무이며 역사의 절대명령이다.

> 평화운동이 가능하냐 하고 문제 내놓은 그 태도부터가 잘못이라
> 고 나는 본다. 평화는 할 수 있으면 하고 할 수 없으면 말 문제가
> 아니다. 가능해도 가고 불가능해도 가야 하는 길이다.53)

51) 함석헌, 「세계 평화의 길」, 『함석헌 전집』 12, 281-282.
52) 김진, 「함석헌의 종교사상」, (석사학위논문, 한신대학교, 1991), 74.
53) 함석헌, 「평화운동을 일으키자」, 『함석헌 전집』 14, (서울: 한길사,

(·)은 극소(極小) 혹은 내재적 하늘 곧 자아를 표시하는 것으로 내재화되어 있으나 (ㄹ)이 활동하는 생명의 표시이므로 내재화에만 칩거하지 않고 실천주의로 작동한다. 이는 평화의 평(平)이라는 글자의 뜻에서 그 의미가 포착된다. 평(平)은 땅을 뚫고 하늘로 솟아오르는 모습, 즉 막힌 기운을 활짝 열어 젖혀서 쑥쑥 발산되도록 하는 뜻을 가진 것으로 단순히 기계적 물리적 정지상태라기보다는 갇히고 눌리는 기운을 헤쳐서 자유롭게 발산시킨 때에 오는 시원한 정신상태를 표시하는 것이다. 따라서 함석헌은 평화를 "격동 속에서 자기를 잃지 않는 것", "속정신이 활발하게 피어오르는 것"으로 '약동하는 정신의 활동'으로 이해한다.54)

VI. 틱낫한과 함석헌의 평화사상의 접점

함석헌의 이러한 평화 개념은 틱낫한의 참여불교와 만나는 지점이다. 틱낫한의 참여불교의 종교적 축 가운데 하나인 상호존재는 함석헌의 화(和)개념에 상응한다. "화는 본래 하나가 소리를 내면 또 이쪽에서도 거기 맞추어 소리를 내는 것으로 그래서 구(口)자를" 쓴다.55)

> 和는 본래는 龢 라 썼는데 음악에서 여러 가지 소리를 골고루 잘 조화 되도록 낸다는 뜻이다. 후에 오다가 그것이 사람과 사람 사

1993), 29.
54) 함석헌, 「세계구원과 양심의 자유」, 『함석헌 전집』 20, (서울: 한길사, 1985), 293; 박재순, 「동아시아와 함석헌의 평화사상」, 26에서 재인용.
55) 함석헌, 「한민족과 평화」, 『함석헌 저작집』 1, (서울: 한길사, 2009), 245.

이가 고르게 되는 것을 가리는 것이 되면서 (龠, 이것은 피리를 그린 것) 대신 사람을 표시하는 口(입 구)로 바꾸게 됐다. 음악에서 화음(和音)이라는 것이 그것이다. 또 한 사람이 노래를 하면 그것을 듣고 이쪽에서 맞부는 것을 화답(和答)이라 한다.56)

함석헌은 그것을 한데 붙여 "사람과 사람 사이, 집과 집, 단체와 단체 사이 나중에는 나라와 나라사이 하늘과 땅 사이를 고르게 하는 것이 평화"라고 본다."57) 즉 나 너의 대립의 초월을 의미한다. 이를 함석헌은 "그것은(비폭력은) 너 나의 대립을 초월한 것입니다. 차별상을 뛰어넘은 것입니다. … 여기는 인격의 차별이 없는 것은 물론, 인축(人畜)의 차별조차도 없습니다."58)라고 말한다. 한마디로 비폭력은 자아와 타자의 대립을 넘어서는, 피아를 구분하지 않는 것에서 비롯된다.59) 개인은 저만이 홀로 되는 것이 아니고 개인의 뒤에는 항상 전체가 서 있어 나와 전체가 대립되지 않는 것이다.60) 그러므로 "개별적 존재는 서로 떨어져 있는 것이 아니라 전

---

56) 함석헌, 「한민족과 평화」, 『함석헌 저작집』 1, 245.
57) 함석헌, 「한민족과 평화」, 『함석헌 저작집』 1, 245.
58) 함석헌, 「비폭력 혁명」, 『함석헌 전집』 2, (서울: 한길사, 1983), 40-41. 함석헌이 언급한 인축의 차별도 없다는 말은 금강경(金剛經, Diamond Sutra)에서 "깨달음을 얻기 위해 어떻게 살아야 하고, 어떻게 그 마음을 다스려야 합니까?"라는 수보리(須菩提, Subhuti) 질문에 붓다가 아상(我相),인상(人相), 중생상(衆生相), 수자상(壽者相)을 버리라고 답한 의미와 상통한다. 구체적으로, 인축의 차별도 없다는 함석헌의 주장을 틱낫한의 논리로 설명하면 중생상(衆生相)은 '생물'에 대한 관념에 해당하는 것으로, 곧 인간은 동물, 식물, 광물과 다르다는 단견을 버리고 연기(緣起)의 관점에서 생물과 무생물의 경계가 없다는 것을 깨달음으로써 이런 분별의 관념 자체를 버려야 한다는 것이다. 틱 낫한, 『중도란 무엇인가』, 유중 옮김 (서울: 사군자, 2016), 18-19, 111.
59) 김대식, 『함석헌의 평화론』 (서울: 모시는사람들, 2018), 128.
60) 함석헌, 『뜻으로 본 한국역사』 (파주: 한길사, 2003), 86, 114.

체인 생명이다."61) 이 점에서 함석헌의 평화사상은 틱낫한의 상호 존재와 교차한다. 불교 경전 『화엄경』 "한 장의 종이는 종이 아닌 다른 요소들로 만들어져 있다"며 이 한 장의 종이와 관련되지 않은 것은 전 우주에 단 한 가지도 없다고 말한다. 마찬가지로 개인 역시 수많은 비개인적인 요소들로 만들어져 독립된 개인이란 존재하지 않는다.62)

나와 너의 대립을 초월한 비이원성을 교집합으로 하는 함석헌과 틱낫한의 평화사상의 방법론적 특징은 '비폭력'에 있다. 함석헌의 비폭력 평화주의는 한국전쟁이 끝난 이후부터 나타나기 시작 한 다63): "남쪽 동포도 북쪽 동포도 동포라고 하면서, 아들이 아버지에게 칼을 겨누고 형이 동생에게 총을 내미는 싸움인 줄은 천이나 알고, 만이나 알면서도 쳐들어온다니. 정말 대적으로 알고 같이 총칼을 들었지 어느 한 사람도 팔을 벌리고 들어오너라. 너를 대항해 죽이기보다는 나는 차라리 네 칼에 죽는 것이 마음이 편하다…"64) 함석헌의 반전평화사상의 핵심과 비폭력 평화주의가 두드러지는 의지에서 우리는 민족운동을 하려면 목적과 방법이 비폭력적이어야 함을 강조하는 그의 결연한 정신을 읽을 수 있다.

"어떻게 해야 좋을지 모르겠네요. 평화란 것을 말하자면 예수에 서부터 시작되는 것이고 동양에서는 노자 장자를 말할 수 있는 데 노자가 첫째로 손꼽히는 평화주의자지요. 그는 폭력을 싫어

---

61) 김대식, 『함석헌의 평화론』, 136.
62) 낫한, 『틱낫한의 평화로움』, 94-98.
63) 김소남, 「해방이후 함석헌의 생명사상-장일순과의 비교를 중심으로」, 『인문과학연구』 25(2017): 17.
64) 함석헌, 「생각하는 백성이라 산다-6.25 싸움이 주는 역사적 교훈」, 『함석헌 저작집』 5, (파주: 한길사, 2009), 112.

했고 강한 것 보다 약한 것을 더 숭배했지요. … 그러니 민족 운
동을 하려면 비폭력적으로, 목적이 그러니 방법도 그래야겠지요.
간디의 말대로 목적이 좋으면 방법도 비폭력적으로 해야지 방법
을 폭력으로 하면서 평화를 위한 거란 말이 안 되지요. '우리는
전쟁을 하지만 세계평화를 위해서'라고 하는데 그건 거짓말이고
세계평화를 위해서 전쟁을 하는게 어딨어요"[65]

보다 높은 자리에서는 전연 새로운 세계관, 새로운 인생관, 새로
운 윤리, 새로운 종교가 나와야 할 것입니다. 그것을 우리가 당
한 이 시대의 말로 할 때 비폭력입니다. 비폭력은 단순히 주먹이
나 무기를 아니 쓴다는 말이 아닙니다. 그것은 너 나의 대립을
초월한 것입니다….[66]

틱낫한의 평화사상도 철저히 비폭력적이다. 그는 태국의 해적에
게 성폭행 당한 어린 소녀가 자살한 소식을 접한 후, 사람들은 "자
연히 그 소녀 편을 들것이다. 그러나 그대가 더 깊이 들여다본다면,
그대는 그 사건을 다르게 볼 수 있다. 만일 그대가 그 소녀의 편을
들면, 그때는 일이 쉽다. 그대가 단지 총으로 그 해적으로 사살하면
된다."[67] 그러나 틱낫한은 이를 반대한다. 그 이유는 폭력을 통한
평화 추구가 아니라 비이원론적 각성을 통한 비폭력적 평화를 희구
하기 때문이다. 틱낫한은 우리들이 그 해적의 마을에서 태어났으면

---

65) 함석헌 장영옥 대담, 「남북통일 평화적 방법밖에 없다」, 『함석헌 기념사업회』,
   http://www.ssialsori.org/bbs/board.php?bo_table=banner&wr_i
   d=486&sfl=wr_subject&stx=%EB%82%A8%EB%B6%81%ED%86%B5
   %EC%9D%BC+%ED%8F%89%ED%99%94%EC%A0%81+%EB%B0
   %A9%EB%B2%95%EB%B0%96%EC%97%90+%EC%97%86%EB%8B
   %A4&sop=and 2020.11.06.
66) 함석헌, 「비폭력 혁명」, 『함석헌 전집』 2, 40-41.
67) 낫한, 『틱낫한의 평화로움』, 122-123.

종교적 관점으로 보는 평화담론 151

해적이 되었을 가능성이 매우 크다며 태국 해안을 따라 태어난 어린이들이 25년 후에 수많은 해적이 되면 그들을 사살하는 것으로 평화가 도래하지 않는다고 말한다. 우리는 자살한 소녀, 해적, 그리고 나 자신이며 비이원성의 각성으로 이를 확인할 수 있다.[68]

나와 너의 대립을 넘어서는 비이원론적인 방식은 틱낫한의 삶 가운데 평화를 위한 길로 구체화된다. 베트남 전쟁 중에 틱낫한을 비롯한 젊은 불자들은 파괴된 마을을 재건하기 위해 노력한다. 그런데 이들은 봉사 도중 목숨을 잃는데, 그것은 폭탄이나 총알에 의해서가 아니라 자신들을 반대편 적으로 의심한 사람들 때문이었다. 젊은 불자들은 공산주의자이든 반공주의자이든 양쪽 모두에게 문을 열고, 그들과 하나가 되려고 노력했다.[69] 하지만 양쪽의 사람들은 불자들의 순수한 행위를 양쪽을 이해하는 화해로 인식하지 못하고 어느 한편, 어느 이념과 동일시하는 정치적인 행위로 받아들였다. 그러나 틱낫한은 "한쪽에 가서 다른 쪽이 겪는 고통을 이야기하고, 다른 쪽에 가서 이쪽이 겪는 고통에 대해 설명"[70]하는 것이 평화를

---

68) 낫한, 『틱낫한의 평화로움』, 123.
69) 틱낫한은 베트남 전쟁의 진원지인 미국에서 공산주의자도 반공주의자도 아닌 다만 전쟁을 빨리 종식되기만을 바라는 베트남 인민들의 마음을 전하고, 1966년에는 워싱턴 D.C에서 미국정부에 베트남 전쟁의 종전을 요구하는 종전 5조안(終戰五條案, Five Point Proposal to End the War)를 발표했다. 그 내용은 다음과 같다. 1) 미국은 베트남 국민들이 원하는 정부를 선택할 권리에 대해 존중한다고 명백히 밝힐 것, 2) 남북 베트남에서 행해지는 모든 폭격을 중단할 것, 3) 일방적으로 휴전을 선언할 것, 4) 베트남에 주둔하고 있는 모든 미군의 전면적 철수 일자를 몇 달 안으로 확정하고 즉각적인 철수를 단행할 것, 5) 베트남의 재건을 지원하되, 모든 원조는 이념적, 정치적 단서 조항을 완전히 배제할 것. 크리스토포 퀸(Christopher Queen) 외, 『평화와 행복을 위한 불교지성들의 위대한 도전, 아시아의 참여불교』, 박경준 옮김 (서울: 초록마을, 2003), 431; 이거룡, 「틱낫한의 평화사상」, 66에서 재인용.

위한 길이라며 죽음의 두려움을 무릅쓰고 평화의 행진을 전개한다.
틱낫한의 평화는 고통의 성찰에서 태어나 사랑과 자비에 의해 양육된
비폭력적 평화이다. "틱낫한에게 평화는 단지 폭력이 멈춘 상태가
아니라 자비의 씨앗이 자양분을 받을 수 있는 상태를 만들어가는
끊임없는 과정"71)이라 할 수 있다.

　따라서 두 사람의 평화사상의 교집합인 '비폭력'의 종교적 원천
은 생명에 대한 존중이다. 틱낫한은 적군이든 아군이든 피아의 구
분이나 차별이 일절 없이 모든 이가 상호존재이므로 "가장 중요한
것은 생명"72)이라고 단언한다. 함석헌 또한 자신의 사상적 변천을
겪게 되는바, 그 정점은 생명에 대한 존엄과 연관된 '생명사상'이다.
그의 생명사상은 체계적이고 정교한 이론을 통해서가 아니라 자신
의 몸을 삶과 역사의 현장에 투신함으로써 형성된 실천과 참여의
사상이었다.73)

VII. 나가는 말

　지금까지 우리는 틱낫한과 함석헌의 평화사상을 살펴보았다. 두
사람의 평화사상은 전자는 불교, 후자는 기독교에 근거한다. 틱낫
한의 평화사상은 상호존재와 정념에 바탕한 참여불교를 통해 나타
났고 함석헌의 평화사상은 씨올을 바탕으로 반전 · 반군사주의로
전개되었다. 평화론은 무력 사용의 유무에 따라, 평화를 위해 무력을

---

70) 낫한, 『틱낫한의 평화로움』, 136-137.
71) 이거룡, 「틱낫한의 평화사상」, 85-86.
72) 이거룡, 「틱낫한의 평화사상」, 81.
73) 김소남, 「해방이후 함석헌의 생명사상-장일순과의 비교를 중심으로」, 14-15.

사용할 수밖에 없다는 정치현실주의 진영과 평화는 무력사용 거부
나 배제로 이루어진다는 평화주의 진영으로 나뉜다. 다른 종교를
배경으로 나타난 두 사람의 평화사상의 특징은 비폭력에 근거한다
는 점에서 평화주의 진영에 속한다.

　영국의 평화학자 세달(Martin Ceadel)은 평화주의를 절대적 평
화주의와 개혁적 평화주의로 구분한다. 전자는 무력, 살인, 전쟁, 핵
무기 등은 절대 사용할 수 없다는 입장의 비정치적인 것으로 대표
적인 종교단체와 인물은 각각 메노나이트와 톨스토이를 들 수 있
다. 반면 개혁적 평화주의는 정치질서를 바꿈으로써 전쟁을 폐기하
고자 하는 입장으로 대표적인 종교단체와 인물은 각각 퀘이커교도
와 간디이다.74) 세달의 입장에 따르면, 틱낫한과 함석헌의 평화운
동은 정치 참여적 형태로 나타났다는 점에서 개혁적 평화주의로 분
류된다. 그들의 비폭력적 평화주의는 미국의 윤리학자 헤르만
(Tamar Hermann)에 따르면, '실용주의적 평화주의'라 할 수 있다.
비폭력은 절대적 평화주의에 대한 대안으로 모든 사회악에 대해 소
극적이거나 굴종적 태도가 아니라 적극적인 비폭력 저항으로 대응
했기 때문이다.75)

　평화학자 요한 갈퉁(John Galtung)은 평화를 두 차원으로 분리
했다. 하나는 소극적 평화(negative peace)이고, 다른 하나는 적극
적 평화이다. 전자는 직접적 또는 물리적 폭력이 없는 상태이고, 후

---

74) 정지석, 「한국기독교평화윤리의　연구-기독교　평화주의(Christian
　　Pacifism)와 함석헌의 평화사상」, 209-212. 영국태생의 캐나다 평화 역사
　　가인 브록(Peter Brock)은 개혁적 평화주의를 평화주의 윤리와 정치개혁
　　을 통합했다는 뜻에서 통합적 평화주의(integrational pacifism)로
　　명명한다.
75) 정지석, 「한국기독교평화윤리의　연구-기독교　평화주의(Christian
　　Pacifism)와 함석헌의 평화사상」, 215.

자는 간접적 또는 구조적 폭력, 나아가 폭력을 정당화하는 문화적
폭력까지 없는 상태이다.76) 소극적 평화는 공자의 『예기』(禮記)
에 예(禮)와 법(法)으로 다스려져 겉으로 문제가 없어 보이는 소강
(小康)상태이다. 반면 적극적 평화는 『제2차 바티칸 공의회 문
헌』에서 알 수 있듯이 평화는 단순히 전쟁이 없는 상태가 아닌 정
의가 실현되는, 즉 신적 질서의 현실화77)이며 남과 나를 같이 보고
세상이 공적(公的)이 되는 상태, 생산물에 대한 공공성이 확보된
상태, 모사와 난리가 없어 "바깥문을 닫아두지 않아도 되는 상태"인
대동(大同)이다.78) 뿐만 아니라 개벽(開闢)사상도 적극적 평화에
상응한다. 개벽은 이상적인 세상과 구체적 실천이 유리되지 않은
'새롭게 열린 세상'으로 이는 수운(水雲)의 시천주(侍天主), 해월
(海月)의 사인여천(事人如天), 의암(義菴)의 인내천(人乃天), 그
리고 사람과 사물을 똑같이 하늘 모시듯 해야 한다는(待人接物) 종
교적 진술로 언표된다.

   그러나 틱낫한과 함석헌의 평화사상의 특징은 소극적이면서 동

---

76) 요한 갈퉁(John Galtung), 『평화의 수단에 의한 평화』, 강종일 외 옮
   김 (서울: 들녘, 2000), 19-20, 88. 적극적 평화는 가난하고 힘없는
   사람들이 힘과 부를 소유한 사람들에 의해 억압당하거나 착취당하지
   않는 상태이다. 예를 들면 한국에서 가난한 자들이 1년에 66%의 고
   리의 이자를 주고 돈을 빌리는 경우, 동일한 노동을 하면서 비정규직
   이나 파견직이라는 이유로 임금의 50-60%만 받는 경우 등, 구조적
   평화가 결여된 상태를 말한다. 손규태, 『한반도의 그리스도교 평화윤
   리』 (서울: 동연, 2019), p.21.
77) Vatican Council, *Documenta concil Ⅱ vaticani Ⅱ*, 『제2차 바티칸
   공의회 문헌』 (서울: 한국천주교중앙협의회, 1990), 261. 신적 질서의
   현실화는 이 땅에서 하나님 나라가 구체화되는 신학적 세계관이므로
   신적 질서의 현실화인 적극적 평화는 다름 아닌 하나님 나라이다.
78) 外戶而不閉是謂大同 『禮記』 대동(大同)은 전술한 하나님 나라와 마
   찬가지로 적극적 평화에 대한 종교적 언어이다. 『禮記』에는 소극적
   평화뿐만 아니라 적극적 평화도 동시에 나타난다.

시에 적극적 평화를 포괄한다고 할 수 있다. 나-너의 대립을 넘어서는 종교적 개념에 근거하기 때문이다. 그 점에서 종교 연구는 평화 연구와 다르지 않다. 평화는 평화의 수단이라기보다는, 종교의 본질이고 이상이다. 평화가 구체화되는 곳에서 종교의 구체성과 진정성이 확보되므로 평화 없는 곳에는 종교도 없다고 할 수 있다.[79] 따라서 평화는 다름 아닌 종교이다. 스미스(Wilfred Cantwell Smith)가 말했듯이, 종교를 건물이나, 사람들, 경전이나 교리 같은 언어체계, 기도나 찬송과 같은 의례로 보는 가시적 외적체계인 축적적 전통(cumulative tradition)이나 초월적 존재에 대한 인간의 내적인 경험으로 보는 신앙(faith)[80]으로의 규정보다 종교를 평화라고 보는 셈이 더 타당하다. 곧, 평화는 종교적 이상이 구체적으로 발화되는 현실성이다. 그러므로 평화를 위한 학문적 논의에서 종교적 의미는 쉽게 간과될 수 없다. 평화 담론은 다름 아닌 종교적 평화 담론이어야 한다. 그 점에서 앞서 밝힌 종교 평화 없이 세계 평화 없다는 큉의 명제는 타당하며 종교적 평화 담론의 주제가 얼마나 필요한 연구인지를 보여준다.

---

79) 이찬수. 「종교평화학의 모색-평화학과 종교가 만나는 지점-」, 155.
80) 이에 대한 상세한 설명은 다음을 참조. 윌프레드 캔트웰 스미스 (Wilfred Cantwell Smith), 『종교의 의미와 목적』, 길희성 옮김 (왜관: 분도출판사, 1991), 209-255.

〈 참고문헌 〉

김대식. 『함석헌의 평화론』. 서울: 모시는사람들, 2018.

김성수. 『함석헌 평전』. 파주: 삼인, 2011.

김소남. 「해방이후 함석헌의 생명사상-장일순과의 비교를 중심으로」. 『인문과학연구』 25(2017):9-31.

김종만. 『틱낫한과 하나님』. 서울: 열린서원, 2019.

김진. 「함석헌의 종교사상」. 석사학위논문, 한신대학교, 1991.

박금표. 「베트남 근대화에 미친 불교의 영향 ㅡ베트남 전쟁과 불교도 항쟁을 중심으로ㅡ」. 『한국선학회』 26(2010):555-600. UCI : G704-001708.2010..26.007 박금표.pdf

박재순. 「동아시아와 함석헌의 평화사상」. 『日本思想』 16(2009):21-53. UCI : G704-001748.2009..16.004 박재순.pdf

손규태. 『한반도의 그리스도교 평화윤리』. 서울: 동연, 2019.

송정남. 『베트남 역사읽기』. 서울: 한국외국어대학교출판부, 2002.

송정남. 『베트남 탐구』. 서울: HUINE, 2015.

씨알사상연구회. 『씨올 생명 평화』. 파주: 한길사, 2007.

이거룡. 「틱낫한의 평화사상」. 『한국불교학』 60(2011):65-96. UCI : G704-001245.2011..60.001 이거룡.pdf

이찬수. 「종교평화학의 모색-평화학과 종교가 만나는 지점-」. 『종교교육학연구』 41 (2019):145-169. UCI : G704-000911.2013.41..005 이찬수.pdf

이찬수. 「'베트남공화국'의 몰락: 지엠 정권의 '식민지적 민족주의', '서구적 종교편향', '하향적 반공주의'를 중심으로」. 『담론 201』 21(2018):49-80. DOI : 10.17789/discou.2018.21.1.002 이찬수.pdf

유인선. 『새로 쓴 베트남의 역사』. 서울: 이산, 2002.

정지석. 「한국기독교평화윤리의 연구-기독교 평화주의(Christian Pacifism)와 함석헌의 평화사상」. 『기독교사회윤리』 11(2006): 207-236. UCI : G704-001408.2006.0.11.003 정지석.pdf

최병욱. 『최병욱 교수와 함께 읽는 베트남 근현대사』. 파주: 창비, 2008.

함석헌. 「비폭력 혁명」. 『함석헌 전집』 2. 서울: 한길사, 1983.

함석헌. 「세계 평화의 길」. 『함석헌 전집』 12. 서울: 한길사, 1984.

함석헌. 「"생각하는 백성이라야 산다"를 풀어 밝힌다」. 『함석헌 전집』 14. 서울: 한길사, 1993.

함석헌. 「평화운동을 일으키자」. 『함석헌 전집』 14. 서울: 한길사, 1993.

함석헌. 「세계구원과 양심의 자유」. 『함석헌 전집』 20. 서울: 한길사, 1993.

함석헌. 『뜻으로 본 한국역사』. 파주: 한길사, 2003.

함석헌. 「한민족과 평화」. 『함석헌 저작집』 1. 서울: 한길사, 2009.

함석헌. 「생각하는 백성이라 산다-6.25 싸움이 주는 역사적 교훈」. 『함석헌 저작집』 5. 파주: 한길사, 2009.

후루타 모토오(古田元夫). 『역사 속의 베트남 전쟁』, 박홍영 옮김. 서울: 일조각, 2007.

갈퉁, 요한(Johan Galtung). 『평화의 수단에 의한 평화』. 강종일 옮김. 서울: 들녘, 2000.

낫한, 틱(Thich Nhat Hanh). 『틱낫한의 평화로움』. 류시화 옮김. 서울: 열림원, 2002.

낫한, 틱(Thich Nhat Hanh). 『화해』. 진우기 옮김. 서울: 불광출판사, 2011.

낫한, 틱(Thich Nhat Hanh). 『마음에는 평화 얼굴에는 미소』. 류시화 옮김. 서울: 김영사, 2002.

스미스, 윌프레드 캔트웰(Wilfred Cantwell Smith). 『종교의 의미와 목적』. 길희성 옮김. 왜관: 분도출판사, 1991.

퀸, 크리스토포 외(Christopher Queen). 2003. 『평화와 행복을 위한 불교지성들의 위대한 도전, 아시아의 참여불교』. 박경준 옮김. 서울: 초록마을, 2003.

Nhat Hanh, Thich. The Heart of Understanding: Commentaries on the Prajnaparamita Heart Sutra. edited by Peter Levitt. California: Parallax Press, 1988.

Nhat Hanh, Thich. Being Peace. Berkely: Parallax Press, 1996.

Ryu Jedong. 2019. 「A Study of the Hua-t'ou Method as a Way of Engaged Buddhism: With Reference to the Gongan (Kōan) of Baizhang's Meeting with a Wild Fox from the Perspective of Critical Buddhism」. 『인문사회과학연구』 62(2019):121-136. DOI : 10.17939/hushss.2019.62.4.005 류제동.pdf

Vatican Council. 1990. 『제2차 바티칸 공의회 문헌』. 한국천주교중앙협의회.

http://www.ohmynews.com/NWS_Web/View/at_pg.aspx?CNTN_CD=A0002500344&CMPT_

CD=P0010&utm_source=naver&utm_medium=newsearch&utm_campaign=naver_news. 2019년 2월11일 검색.

'타자 앞에 선' 인간 주체와 평화
: 레비나스의 종교 이해와 수하키의 인간 실존 방식을 중심으로

김 동 근

'타자 앞에 선' 인간 주체와 평화
: 레비나스의 종교 이해와 수하키의 인간 실존 방식을 중심으로

김 동 근

I. 들어가며 : 평화, 인간에 대한 고찰로부터

종교라는 테두리 안에서 말하는 평화는 어떤 의미를 가지고 있을까, 라는 의문에서부터 시작해보고자 한다. 다양한 종교들이 존재하는 세계 속에서 종교가 말하는 평화는 무엇일까. 현실의 종교들은 각각의 가르침, 수행, 그리고 교리 전통을 가지고 있으며, 이것으로 사람들을 교화시킴으로써 자기 존재를 세계 속에 위치시키고 있다. 위험하게 단순화하는 시도일 수도 있지만, 종교란 개별자들의 타자성을 특정한 하나의 체계로 환원하는 계기요, 따라서 그 본성이 '자기 확장적'인 것은 아닐까. 만약 평화가, 다양성들이 공존할 수 있는 다문화주의적 의미들도 포함한다고 본다면, 이러한 '종교'의 실존방식 위에서 '평화'를 말한다는 것은, 다름 아닌 전체성의 확장이라고 할 수도 있겠다.

평화를 위협하는 것을 타자에 대한 배제와 폭력이라고 보면서 시작한다면, 폭력을 추동하는 원인을 팽창하려는 속성을 지닌 전체성이라고 볼 수 있지 않을까? 이러한 전체성의 팽창과 함께 떠오르는 단어들은 독단과 독선이라는 날선 태도들이다. 그리고 이것을 가능하게 하는 요인은, 다름 아닌 최종적으로 승인되고 완결된 지식이라는 토대일 것이다. 그리고 바로 이 지점에서 인간의 눈빛이 달라지리라.

　우리가 찾아야 할 것은, 타자성이 그 자체로 존립할 수 있는 계기이다. 물론 그러한 것들을 그대로 둠으로써, 알아서 생존하라는 식의 자유로운 경쟁의 장(場)을 마련해주고, 무책임의 장막 뒤로 숨는 것도 큰 문제임이 분명하다. 그렇다면 종교는 무엇을 지시해야 하며, 어떻게 평화는 가능해질 수 있을까.

　우선 종교라는 개념을 지금껏 통념적으로 알 수 있었던 것과는 다르게 이해할 수 있는 가능성을 살펴보고자 한다. 우선, 레비나스가 이해하는 종교에 관해 언급함으로써, 그가 제시하는 종교가 무엇인지 살펴보고, 그 토대 위에서 상상할 수 있는 종교적인 인간을 기존에 통념적으로 이해되는 종교적 인간의 모습과 비교함으로써, 평화의 시작점을 모색해보고자 한다. 즉, 본 소고의 목적은 종교와 평화에 관한 직접적인 담론을 고찰하거나 제안하는 것이 아니라, 인간과 종교의 관계를 고찰함으로써, 평화를 가능하게 하는 인간 이해를 제안하고자 한다. 하여 본 소고는 평화 담론을 잇는 논문이라기보다는, 신학적 인간론에 대한 고찰에 더 가깝다는 점을 독자분들께 미리 밝혀드린다.

II. 레비나스의 종교와 주체

‘종교가 형성하고 제시하는 인간 이미지는 어떤 것일까?’ 종교라는 전제를 가지고 평화를 논하기 위해 던지는 가장 기초적인 질문이 이것은 아닐까, 라는 생각이다. 왜냐하면 평화라는 것은 인류 각각의 존재자들의 양태를 통해서 접근할 수 있는 개념이요, 인류는 각각의 전통과 관습적 토대 위해서 형성된 인간에 대한 이해를 지니고 있기 때문이다.

레비나스는 가장 근본적인 질문으로 거슬러 올라가서 시작한다. 『전체성과 무한』(1961)의 1부—동일자와 타자—의 「분리와 대화」라는 장에서 그는 종교에 대해서 다음과 같이 언급한다.

> 우리는 이 세상의 존재와 초월적 존재 사이의 관계, 어떤 개념적
> 공통성이나 전체성에도 이르지 않는 관계—관계 없는 관계—를
> 종교라고 부르겠다.[1]

레비나스는 종교에 대한 새로운 이해 토대를 마련해준다. 그러나 사실 이 대목은 그가 ‘종교’에 관한 논의를 하면서, ‘종교란 무엇인가?’라는 물음에 답을 하는 부분이 아니라, 인간에 관한 이해를 새로운 토대 위에 세우기 위해 자신의 ‘종교’ 이해를 도입했다고 할 수 있다. 그는, 인간 안에 존재하는 무한의 관념, 즉 무한을 상상할 수 있는 능력에서 ‘무한’을 그 자체로 남겨두려고 한다. 즉, ‘나’에 의해 결코 포섭될 수 없는 ‘무한’을 묘사하려 했던 것이다.

---

1) 에마뉘엘 레비나스, 『전체성과 무한: 외재성에 대한 에세이』, 김도형 외 역, 그린비, 2018, p108.

세계를 파악하고, 이해를 시도하며, 분석하는 '나'는 '동일자'(the same)로써, 존재의 지속을 위해 세계를 파악하고 통합한다. 이처럼 동일자가 자기의 생존을 확인하며 세계의 여러 대상들을 통합하는 과정을 '전체화의 과정'이라고 할 수 있다. 즉, '전체성'은 존재가 존재하기 위한 터전인 셈이다. 따라서 '나'는 전체화하는 작업을 통해 세계 내에서 나의 위치를 확인한다. 그러나 레비나스의 사유에서 이러한 전체화 과정은 끊임없이 의심에 부쳐져야만 한다. '무한'은 '나'로부터 분리되어 결코 내게 포섭되지 않기 때문에, 세계에 대한 나의 전체화 과정은 의심에 부쳐지고, 계속적으로 방해받는다.

> 만약 전체성이 구성될 수 없다면, 그것은 무한이 그 자신을 통합되도록 내버려 두지 않기 때문이다. 전체화를 방해하는 것은 자아의 불충분함이 아니라 타인의 무한이다.[2]

'내가 가닿을 수 없는 무한'이라는 생각은 환원 불가능한 관계를 지시하며, 따라서 내가 세계 속의 대상들을 포착하여 확정할 수 없는 처지에 있다는 것을 알려준다. 하여 타자에 대한 식민화 관계는 애초에 불가능해진다. 이처럼 레비나스는 이해와 포섭을 기반으로 한 관계 방식이 아닌, 서로 다른 두 항이, 타자를 자기 자신으로 환원할 수 없지만, 깨어지지 않는 관계의 가능성을 '종교'의 구조를 통해 제시하고자 하였으며, 이를 통해, 그는 서구의 주체중심철학을 탈피하려고 하였다.

종교에서는 전체의 불가능성─무한의 관념─에도 불구하고 동일자

---

2) 에마뉘엘 레비나스, 위의 책, 2018, p107.

와 타자 사이의 관계가 지속되는데, 이러한 종교가 궁극적 구조다.[3]

레비나스가 이렇게 생각할 수 있었던 이유는 무엇일까. 그것은, 그가 유대인으로서 탈무드를 강론했던 선생이었기 때문은 아니었을까, 라고 조심스럽게 추측해본다. 출애굽기에서 야훼는 결코 정의할 수 없는 존재로서 묘사된다. "당신은 누구입니까?" 라고 묻는 모세의 질문에, 야훼는 "스스로 있는 자"(출 3:14, 개역개정), "나"(공동번역) 자신이라고 주장한다. 그는, 유한한 인간에 의해 어떠한 이미지나 유비로 설명될 수도 없으며, 하여 확정된 정체성을 획득할 수도 없는 존재인 것이다. 이처럼 유한한 세계 속의 대상으로 환원될 수 없는 신에 관한 이미지는 출애굽기의 또 다른 곳에서도 등장한다.

> 모세가 "당신의 존엄하신 모습을 보여주십시오." 하고 간청하자. 야훼께서 대답하셨다. "내 모든 선한 모습을 네 앞으로 지나가게 하며, 야훼라는 이름을 너에게 선포하리라. 나는 돌보고 싶은 자는 돌보아 주고, 가엾이 여기고 싶은 자는 가엾이 여긴다." 그리고 다시 말씀하셨다. "그러나 나의 얼굴만은 보지 못한다. 나를 보고 나서 사는 사람이 없다." 야훼께서 이르셨다. "여기 내 옆에 있는 바위 위에 서 있어라. 내 존엄한 모습이 지나갈 때, 너를 이 바위굴에 집어넣고 내가 다 지나가기까지 너를 내 손바닥으로 가리리라. 내가 손바닥을 떼면, 내 얼굴은 보지 못하겠지만 내 뒷모습만은 볼 수 있으리라."[4]

야훼는, 인간이 붙잡고 포착하려하지만, 끊임없이 미끄러져 나가는

---

3) 에마뉘엘 레비나스, 위의 책, 2018, p108.
4) 출애굽기 33:18-23(공동번역)

존재이다. 전면을 볼 수 없고, 인간은 야훼의 흔적만을 가늠할 수 있을 뿐이다. 레비나스는, 이러한 유대 전통 속에서 신과의 관계, 즉 '무한'과의 관계를 "관계 없는 관계"로, 즉 환원 불가능한 관계로 바라보았던 것이 아닐까, 라고 상상해보는 것은 무리일까.

레비나스가 '종교'를 어느 맥락에서 사유했든지 간에, 그를 통해서 생각해볼 수 있는 '종교'는, 우리가 '종교'에 대하여 기존에 지니고 있는 생각과는 전혀 다른 무엇이다. 전승된 도그마를 가지고 있으며, 관리 감독의 체계를 갖추고 있는 집단으로써 종교가 아니다. 그가 말하는 종교는 '절대적인 분리'로써 관계를 지시한다. 즉, 종교는, 가닿고자 하는 대상에 결코 가닿을 수 없음을 인간에게 알려주는 것이다. 대상과 맺는 관계는 이해를 기반으로 하여 가능한 것이다. 그러나, 이성에 의해 포착될 수 없는 대상과의 관계 맺는 방식이 존재하는데, 레비나스는 이러한 관계를 "종교"라고 정의했던 것이다. 이러한 '종교'에 대한 이해가 지닌 함의는 무엇일까. 여기에는 종결된 도그마도 없고, 관리 감독의 체계도 존재하지 않으며, 끊임없이 미끄러질 수밖에 없는 '틈새'가 존재하는 것처럼 보인다. 이처럼 종교가, 폐쇄성이 아닌 개방성과 유동성을 그 구조로 삼는다면, 이러한 독특함은, 기존의 '종교'에 대한 이해를 극복할 수 있도록 돕는다. 그렇다면, 종교가 의미하는 '관계 없는 관계'는 구체적으로 어떤 현상을 의미하는가? 볼프가 구레비치를 인용하며 말했듯이, "타자를 이해하지 않을 수 있는 능력"을 통해서 가능한가?

포용에서 타자의 타자성을 보존하기 위해서는 타자를 이해하지 않을 수 있는 이상한 능력을 획득하는 것이 필수적이다.5)

구레비치를 인용하면서 볼프는, 타자성의 보존과 동시에 이해를 통한 관계 맺기는 "물음으로 밖에 표현될 수 없다"고 말한다. 하지만 이러한 관계는 레비나스의 관점에서는 불가능하다. 왜냐하면 물음을 통한 이해는 하나의 공통된 분모를 찾아 떠나는 여행과도 같은 것이기 때문이다. 그러나 레비나스에게 타자는, 공통분모로 환원되기 이전에 황급히 그 자리를 떠난다. 물음에 대한 답으로 밝혀질 수 없는 타자는, 언제나 흔적으로 나에게 다가오며, 나의 사고를 초월한 '높음'으로부터 다가오는 '계시'이다. 따라서 레비나스가 제안하는 '종교'는, 단지 "이해하지 않을 능력"을 가지고 타자에게 접근하는 태도로써 관계 맺기를 의미하지 않는다. '종교'가 지시하는 관계에서 타자는, 나를 능가해 있으며, 나를 넘어서 있고, 때때로 나를 압도하는, 하여 나의 능력으로 환원될 수 없다. 그가 이해했던 종교는 나의 동일성을 끊임없이 방해하는 것인 것이다.

하지만, 현실에서 종교는 관습과 문화와 상호작용함으로써, 구심적 활동을 수행한다. 달리 말해서 자기 주변에 산재된 세계 내 대상들을 한데 끌어 모으는 힘을 발휘하는 핵으로써 종교가 그 역할을 충실히 해낸다는 것이다. 그리고 이러한 역할이 가능한 이유는, '종교'가 초월적 존재를 포섭하고 있다는 '믿음'에 기초한다고 할 수 있다.

고대로부터 초월적 존재와 물질세계 사이의 관계는 끈끈하게 연결되어 있다. 인간이 겪는 고통의 문제와 자연 재해로 인한 실제적인 위협은 신의 진노로 해석되었다. 그리고 초월적 존재는 민족들의 신으로 이해되기도 한다. 구약성서를 보면, 전쟁 전에 승리를 기원

---

5) 미로슬라브 볼프, 『배제와 포용』, 박세혁 역, IVP, 2012, p227.

하며 하느님께 제사를 드리는 장면을 많은 곳에서 확인할 수 있다. 민족 간 전쟁은 민족 신들의 전쟁으로 이해되었던 것이다.

> 시리아 왕의 신하들이 왕에게 말하였다. "그들의 신은 산신입니다. 이것이 이번에 우리가 패전한 이유입니다. 그러나 평지에서 싸우면 반드시 우리가 이길 것입니다.[6]

열왕기상 20장 23절은 각 민족을 대표하는 신이 전쟁에 함께 출전한다는 당시의 통념을 보여준다. 이 외에도 쉽게 우리는 고대인들이 유한한 세계와 무한한 세계의 존재를 어떻게 연결지어 생각했는지 찾아볼 수가 있다.

이러한 현상들은 '종교'의 특정한 부분을 보여주는데, 무한의 초월적 존재와 이 세상의 분리된 관계, 즉 절대적인 분리로 인해서 전체성이 방해받는 관계가 아닌, 이 세상이 초월적 존재와 결탁함으로써 일종의 공모관계를 가능하게 하는 것이 '종교'의 한 측면이라는 것이다. 즉, 종교가 수행하는 것은, 초월과 이 유한한 세계를 하나의 전체성안에서 통합해냄으로써, 끊임없이 타자들을 포섭하고 자기 범주 안으로 환원하는 것이다. 따라서 종교는, '자기-확장적' 운동을 자기 성질로 삼고 외연을 넓혀가는 운동을 지속한다고 할 수 있지 않을까.

기독교 신학자인 미로슬라브 볼프(Miroslav Volf)는, 이러한 종교의 '자기-확장적' 성격을 기독교 신앙에 대한 성찰적 측면에서 매우 날카롭게 지적했다.

---

6) 열왕기상 20:23(공동번역본)

> 문화적 정체성은 종교적 힘을 빌려 몰래 자신을 강화한다. 기독
> 교 신앙에 대한 헌신과 문화에 대한 헌신이 하나로 합쳐진다.[7]

유한한 세계, 그 안에서 형성되는 경제, 정치, 문화의 형성과 확장에 필수적인 요소는, 초월적 영역에 존재하며, '신'이라고 불릴 수도 있는 '무한'이다. 이 '무한'은 유한한 세계 속에서 벌어지는 사건들과 상호작용함으로써, 유한한 전체성 안으로 환원된다.

그러나, 이러한 종교의 에고이즘적 현상에도 불구하고, 다양한 종교 전통 내 자기 부정성 역시 부정할 수 없다. 중세 수도원 운동을 비롯하여, 철저하게 자기 부인의 삶을 통해 존경받는 성인들도 역사상 존재해왔으며 귀감적인 모델이 되었음을 굳이 여기서 소개하지 않아도, 우리는 쉽게 찾아볼 수 있다.

하지만, 이러한 운동과 성인들의 삶 또한 엄격하고도 냉철하게 바라본다면, 그 근본적 동기는 초월자를 향한 지향이라고 할 수 있다. 그리고 아이러니하게도 이러한 지향으로부터 새로운 성찰과 변혁의 가능성이 피어났다. 즉, 신을 유한한 자아 속에서 발견하려는 욕망이, 달리 말해서 초월자를 나의 전체성으로 환원하려는 욕망이, 과거의 역사 속에서 설립된 체계들, 즉 신이 보증한다는 믿음 하에 설립된 기존의 체계들을 허물기도 하고, 새로운 삶의 모델을 생산하기도 하는 것이다.

여기서 중요한 사실은 변혁의 가능성이 '초월자를 향한 욕망'을 통해서, 즉, 무한의 영역을 유한의 영역 안으로 환원하려는 에고이즘적 현상을 통해서 시작된다는 것이다. 그렇다면 중요한 것은 '자기-확장적' 운동 자체를, 달리 표현하자면 에고이즘적 운동을 깨뜨

---

7) 미로슬라브 볼프, 위의 책, 2012, p54.

리고 극복해야 할 대상으로 보는 것이 아니라, 에고이즘의 사태 속에서 지속적인 '자기-부정'의 가능성을 발견하는 것이다.

이 지점에서 레비나스로 돌아가서 논의를 이어가보면, 에고이즘적 사태는 결코 좋은 것도 나쁜 것도 아닌, 중립적이며 자연스러운 현상이라고 할 수 있다. 레비나스는 '에고이즘'을 존재의 근본 사태로 본다.[8] 자아의 본성이라는 것이다. 레비나스가 바라보는 자아와 종교의 존재방식은 에고이즘의 원리 속에서 비슷하게 포개어진다.

그러나 중요한 것은 레비나스에 의하면, 에고이즘적 운동은 타자를 지향하면서 시작되지만, 거기에는 타자를 포섭하고 이해하는 방식만 존재하는 것은 아니라는 것이다. 오히려 반대로 타자에 의존된 자기를 확인할 수도 있다. 레비나스에게 '타자'는 나 자신을 확인하기 위한 도구가 아니다. 역설적으로 나와 관계 맺는 '타자'로 인해서, 나는 나의 이해의 범주 안으로 포섭될 수 없는 '타자'를 확인하고, '타자'와 나 사이의 절대적인 거리를 확인한다. 이렇게 함으로써, 그를 포섭하려는 나의 합리성과 이성적 사유는 의심에 부쳐진다.

레비나스에게서 에고이즘적 운동은 중립적인 사태다. 오히려 에고이즘적 운동은, 포섭될 수 없는 '타자'에 의해 틀어지고 휘어진다는 것을 내 앞에 현현하는 타자로 인해서 나는 끊임없이 경험한다. 이러한 사실을 인식할 때, 에고이즘적 운동은 '자기-강화'가 아닌, '자기-부정'의 계기를 끊임없이 우리에게 제공하고 있다고 할 수 있겠다.

---

8) 에마뉘엘 레비나스, 위의 책, 2018, p71.

절대적인 분리로 인해서, 전체성으로 환원되지 않는 초월자와 존재자의 관계가 종교라는 그의 생각은, '타자에게 빚지고 있는 존재자'와 '타자를 자신의 이해의 틀로 환원할 수 없는 존재자'를 전제하고 있다고 할 수 있다. 하여 존재자는 불현 듯 등장하는 타자를 자신의 유한한 사고 내로 환원할 권리가 없다. 그의 에고이즘적 사태는 끊임없이 그에게 '자기-부정'의 계기를, 즉 자기를 변화시켜야만 하는 숙명을 재확인시켜주는 것이다.

결과적으로 그의 종교는, 에고이즘의 자기-확장적 성격을, 끊임없는 자기-부정의 운동으로 설정하고, 실행을 촉구하고 있다고 할 수 있다.

III. 마조리 수하키의 인간 실존의 이해

평화의 가능성을 모색하기 위해, 인간에 주목함으로써 시작하고자 했다. 레비나스의 종교 이해를 통해 알 수 있는 인간은, 1) 초월자와의 관계에 있어 '절대적으로 분리된 사태'에 놓여서, 초월자를 자기의 전체성으로 환원할 수 없는 위치에 놓여있다. 따라서 2) '매일 새로운 사건과 낯섦에로 개방된,' 즉 '절대적인 이질성의 침입'에 저항할 수 없는 상태 속에서 '환대'할 수밖에 없는 인간을 상상하게 한다. 과정신학은, 위에서 살펴 본 레비나스의 종교적 인간을 제시할 수 있는 가능성을 품고 있다고 할 수 있다. 특히 창발 개념을 통해 본 인간에서 발견될 수 있다.

과정신학에서 세계의 근거는 불변하는 실재에 있지 않으며, 오히려 끊임없는 창조의 과정을 수행한다. 그리고 세계는 홀로 창조의 과정을 수행할 수 없다. 왜냐하면 운동의 방향을 제시해주는 최초의 지향이 필요하기 때문이다.9) 하느님은 세계 운동의 최초의 지향으로서, 방향성을 제시함으로써 끊임없이 세계의 변화과정에 개입한다. 즉, 초월적 존재와 물질 세계가 상호 작용하면서, 새로운 미래를 만들어내는 것이 과정신학에서 말하는 창조다. 따라서 과정신학은 무로부터의 창조를 받아들이지 않는다.

> "과정 신학은 무로부터의 창조(creatio ex nihilo) 개념을 거부한다."10)

무로부터의 창조는, "하느님을 절대적인 통제자로 보는 학설의 핵심"이기 때문이라고 그리핀은 말한다.11) 하느님을 "절대적인 통제자"로 보는 것은, 세계의 근거를 불변하는 실재로 고정함으로써, 화이트헤드가 제시하는 "설득적"인 하느님의 영향력과 모순되기 때문이다. 그는 "대신에, 과정 신학은 혼돈으로부터의 창조 학설"을 주장한다고 말한다.

이 학설에 따르면, 최초의 "절대적인 혼돈의 상태"는 "마구잡이식으로 발생하는 매우 낮은 등급의 현실적 계기들만이 존재하는 상태"였을 것이며, 그리고 이러한 계기들의 연속은, "동일한 특성"들을 전달하며 "존속하는 개체"로써, "오랜 시간을 통해 개별적 동일성을 유지"하게 된다는 것이다. 이런 방식으로 세계는 "현실적 계기들"의 연속으로 이뤄진 "개별적 동일성"을 유지함으로써 출발하는

---

9) 존 B. 캅, 데이빗 R. 그리핀, 『캅과 그리핀의 과정신학』, 이경호 역, 이문, 2012, p66.
10) 존 B. 캅, 데이빗 R. 그리핀, 위의 책, 2012, p100.
11) 존 B. 캅, 데이빗 R. 그리핀, 위의 책, 2012, p100.

것이라고 할 수 있다.12)

이러한 창조는 화이트헤드의 유기체 철학과 관련되어 있다. 화이트헤드는 "사물이 '사건'으로서 존재하고 유기체적으로 상호의존하는 관계방식을 갖는다."고 말한다.13) 근대의 실체론적 사고방식을 극복하기 위해 화이트헤드는, 세계를 '사건'으로 바라보았던 것이다. 여기서 '사건'은 실체의 이차적인 활동으로써 '운동'이 아니다. 김희헌은 이렇게 말한다.

> 실체론에서 사건은 물질의 '운동(motion)'으로 이해된다. 이 때 존재의 우선성은 물질(being)에 있고, 운동은 거기서 파생한 이차적인 활동 즉, 공간에서 접촉하는 외적 관계의 파생적 현상일 뿐이다. 화이트헤드는 이 관계를 역전시킨다. [중략] 화이트헤드의 존재론에서 가장 미시적 단위인 '현실적 계기'가 "단 하나의 구성원을 지닌 사건의 제한된 유형"이라면, 이 "현실적 계기들의 결합체"에 관한 일반적 서술용어가 '사건'이다.14)

화이트헤드에게서 세계의 근원은 불변하는 실재가 아니라, 계기에서 계기로 이어지는 '존속하는 개체'이다. 그리고 이것이 곧 '사건'인 것이다. 화이트헤드의 이론은, 세계의 근원에 "절대적인 통제자"가 없는 창조를 가능하게 하였다. '실체'가 아니라 '사건'을 근원에 배치시킴으로써 말이다.

그러나, 이처럼 창조를 다르게 이해하는 과정 신학의 관점은, 무로부터의 창조 개념이 주는 통찰을 간과할 위험이 있다. 무로부터의

12) 존 B. 캅, 데이빗 R. 그리핀, 위의 책, 2012, pp100-101.
13) 김희헌, 『민중신학과 범재신론』, 너의오월, 2014, p130
14) 김희헌, 위의 책, 2014, p132.

창조가 지닌 은유적 통찰은, 전체성으로 환원 불가능한 존재의 출현, 즉 타자가 출현할 수 있는 틈새를 이 세계 가운데 위치해두는 것을 의미한다고도 볼 수 있다. 무로부터의 창조는 강력하고도 식민적인 관계를 긍정하는 것이 아니라, 제국의 방식을 허무는 강력한 메타포이기도 한 셈이다.

하지만, 과정 신학에서 드러나는 창조론에서는 이러한 전복적인 가능성을 찾아볼 수 없는 것처럼 보여서 매우 아쉽게 느껴진다. 이처럼 약화된 창조론에도 불구하고, 과정 신학에서 긍정적으로 볼 수 있는 지점이 있는데, 바로 매순간 시공간으로 파고드는 하느님의 개입과 개입에 응답해야만 하는 인간 실존 방식을 열어두었다는 것이다.

과거-현재-미래라는 시간 안에서 살아가는 인간은 끊임없는 변화 속에 운명적으로 놓여있다. 인간은 과거의 기억과 씨름하고, 그것을 해석하며 미래로 전진한다. 마조리 H. 수하키는, 기억이 인간이 자기를 인식할 때에 제일 근본적인 역할을 하며, 나아가 자기를 변화시킬 수 있는 기반으로써 존재한다고 주장한다.[15] 즉, 그녀는 창발 개념을 자의식 안으로 적용함으로써, 인간이 변화할 수 있는 가능성, 혹은 '자기-초월성'의 근본적인 역할을 하는 것이 곧 과거의 사건들을 토대로 구성된 기억이라고 주장하는 것이다.

이처럼 '기억'을 인간의 근본으로 보는 시각은, 전통적인 인간에 대한 신학적인 관점을 넘어선다. 하느님의 형상으로 창조되었기 때문에, 피조세계에서 우월성을 지닌 인간은, 그 근본을 하느님이라

---

15) 마조리 H. 수하키, 『폭력에로의 타락』, 김희헌 역, 동연, 2011, p67.

는 초월적 대상으로부터 문화적이고, 사회적으로 구성된 '기억'으로 옮겨두게 된다. 이러한 생각에 따르면, 인간은 결코 이데아에 불변하는 실체를 둔 존재가 될 수 없다. 아래에 수하키의 말을 옮겨본다.

> 초월적 자아는 자신의 과거에 응하여 그 과거로부터 창발(emergence)한다. 그 새로 창발한 자아는 따라서 역사성을 지닌 자아로서, 자신이 초월한 바로 그 과거에 의해 이미 주조된 자아이다. 그러나 이것이 지속적인 과정이라는 한에서, 자아의 시간적 본성은 마치 하상(河床)에서 계속하여 형성되는 침강(沈降)처럼 지속적인 층들을 만들어낸다. … 자아는 역사적으로 구성된다.16)

수하키는 인간에게 고유하고도 숭고한 자리를 내어주지 않는다. 인간은, 세계와 더불어 자기초월적 변화의 과정을 끊임없이 수행하는 존재인 것이다. 이 지점에서 질문하고 넘어가야할 부분이 있다. 인간의 삶은 변증법적 과정 속에서 끊임없이 합을 향해 나아가는 기계적 진보의 부속품에 불과한가? 라는 질문이다. 자기 기반을 마련해주는 기억은, 그저 미래를 향한 계기로 전락함으로써, 개인의 고유성은 상실되는가? 과거는 미래를 위한 자연스러운 계기일 뿐인가? 이렇게 단순하게 보기에 삶은 너무나도 복잡하고 다층적이다. 만약 과거가 진보를 위한 계기에 불과하다면, 인간의 삶에 개입하는 하느님의 타자성은 변증법적 계기 속에서 포착되고 말 것이다. 여기서, 하느님의 타자성은 인간의 정―반―합이라는 논리적 전체성에 포획됨으로써, 진정한 의미의 '타자성'이 상실되거나, 아니면 절대정신으로 환원되어 하부 논리들을 정당화해주는 근거로 전락

---

16) 마조리 H. 수하키, 위의 책, 2011, p69.

해버릴 것이다. 하지만 수하키는 이러한 방식으로 '과거'와 '기억'을 이해하지 않는다.

　그녀는, "우리는 과거에 의해 조건지어지지만, 그것에 의해 제한되지는 않는다."라고 말한다.17) 과거는 단순히 미래를 위한 계기라기보다는, 타자성을 향해 개방된 기반으로써 존재한다, 라고 보는 것은 너무 멀리 나가는 것일까. 자아는 역사적으로 구성됨과 동시에 "제한되지 않는다."라는 것은 예측할 수 없는 타자성에로 열려있다는 의미로 보는 것도 나쁘진 않을 것이다.

　또한, 위에서 인용한 수하키의 말, "자신의 과거에 응하여 그 과거로부터 창발한다."는 것은 무엇을 의미할까. 만약 그것이 '지금보다 더 나은 장소'를 지시한다면, 하느님의 타자성은 기계적 진보라는 개념 속으로 휘말려 들어가 버리고 말 것이다. 그러나, 그것이 순수하게 '나의 기억'과 '정당하다고 여겨지는 나의 기반'을 '재고하거나 새롭게 바라보는 것'을 의미한다면, 창발은 현재 내가 딛고 선 기반을 의문에 부침으로써 시작될 것이다.

　비록 과정 신학은 이 부분에 대해서 명료하게 얘기하지 않는다. 단지 지속적인 변증적 과정에 주목함으로써 인간의 자기 초월 가능성을 논증하는 것처럼 보일 뿐이다. 사실, 화이트헤드의 기획은 "만족스러운 우주론"을 제시하기 위한 존재론적인 작업이었다.

　　화이트헤드가 자신의 사건 개념으로 의도했던 것은 "만족스러운 우주론" 즉, "작용인과 목적인의 상호융합"을 통해서 세계를 설명하는 것이었다.18)

---

17) 마조리 H. 수하키, 2011, p70.
18) 김희헌, 위의 책, 2014, p134.

필자는 이러한 존재론적인 작업에서 멈추지 말고, 타자를 향함으로써 나 자신을 허물 수 있는 용기를 요청하는 인간의 실존 방식을 특정하여 주장하는 데까지 밀고 나가야 한다고 믿는다. 수하키는 이렇게 말한다.

> "우리는 "자기-폐쇄적(self-contained)"이지 않다. 우리는 본질적으로 각각 개방된 자아이며, 무한과 접촉한 세계 속에 개입되어 있다."[19]

자아에게 다가오는 세계, 곧 자아와 관계하는 세계는 "무한과 접촉한 세계"이다. 유한한 자기의 기반을 의문에 부치게 만드는 '무엇'이 인간 개개인에게 다가오고 있으며, 인간은 그것을 향해 개방되어 있는 것이라는 것이다.

수하키가 제시하는 인간은, 세계와 관계 맺고 있는 하느님, 즉 유한한 세계로 도래하는 초월자로부터 피할 수 없는 숙명 속에 놓여 있다. 그리고 초월자는 결코 형이상학적 차원에서 머물지 않고, 지금 현재의 나의 앞에 출현한다.

만약, 창발의 계기가 '나의 기억'과 꾸준히 정당성을 확보해온 '나의 기반'을 의문에 부친다면, 그 '무한'은 지금 나의 기반을 문제 삼으며 변화를 요청할 것이다. 하지만 수하키가 인간에 적용시킨 창발이 단지 인간의 자기-초월성을 설명하기 위해 도입된 개념일 뿐이라면, 그것은 '과정'에 근거를 둔 인간에 대한 존재론적인 설명에 지나지 않을 것이다.

---

19) 김희헌, 위의 책, 2014, pp71-72.

필자는, '무한'은 반드시 지금껏 고착된 나의 기반을 의문에 부치게 한다고 주장하기 위해, 레비나스로 돌아갈 것이다. 내 앞에 도래하는 초월자는, 레비나스에 의하면, 고아와 과부와 나그네이다.

　　그(초월자)의 에피파니 자체는 낯선 이, 고아, 과부의 얼굴 속에서 그의 비참함을 통해 우리에게 간청하는 데 있다.[20]

무한은, 유한한 세계 속에서 "낯선 이, 고아, 과부"의 얼굴 속에서 도래한다. '무한'이 나에게 도래하는 매개는 타자의 얼굴인 것이다. 이처럼 구체적으로 무한이 도래하는 자리를 특정하여 언급하는 것에 대해 레비나스는 다음과 같이 말한다.

　　초월적인 것을 낯선 자와 가난한 자로 놓는 것은, 신과 맺는 형이상학적 관계가 인간과 사물들에 대한 무지 속에서 이룩되는 것을 막는 것이다. 신적인 것의 차원은 인간의 얼굴로부터 열린다. 초월적인 것과의 관계－그렇지만 초월적인 것의 모든 지배력으로부터 자유로운－관계는 사회적 관계다. 무한히 다른 이(infiniment Autre)인 초월적인 것이 우리에게 간청하고 우리에게 호소하는 곳은 바로 여기다.[21]

세계에 존재하는 나와 다른 수많은 타자들에 대한 무지 속에서 신과 맺는 형이상학적 관계를 현실 속에서 존재하는 미약한 존재자들과의 관계로 위치시키면서, 홀로코스트의 악몽이 레비나스의 마음속을 스쳐지나가진 않았을까. 그가 제시하는 '무한'은, 결코 인간 실존의 존재론적 설명에서 그치지 않는다. 그는 "신적인 것의 차원은

20) 에마뉘엘 레비나스, 위의 책, 2018, p104.
21) 에마뉘엘 레비나스, 위의 책, 2018, p104.

인간의 얼굴로부터 열린다"라고 말함으로써, 초월의 영역을 "사회적 관계" 속에서 발견하려고 한다. 그리고 그 '무한'은 결코 제국의 방식이 아니다. 제국의 방식과는 '다르게' 나에게 다가오며, 나보다 연약한 존재자들, '이웃의 범주 바깥에' 존재하는 타인들, 때로는 나를 위협할 것만 같은 이방인들의 얼굴을 통해서 나에게 다가온다. 그리고 그들의 얼굴들은 나에게 윤리적인 행동을 요청한다.

레비나스는 그 얼굴 속에서 나타나는 일차적이고도 근원적인 메시지는 "너는 나를 살인하지 말라."라는 명령이라고 말한다. 타자와의 관계 속에서 나는 타자를 나의 이해 범주 안으로 환원하길 시도한다. 달리 말해서, 타자의 타자성을 죽이길 시도하는 것이다. 이때 타자는 나에게 이렇게 말한다. "나는 절대로 네 안에서 발견될 수 없다."라고 말이다. 나에 의해 환원될 수밖에 없는 미약한 타자는, 나에게 윤리적인 행위를 요청함으로써, 나 자신이 기획하고 실행해 왔던 혹은 지금 실행하려고 하는 전체화 작업을 방해하는 것이다.

다시 수하키로 돌아가보자. 그녀가 제시한 '개방된 자아'가 의미하는 바는, 하느님을 향해 개방된, 즉 "타자에게 개방된 주체"라는 인간 이미지를 제공한다. 따라서 이러한 주체는 자기의 손으로 막을 수 없는 '타자의 도래' 라는 숙명 앞에 놓여있다.

그리고 그 타자들은, 지극히 미약한 타자들로서, 그들의 얼굴은 '나와는 전적인 다름'이며, '나의 경계를 위협하는 차이'이고, '나와는 결코 섞일 수 없는 이질성'이다. 이러한 얼굴들을 나는 결코 나의 체계로 환원할 수 없으며, 오히려 나의 기반을 허물어야 한다. 수하키가 창발 개념을 통해서 바라본 하느님을 향해 개방된 실존 방식을 취하는 인간은, 레비나스가 제시한 '무한'을 통해서 그 의미가 더욱 구체화된다.

역설적으로, 평화는 나의 안정적인 기반을 위협하는 타자의 도래 혹은 침입을 향해 열려있고, 거기에 응답할 수 있는 인간을 통해서 시작되지 않을까. 타자를 전체성으로 환원함으로써 만드는 획일화된 평화가 아닌, 미약한 타자들의 얼굴 앞에서 나 자신을 허물 수 있는 용기를 통해서 만드는 비폭력적인 평화 말이다. 손으로 막을 수도 없고, 저항할 수도 없는 타자의 도래에 응답할 수 있는 자세로 열려있을 때, '평화'는 가능해질 것이다. 나의 손에 들려있는 총과 칼을 내려놓음으로써 말이다.

'전적인 차이'에 대한 개방과 숙연함. 여기에서 멈추지 않고 나아가서, 이 계기를 '자기의 변화'의 계기로 수용함으로써, 새로운 미래를 구성하는 '창발'로 나아가는 것. 여기에서 평화의 가능성을 찾아야하지 않을까.

Ⅳ. 결론: 미약한 타자의 도래 앞에 선 인간 주체와 평화

전 지구적 코로나19 팬데믹 상황에서, 근본주의적인 기독교 집단의 행동을 보면서, 참담한 심정을 감출 수 없다. 그들은, 자신들의 이데올로기를 어떻게 해서든-심지어 그것이 폭력적인 방법이라고 할지라도- 관철시키려는 태도로 존재감을 드러내기도 한다. 이와 관련해서 볼프는 다음과 같이 말한다.

> 종교적 상징이 사람들의 상상력을 사로잡는 한, 사회가 갈등에 압도당하는 한, 사람들은 자신들의 갈등에 종교적 상징을 끌어들이고 그것을 자신들의 전쟁에서 무기로 활용하려 할 것이다.22)

  종교적 상징들은 너무나도 쉽게 이데올로기를 위한 도구로 활용된다. 정치, 경제, 문화와 상호작용하면서 그 상징들이 이현령비현령식으로 재해석되고 초월에 근거한 정당한 기반을 확보하는 것이다. 그리고 이 기반으로부터 자기인식을 확보하는 자들은, 자신들의 이데올로기를 관철시키고자 타자에 대해서 분명하게 경계선을 긋거나, 성벽을 쌓아올린다. '열정'은 이내 '폭력'으로 드러나며, 자신과 다른 입장의 타자들을 향한 혐오감에 휩싸인다. 결국에 드러나는 이들의 적대행위는 명분 없는 폭력이 아닌 성전(聖戰)이다. 순수한 진리를 향한 열정이 순수하지 못한 것들을 제거하는 거룩한 전쟁인 것이다.

  상술한 것처럼 에고이즘적 종교 현상은 보편적인 것이기 때문에, 근본주의적인 기독교 집단의 기저에도 동일하게 자기-확장적 성격이 흐르고 있다. 그러나 문제는 그것이 과잉되어 폭력적인 방법으로 표현되는 데에 아무런 죄의식이 없다는 사실이다.

  신정 통치를 꿈꾸며 폭력을 정당화하는 것을 과연 신의 뜻이라고 할 수 있겠는가? 엄밀히 말해서, 신적인 권위, 즉 '초월자'에 근거한 그들의 이데올로기는, 현실 속에서 자신들의 왕국을 건설하고자 하는 욕망에 지나지 않는 것이 아닌가?

  폭력적인 현상들을 막기 위해서, 무한을 향한 '욕망'이 잘못된 것이라고 꼬집는 것으로는 불가능하다. 그들의 폭력성을 야만으로 치부하면서 선을 긋는 것으로 해결될 수 있다면, 세계 내 폭력은 이미 사라지고 없어졌어야 했다. 그러나 우리는 지속적으로 평화를 위협

---

22) 미로슬라브 볼프, 위의 책, 2012, p451.

하는 폭력적인 세계 속에서 살아가고 있다. 너무나도 쉽게 종교적 상징들은 한 문화의 이데올로기로 편입되고, 최종적인 목표를 향해 물불가리지 않고 달려가게 한다. 김경재는 이렇게 말한다.

> 종교적 진리는 객관적이고 과학적인 진리라기보다는 인격적 또는 실존 체험적 진리이기 때문에, 종교적 진리는 그 사람에게 애정과 헌신이 동반되는 '열정'을 일으킨다. [중략] 이론으로서가 아니라 실존적 진지성을 가지고 신앙에 참여하는 종교인이라면, 정도의 차이는 있겠지만, 누구든지 자기가 귀의하는 종교가 지닌 진리의 '궁극성'에 대한 확신과 신념을 지니게 마련이다. 사실 '마음과 뜻과 성품을 다하는' 책임적 헌신(commitment)이 동반되지 아니한 신앙은 살아있는 역동적 신앙이라고 할 수도 없다.[23]

김경재는 종교적 진리를 향해 일어나는 '열정'이라는 현상을 긍정한다. 이러한 '열정'은 결코 합리적이지 않다. 법칙에 잘 부합하는 규칙들, 상식들이 일으키는 것은 '열정'이 아니다. 그것들은 동의 혹은 그 반대의 태도를 가능하게 하고, 이러한 태도들을 조율한다. 그러나 신앙은 신비적인 요소들을 분명히 포함하고 있으며, 이것을 향한 '열정'을 동반하는 것은 사실이다.

레비나스를 통해서도 보았듯이, 무한을 유한으로 환원하려는 '욕망'은 자연스러운 현상이다. '욕망'은 '열정'을 불러일으키며, 이 '열정'은 상반되는 두 가지 현상으로 발전하는 것처럼 보인다. 하나는 무한은 결코 인간에 의해 포섭될 수 없기 때문에, 과거에 설립된 체계들—무한에 의해 보증된 도그마들—을 향한 성찰이며, 또 다른 하

---

23) 김경재, 『이름 없는 하느님』, 삼인, 2002, p11.

나는 유한한 세계로 환원된 무한을 붙들고, 자기를 더욱 강화시키는 현상이다.

대체로 폭력적인 종교 간 갈등과 사회, 정치적 갈등 속으로 환원된 종교적 유비들은 후자를 따른다고 할 수 있다. 따라서 문제는 '무한'을 향한 에고이즘적인 욕망이 아니다. 우리는 전자의 현상으로 나아가야 하며, 각각의 종교 전통에서 그 길을 모색해야만 한다.

후자에 속하는 종교 이해는, 앞에서 살펴본 바 레비나스의 생각과 분명한 차이가 있다. 초월자는 결코 유한한 존재자에 의해 환원될 수 없으며, 거스를 수 없는 '거리'와 '분리'를 두고 관계를 맺고 있다는 것이 레비나스의 생각이었다. 이런 생각에 따르면 신적인 권위는 현실 세계 내에서 '자기' 혹은 '자기 집단'의 강화를 위해 환원될 수 없다. 오히려, 그것은 언제나 '나'를 의문에 부치게 하는 권위인 것이다. 인간의 이성과 체계에 의해 포착될 수 없는 초월자가 포착될 수 있다고 믿는다면, 그것은 유한 속에서 인간에 의해 상상된 초월일 뿐이다.

단지 초월자는 '나'를 의문에 부치게 하고, '저편에', '여기와는 다르게'를 상상할 것을 요청한다. '고아와 과부와 나그네'를 통해서 말이다. "살인하지 말라"고 외치는 타자의 얼굴 앞에서, 나는 내 시선이 가닿고 있는 그를 나의 동일성으로 환원하길 포기한다. 이렇게 대상을 나의 동일성으로 환원하여 향유할 수 있는 나의 자유는 방해받는다. 타자의 강함이 나를 위협하기 때문이 아니라, 그의 약함이 나의 자유를 의문에 부치는 것이다.

폭력을 정당화하는 초월자의 권위는 에고이즘의 확장을 위한 달콤한 유혹일 뿐이다. 달리 말해, 진리를 확정함으로써 경계를 분명하게 설정하는 것을 종교라고 할 수 없다는 것이다. 종교는 자기 자신의 향유의 정당성을 위해 초월자를 자신의 동일성으로 환원하는 것을 허락하지 않는다. 하여 종교는 끊임없는 '자기-부정'과 '자기-변화'라는 수행을 요구한다고 할 수 있다.

이러한 레비나스의 종교 이해는, 수하키의 인간 실존 방식에 방향성을 구체적으로 지시해준다. 나의 주장은, '도래하는 타자성'에 개방된 그녀의 인간 실존 방식에 관한 이해가 단순히 창발적 계기를 거치며 꾸준히 변화해 가는 인간이라기보다는, 매순간 미약한 타자들의 얼굴을 통해서 화육하는 '무한' 앞에 선 인간이라는 것이다. 그리고 타자의 얼굴의 호소야 말로, 나의 자기-기반을 의문에 부치는 진정한 계기가 된다는 것이다. 자기-기반을 의문에 부치는 것은 타자에 대한 무지 위에 선 실존적 죄의식이 아니다. 그것은 "낯선 이, 고아, 과부"의 얼굴을 통해서, 즉 사회적인 관계 속에서 나에게 다가오는 "너는 살인하지 말라."라는 호소이자 명령이다. 이러한 인간 이미지가 칼과 권력에 의한 위로부터의 평화가 아닌, 아래로부터의 비폭력적인 평화를 위한 첫 걸음이 될 것, 이라고 생각하는 것은 너무 소박한 시각일 뿐인가? 하지만 우리 사회는 이것조차도 시작하지 못하고 있지 않은가? '미약한 타자의 얼굴'은 언제나 착취의 대상으로 가장 적합하지 않은가? '미약한 타자들'은 언제나 나의 도구로 전락하지 않는가?

평화의 시작은 인간이 참된 종교적 주체로 설 때, 비로소 가능해지지 않을까. 타자의 도래를 무관심한 태도가 아니라, 그 미약한 얼굴들의 명령에 적극적으로 '나를 내어줌'으로써 개별 존재자는 변화한다. 그리고 이 때 필요한 것은, 끊임없이 안정성을 확보해주는 자기의 기반을 허물 수 있는 용기이다. 내 삶에 항상 계시되는 타자성을 환대할 용기가 필요하다는 것이다.

　레비나스의 '종교'에 관한 이해가 제시하는 관계는 사람과 사람 사이에, 나아가 사람과 자연 사이에 '평화'를 가능하게 한다. 완전히 자기를 허물 수 있는, 기독교적 용어로 철저하게 자기-비하적인 평화를 이룩할 수 있는 토대를 제공해주는 것이다. 따라서 여기에서 시도될 수 있는 '평화'는 이상적 유토피아를 꿈꾸며 설립하는 또 다른 것이 아닌, 지금 나의 기반을 부정함으로써, 즉 나의 전체성에 틈을 냄으로써 전망하는 여기로부터의 '평화'인 셈이라고 할 수 있다.

〈 참고문헌 〉

김경재, 『이름 없는 하느님』, 삼인, 2002.

김희헌, 『민중신학과 범재신론』, 너의오월, 2014.

마조리 H. 수하키, 『폭력에로의 타락』, 김희헌 역, 동연, 2011.

미로슬라브 볼프, 『배제와 포용』, 박세혁 역, IVP, 2012.

존 B. 캅, 데이빗 R. 그리핀, 『캅과 그리핀의 과정신학』, 이경호 역, 이문, 2012.

에마뉘엘 레비나스, 『전체성과 무한: 외재성에 대한 에세이』, 김도형 외 역, 그린비, 2018.

내재된 폭력, 대한민국에서의
일상화된 국가폭력을 논하다.

김 연 정

내재된 폭력, 대한민국에서의 일상화된 국가폭력을 논하다.

김 연 정

Ⅰ. 들어가는 말

　인간의 삶에서 갈등은 개인과, 집단, 사회와 종교, 국가 및 세계 등 다양한 수준에서 끊임없이 발생되어 왔으며, 오랜 역사 속에서 갈등을 해결하는 주된 방법으로 전쟁과 폭력을 사용해 왔음을 잘 알려진 일이다. 그렇다면 이러한 전쟁과 폭력은 인간의 본성에서부터 비롯되는 산물인가? 아니면 사회 구조의 문제인가?

　1986년 5월 16일 스페인 세비야에서 발표된 '폭력에 관한 선언'에서는 "전쟁과 폭력은 인간의 동물적 근성이나 유전적 요인에서 유래하는 것이 아니며, 우성학적 공격성이나 폭력적 두뇌조직과 본능의 산물이 아니다"라고 공포하며 "전쟁이나 각종 폭력행동이 인간본성에 유전적으로 프로그램화 된 것 이라고 말하는 것은 과학적으로 부정확하다" 고 밝혔다.1) 즉 폭력의 요인은 인간 내부의 속성에

---

1) "평화 멀지만 가야할 일", 아태교육원, 자료(2004)
http://www.unescoapceiu.org/bbs/files/pdf/2004/040228_EIU_livin
gtogether_C04_p090-119.pdf

한정되는 것이 아닌 어떤 집단과 환경 또는 특정의 사회 구조 속에서 어떻게 상호작용하는지에 따라서도 달라짐을 시사한다.

이러한 관점은 평화학의 창시자라고 할 수 있는 노르웨이 출신의 사회학자 갈퉁이 제시한 이론에도 잘 나타나 있다. 그는 개인과 개인 사이에 자행되는 신체적·정신적 활동을 훼손 또는 위해를 가하는 개인적 폭력 외에도 경제적 착취나 정치적 억압과 같은 사회구조에 내재되어 있는 구조적 폭력, 개인적 구조적 폭력을 모두 포함하는 상징폭력 즉, 문화적 폭력을 모두 폭력행위로 규정하고 있다. 갈퉁의 주장대로, 평화의 반대는 단지 전쟁이 없는 상태가 아니라면, 온전한 폭력 없는 상태를 평화라 규정할 수 있을 것이다. 그러나 현실적으로 위와 같은 완벽한 폭력이 존재하지 않는 사회는 도래하기 어렵다고 할 수 있다. 따라서, 평화를 이야기함에 있어 가장 선행되어야 할 것은 평화의 조건의 필수 조건인 폭력을 우리가 어떻게 마주하고 인식하며, 해석할 것인가 하는 것이다.

한나 아렌트가'폭력의 세기'로 지칭할 만큼 지난 20세기는 양차 세계대전과, 한국전쟁, 베트남전쟁 등 크고 작은 전쟁들과 오랜 냉전 시대를 거치며, 지속적인 폭력들로 인류는 고통을 받아왔다. 그럼에도 불구하고 세계 곳곳에서는 여전히 종족, 인종, 종교 등 수많은 이슈와 갈등으로 생명과 자유가 훼손되는 극한의 폭력상황들을 마주하고 있으며, 전쟁과 일상이 공존하는 시대에 우리는 살고 있다.

특히 우리나라와 같이 일제식민지를 거쳐 한국전쟁이라는 크나큰 전쟁의 경험과 군사정권하에서의 오랜 통제와 감시는 일상화된 폭력이 사회 구조와 개인들에게 깊숙이 내재되어 있음을 보여준다.

서구 유럽과는 달리 단시간 내의 경제발전과 민주주의로의 전환 등의 크나큰 사회변동은 또한 많은 갈등과 폭력을 야기 시키는 다양한 조건들을 형성한다. 특히 비슷한 전쟁의 경험을 가진 세계 여러 나라에서는 보편적인 국가폭력의 양상을 보이지만 한국전쟁 이후 서로 다른 이념 체제를 유지하는 정전상태에서의 대한민국 국가폭력은 그 형태나 강도에 있어서 특수한 역사·사회적 맥락을 가진다.

따라서 본 연구에서는 폭력에 대한 전반적 개념과 학자들의 주장을 살펴보고, 특히 한국의 역사·사회적 환경에 따라 지속적으로 변화되어온 국가폭력에 그 초점을 맞추어서 어떤 특성을 갖고 어떻게 변화되어 왔는지 분석하고, 미래에 어떤 방식으로 대처하고 마주해야 하는지를 이야기 하고자 한다.

II. 국가 폭력의 일반적 개념 및 정의

1. 폭력의 개념 및 이론

표준국어대사전에서 폭력(暴力)의 사전적 의미는 '남을 거칠고 사납게 제압할 때에 쓰는, 주먹이나 발 또는 몽둥이 따위의 수단이나 힘'을 뜻하며 위키피디아[2])에서는 폭력을 '신체적인 손상을 가져오고, 정신적·심리적인 압박을 가하는 물리적인 강제력'이라고 정의한다. 또한 법률상에서의 정의는 '다른 사람에게 상해를 입히거나 협박을 하는 등의 행위와 함께 다른 사람을 감금하는 행위, 주거에 침입하는 행위, 기물의 파손 등에 대해서도 폭력이라 표현하기도 한다.

---

2) https://ko.wikipedia.org/wiki/%ED%8F%AD%EB%A0%A5

영어에서의 폭력, 즉 'violence'는 라틴어'violentia'에서 유래하며 단어의 어원인 'vis'는 힘을 의미하는 그리스어 'bis'에 그 근원을 두고 있다. 따라서 'violentia'는 큰 힘, 과도한 힘, 억압 혹은 강제를 뜻한다.

고대역사에서는 오랫동안 폭력을 인간본질적 속성으로 여겼으며, 폭력적 존재인 인간을 불가피한 본질로 환원시켜 인간의 내적 속성으로 일반화 시켜왔다. 플라톤은 폭력은 직접적으로 드러나는 현상이 아닌 대부분 간접적으로 드러나는'무엇에 대한 반대'가 폭력이라고 규정하면서, 국가라는 하나의 전체로서의 질서가 있고, 이 질서에서 이탈하거나 저항하는 것을 폭력으로 정의[3]했다. 군주론으로 유명한 마키아벨리는 폭력은 신군주의 권력의 근본수단이며, 국가의 토대가 법과 무력이지만 법보다는 무력을 중요하게 여긴다. 이러한 신군주의 권력 행사는 곧 폭력의 행사라고 이야기 한다.[4] 홉스는 자연 상태 자체를 그 유명한'만인에 대한 만인의 투쟁'으로 설명하며 자연 상태에서 인간의 존재는 폭력상태에 노출되어 있으며, '폭력적인 죽음에 대한 공포'가 지배하기 때문에 자기보존이라는 존재의 궁극적 목적을 달성하는데 가장 큰 위협적인 상황[5]이라고 정의했다.

고대사회에서는 폭력의 개념을 개인의 본성에 바탕을 둔 매우 가치중립적인 것으로 보았다면 근대의 폭력의 개념은 사회적 관계 안에서 발생되는 것으로 정의하며 법적, 정치적, 사회 구조적 범주 안에서 사회학적 분석이 가능한 것으로 여겨왔다. 또한 근대국가가

---

3) 김상기(2008), p60
4) 김영선(2006), pp164-165
5) 김용환(2006), p181

형성되면서 폭력의 성격은 다양하게 규명되고 정의되어 왔는데 근대국가의 형성 및 전환에서 폭력은 매우 중심적인 역할을 담당해왔고, 안정과 질서를 일상적으로 유지하는 것과 폭력의 분출은 실상 동전의 양면을 이루고 있었다.6)

　서구의 산업혁명 이후, 초기 자본주의 형태에서 나타난 사회 혁명적 힘으로서의 폭력 개념은 소위 자본가와 노동자 계급간에 발생하는 억압·착취의 관계 구조에서부터 비롯되었다. 칼 마르크스(Karl Marx)에게 있어 재산(자본)은 어떤 경우에도 일종의 폭력으로 산정하였다. 폭력은 계급사회에서 소유가 불공평하게 분배되고 생산수단의 소유자와 노동자가 대립되어 있는 곳에서 일어난다고 보았으며, 자본가 계급을 무너뜨리고 공산주의 사회가 도래하게 할 수 있는 혁명적 수단으로 인식했다.7) 이후 마르크스주의자들은 폭력을 하나의 사회적 사실 혹은 과정으로 인식할 수 있는 기초들을 제공했는데 생산수단의 소유로 인한 경제적 잉여가치의 착취로 대변되는 계급지배의 폭력성을 밝힘으로서 자본주의와 폭력이라는 관계를 인식하게 만들었다.

　폭력에 대한 보다 적극적 논의는 양차 세계대전과 소련의 국가사회주의체제 등이 야기한 홀로코스트, 제노사이드에 대한 반성과 문제제기로부터 시작되었다. "폭력이란 무엇이며 어떻게 봐야 하는가?"에 대한 근본적 성찰과 반성이 폭력을 추동하는 보다 세분화되고 유형화된 이론들을 발전하게 했다.

　조르주 소렐(Georges Sorel)은 앞서 살펴본 물리적 위해를 가하는 힘으로써의 폭력 개념을 사회학적 맥락으로 새롭게 조명한 학자라

---

6) 김상기,(2008) pp65-66
7) Ibid., p.72

할 수 있다. 소렐에게 있어 마르크스주의적인 맥락에서의 폭력은 노동자 계급이 자본가를 해체하기 위한 혁명적 힘으로서의 정치적 수단의 개념이었으며, 그는 폭력을 기존의 지배세력이 행사하는 체제적, 억압적 폭력 뿐 아니라 지배 권력에 반하거나 생존을 위한 방어적 저항과 같은 반체제, 반역적 폭력을 구분하여 설명하고 있다.8)

발터 벤야민(Walter Benjamin)은 유태계 독일인으로 폭력에 있어서 역사적·실존적 문제에 천착한 인물이다. 그는 「폭력 비판을 위하여」 라는 논문을 통해서 자연법주의와 법실증주의의 맥락에서 상반된 폭력의 형태를 제시하는데, 하나는 법정립적 폭력이며, 다른 하나는 법보전적 폭력이다. 전자는 법을 설립하고 정립하는 정초적 폭력이며 후자는 법의 영속성과 적용 가능성을 유지, 확증, 보장하는 폭력이다.9)

평화 연구가로 유명한 요한 갈퉁(Johan Galtung)은 '의도적 행위에 의한 육체적 무력화 또는 건강성의 박탈'이라는 협의의 개념으로 정의되던 기존의 폭력 개념의 불완전성을 지적하였다. 즉 인간의 실제적인 육체적·정신적 실현이 어떤 영향으로 인하여 그 잠재적 실현보다 낮아지고, 그 둘 사이의 괴리를 피할 수 없다면 이미 거기 폭력이 존재한다고 주장 한다.10) 그는 1969년 연구에서 직접폭력과 다른 형태의 폭력을 구분했는데 그가 제시한 다른 형태의 폭력은 "육체적이고 정신적인 잠재력을 실현하지 못하는 상황" 전부를 포함한다. 이 정의에 따르면 물리적으로나 직접적으로 발현된 필요가

---

8) Ibid., p.73
9) Ibid., pp.77-78
10) 이문영(2014), p329

없으며 특별한 행위자나 행위과정도 필요가 없는데 이러한 폭력을
갈퉁은 구조적이고 간접적인 폭력이라 명명하였다. 이러한 폭력은
구조 속에서 조건 지어지며, 불평등한 권력, 그리고 결과적으로 불
평등한 삶으로 나타나게 된다고 주장한다.

한나 아렌트(Hannah Arendt)는 1970년 「폭력에 대하여」에서
권력과 폭력의 상호배타성을 개념화 했다. 이 책에서 그녀는 정치적
좌파로부터 우파에 이르기까지 폭력을 권력의 본성으로 간주하는
합의 — 즉 폭력이 권력에 내포된 도구적 방식이나 혹은 권력의 외
향적 표출정도로 인식하는 것— 는 근본적으로 권력과 폭력 개념을
합당하게 구분하지 않기 때문이라고 지적한다. 권력과 폭력은 의존
적 관계 혹은 종속적 관계가 아닌 상호 대립되는 개념으로 폭력의
반대는 비폭력이 아닌 권력이라고 주장 한다. 폭력은 그 자체가 도
구적이며 그것이 추구하는 목적을 통해 스스로 지침과 정당화를 필
요로 한다. 즉 폭력은 정당화 될 수 있지만, 결코 정당성을 가질 수
없다고 설명한다.11)

프랑스 사회학자 피에르 부르디외(Pierre Bourdieu)는 기존 폭력 개념
에서 진일보하여 새로운 지평을 열어준 상징폭력의 개념을 제시한다.
그는 기존 마르크스주의에 의한 경제적 계급에서 발생하는 폭력이 아닌
문화적 차원에서 나타나는 구조적 폭력을 설명하면서, 비가시적이고
간접적으로 구조화되었다고 주장한다. 상징폭력은 지배자가 자신의
권력을 정당화하고 피지배자가 지배를 무의식적으로 자연스럽게 받
아들이는 오인-인정 매커니즘 과정에서 만들어 지며 이 과정에서 나
타나는 것이 무의식적인 구조적 폭력이라고 제시한다.12)

---

11) 김상기(2007). pp81-88
12) Ibid., pp88-97

이상과 같은 폭력에 대한 주요 연구 외에도 폭력을 근대성과 연관시켜 논의하면서 폭력이 근대적 기술들과 관료제와 같은 기능적인 것들과 관계를 맺으며 발달했다고 주장하는 연구들도 있다.

2. 국가폭력의 개념 및 이론

가. 국가의 폭력성 개념

베버는 "국가는 목적이 아니고 수단이며, '폭력행위'라는 수단을 통해 국가를 정의해야 한다"고 이야기 한다. 즉 "국가란 어느 일정한 영역 안에서 정당한 물리적 폭력 행사의 독점을 실효적으로 요구하는 인간 공동체이다." 인 것이다. 여기에서 가장 주목해야 할 것은 국가가 행하는 정당한 물리적 폭력 행사의 독점인데, 국가 이외의 개인이나 집단의 폭력은 모두 부당한 것이 되며, 국가는 폭력의 대한 권리를 갖는 유일한 '행위주체'로서 그것이 갖는 폭력은 정당하다는 전제가 있다. 여기서의'정당'은 도덕적으로 올바르다는 의미의 정당이라기보다 법에 저촉되지 않는 다는 의미의'정당(합법성)'에 개념으로 해석된다. 이 정의에 의하면 국가폭력은 국가가 존재하기 위해서는 합법적 테두리 안에 행해지는 것이 필수불가결한 조건이며, 이는 민주주의체제에서도 일상적으로 이루어진다[13]는 것이다.

김동춘은 국가성(stateness)이 가장 분명 하게 드러나는 때는 바로 국가가 폭력기구를 대규모로 전면적으로 동원하는 상황 즉, 전쟁 혹은 전쟁 준비 상황이라고 주장한다. 그렇게 본다면 지구적 냉전

---

13) 캬야노 도시히토(김은주역, 2010), pp11-13

체제 하의 분단국가인 한국은 비록 민주주의의 외양을 갖고 있지만 국가의 대외적 대내적 폭력성이 가장 두드러질 수 있는 내적 조건을 계속적으로 갖추고 있다고 이야기 한다.14)

나. 국가폭력에 대한 이론적 고찰

정치학적 접근에서의 국가폭력은 국가의 탄생으로부터 기원한다. 인류 역사상 특정단계에서 형성 또는 발생되는 국가는 개인이 가진 폭력을 독점하고, 특수한 폭력기구로서의 역할을 한다. 이러한 시각에서 계급갈등과 대립구조를 전제로 국가의 폭력독점을 설명하는데, 즉 계급적 대립은 사회 구성원들 스스로의 해결이 가능하지 않은 대립과 갈등으로 이어지고, 이를 매개하는 특수한 폭력기구로서 국가가 폭력을 독점한다는 것이다. 그러나 국가에 의하여 자행된 수많은 '사실'에 관한 진실이 우리의 역사와 현실 속에서 왜곡된 것을 경험했기 때문이 국가폭력에 대한 본질을 이해하고 진실을 확인하며, 국가에 의한 범죄에 관심을 갖는 것은 매우 중요하다고 이야기 한다.15)

국가의 합법적 폭력 행사 독점과 관련하여 국가는 합법적인 폭력을 배타적으로 소유하기위해 국가 이외의 행위주체들이 행사하는 폭력을 범죄로 규정한다. 또한 사회 내에서 유일하게 국가만이 폭력에 대한 권리를 갖는데 국가 이외의 개인이나 집단은 폭력을 비합법적으로만 사용하며, 똑같은 폭력을 사용해도 한쪽은 합법, 다른 한쪽은 위법으로 간주된다. 국가와 그 이외의 행위 주체들 사이

14) 김동춘(2013) p112
15) 김혜경(2018), pp176-178

에는 폭력에 대한 권리를 둘러싼 비대칭성이 늘 존재 한다.16)

그러나 국가폭력이 항상 법테두리 안에서만 행사되는 것은 아니
다. 법적 절차를 거치지 않거나 혹은 입법과정에서 충분한 합의를
거치지 않는 법에 근거하여 국가 기관이 민간인을 체포, 심문, 협박,
폭행, 폭언, 통제, 감시, 투옥 및 감금, 사상 및 의사표현을 억압하거
나 통제하는 등의 모든 행위도 국가폭력에 포함된다.17)

외부로 부터의 폭력이 아닌 자기 스스로에게의 폭력(self-
centered violence), 즉 자해나 자살도 일종의 국가폭력 범주에 속
할 수 있다. 군대 내의 구타, 군대의 가혹한 명령체계, 조직문화, 가
혹행위, 집단 따돌리기 등의 원인이라 자살하는 경우 개인의 선택
에 의한 행위로 보이지만 국가나 사회가 그 책임에도 자유로울 수
없다.18)

국가폭력이 자행되고 있는 궁극적 목적은 단순히 고통을 가하여
국가권력에 순응하도록 만들고자 하는 것처럼 보이지만 그 실상은
국가폭력의 본질 속에는 처벌받아야 할 사회적 범주를 창출하고 사
회적 범주사이의 경제를 유지하고 강화시킨다. 또한 특정한 행위
규범을 강요하고 순응하도록 만들며, 특정한 집단을 정당화하거나
무력하게 만들고자 하는 사회문화적 기획이 숨어 있다. 그리하여
국가폭력 속에서 살아남은 자들은 때로 사회적·정치적·심리적 고립
상태에 빠지거나 자해를 하거나 심지에 자살에 이르기까지도 한
다.19)

---

16) 카야노 도시히토(김은주역, 2010), pp21-25
17) 김동춘(1997), pp103-109
18) 김동춘(2013), p116
19) 홍성흡(2007), pp 8-9

III. 대한민국에서의 국가 폭력

1. 국가폭력의 분석 배경

국가 폭력의 문제는 한국현대사에서 매우 중요하게 다루어지는 주제 중 하나이다. 해방 직후 민족의 바람과는 달리 분단과 전쟁으로 이어지는 역사 속에 남과 북의 지배세력은 이념 논리를 앞세워 자신들의 반대 또는 잠재적 반대세력을 폭력으로 제거했다. 그 과정에서 통일된 자유 민족국가를 꿈꾸었던 세력들, 그리고 이념이나 정치와는 전혀 관련이 없던 사람들이 정당한 법적 절차를 거치지 않은 채 국가 공권력에 희생되었다.[20]

이 과정에서 대한민국에서의 국가폭력은 자본주의와 사회주의 진영이라는 양체제 간 대결양상에 의해 사회계약에 구속받지 않고 이념 체제를 유지하며 자국민에게 폭력이 자행되는 수단으로 이용된다.[21]

우리나라에서 발생한 국가 폭력의 형태는 국가보안법과 반공법을 통한 사상통제와 표현의 자유 억압과 같은 법적폭력과, 중앙정보부, 경찰, 검찰, 유신시대의 국가 법정 등 국가 장치에 의해 행사되는 제도적 폭력, 사회적 억압, 착취, 차별과 같은 구조적 폭력 등이 있으며, 이와 같은 국가폭력은 직접적으로 드러나는 경우도 있지만, 일반적으로는 은밀하고 조직적인 특성을 가지고 법적으로 정당하게 포장되어 있어 폭력행위 자체를 인지하기 어렵게 되어 있다.[22] 이와 더불어 안보 혹은 법질서 확립이라는 명목으로 국가 폭

---

20) 이정민(2019) p721
21) 김동춘(1997), pp108

력을 정당화하기도 했으며, 특정대상이나 지역의 공동체를 고립시키는 행위도 자행되었다. 이러한 국가폭력은 피해사실을 증명하거나 보상도 받기 어려웠으며, 사회적으로 공론화되고 진실규명이 이루어지기 까지 오랜 시간이 걸리기도 한다.23)

또한 국가폭력에 의한 과거사 정리는 단순히 지나온 역사의 복원의 차원에서 사건자체를 기억하고 정리하는 것도 중요하지만 당시의 사회배경과 정치적 상황 속에서 어떻게 그 사건들이 일어났고 어떤 국가 장치가 그것들을 다루는 과정에서 은폐하고 처리 했는지 분석하는 것이 중요하다.

따라서 이 글에서 특별히 분석하고자 문제는 첫째, 해방 이후부터 현재에 이르기 까지 정치적 시기별(정권별) 발생한 국가폭력이 어떤 방식으로 나타나는지, 둘째, 국가폭력이 발생하던 당시의 정치, 사회, 경제적 배경은 어떠했는지 셋째, 해방이후 현재까지 국가폭력의 내용분석을 통해 그 성격은 어떻게 변화했는지 알아보고자 한다.

2. 국가폭력의 분석 내용

연구를 위한 분석은 진실화해위원회에서 위원이나 조사관으로 참여한 경험이 있는 6명의 공저자들이 집필하여 2019년에 발간된 『한국현대사와 국가폭력』 에서 다루어진 내용을 중심으로 각종 논문, 저서를 활용하여 해방이후의 정치적 시기(정권)에 따른 대내·외적 환경 분석을 실시하였다. 또한 국가폭력의 세부 사례24)의

---

22) 김석웅(2020), p6
23) 한홍구, 강은숙, 최현정, 오하린(2012), pp7-15

경우 전수조사와 분석은 여러 가지 제약에 의한 한계로 당시의 희생자 수와 사건의 경중을 비교해 보았을 때 역사적으로 중요한 기점이 되는 사건을 위주로 분석 하였다.

따라서 해방 이후 역사·사회적 시기(정권)별로 국가폭력이 어떤 성격을 가지고 형태로 작동하고 그것을 가능하게 하는 당시의 사회적·경제적 배경을 분석하고자 한다.

1) 해방 이후

대구 10월 항쟁, 제주 4·3사건, 여순사건 및 빨치산 토벌은 해방 이후 한국 현대사에서 벌어진 국가폭력의 시작점이며 이후 벌어진 한국전쟁기의 민간인 학살의 '전초전'과도 같은 사건들이기 때문에 역사적으로 매우 큰 중요성을 가진다. 대구 10월 항쟁과 제주 4·3사건은 해방이후 혼란스러운 국내외 사회·정치적 상황에서 민중의 정당한 항의에 대해서 미군정 혹은 이승만 정권이 무력을 사용하여 폭력적으로 진압했다는 공통점이 있다.25)

대구 10월 항쟁의 원인과 배경으로 여러 가지가 있는데 첫째, 미군정과 사회운동세력간의 관계 변화, 둘째, 당시 미군정의 가혹한 식량공출로 인한 심각한 식량난, 셋째, 해방직후 급속도로 증가한 30만 명의 귀환동포로 인한 급격한 인구증가와 여러 가지 사회적 불안정성 증대, 넷째, 친일 경찰을 향한 증오심, 다섯째, 해방직후부터 있었던 시민들의 건국운동, 빈민들의 기아시위 및 농민·노동자

---

24) 각 사례는 행정안전부 과거사관련업무 지원단 홈페이지 참조 :
   http://pasthistory.go.kr/
25) 이정민(2019) p721

의 파업 등의 연장선상으로 분석된다.[26]

제주 4·3사건은 과거 식민지시대 경찰출신들이 미군정 경찰로 대체되고, 그 과정에서 미군정 관리들의 모리행위 등이 민심을 지속적으로 자극하는 시기에 발생되었다. 직접적으로는 1947년 3·1절 발포사건이 도화선이 되어 도민들의 항의와 이를 진압하는 과정에서의 폭력성이 격화되었다. 이후 1948년 4·3 사건의 발발 직전까지 1년 동안 2,500명이 구금되고 이 과정에서 테러와 고문이 이어졌다. 결국 4월3일 당일 350명의 무장대가 제주도 12개지서와 우익단체를 공격하면서 무장봉기가 시작되었고, 1949년 무장대가 완전 진압 될 때 까지 남한 단독 정부수립을 반대하는 남조선노동당 계열의 좌익 세력 활동과 군정경찰의 강경진압 및 집단학살, 서북청년단 등의 우익 반공단체들의 무차별적인 처결 등이 계속되었다.[27]

여순사건은 1948년 10월 19일 여수 주둔 제14연대 소속 군인들이 반란을 일으킨 뒤, 1950년 9월 28일 수복 이전까지 약 2년 동안 전남·전북·경남일부 지역에서 군경의 토벌작전 과정에 비무장 민간인이 집단학살 되고 일부 군경이 피해를 본 사건[28]이다. 이 시기의 피해자에는 좌우익 구성원과 관련자 가족, 산간마을 주민 등 민간인이 다수 포함되어 있으며, 이 사건을 진압하는 과정은 한국사회의 분단체계가 고착화되는데 큰 영향을 주었다. 즉 이승만 정권은 이 사건을 계기로 반이승만 세력을 탄압을 가속화했고, 국방경비법을 기초로 국가안보법의 제정 및 국민보도연맹 조직과 학도호국단을

---

26) 홍순권 외(2019) pp25-28
27) Ibid., pp 35-41
28) Ibid., p65

창설 하는 등 주민 통제체제를 구축했다.[29]

해방 이후의 국가폭력은 앞에서도 설명하였듯이 대구 10월 항쟁, 제주 4·3사건, 여순사건 등 정당한 민중적 항쟁을 진압하는 과정에서 군대와 경찰로 대변되는 공권력[30]에 의해서 시위하는 군중에게 발포하고, 정당한 사법적 절차 없이 즉결처단하거나 집단 학살하는 형태로 자행되었다.

2) 한국 전쟁 시기

한국전쟁 시기에 남북한 군인과 좌우 양측에 의해 학살된 민간인의 수는 정확히 집계된 바는 없으나 한국 전쟁 중 민간인 학살은 소위 인민군과 지방좌익이라 불리는 '적대세력사건'이외에 남한 군경에 의해 일어난 사건이 더 많이 존재하며, 이들 사건 중 상당수가 진실화해위원회의 조사를 거쳤다.

한국전쟁이 발발한 이후 이승만 정권이 보여준 공권력의 폭력적 사용은 예비검속과 부역사건으로 대표 된다. 예비검속으로는 '국민보도연맹사건'과 '형무소 재소자 집단희생사건'이 있는데 특히 '보도연맹사건'은 사상전향자 관리 차원으로 창설한 보도연맹원들이 전쟁 이후 정부를 위협하는 북한의 동조세력이 될 것을 우려한 이승만 정권이 이들을 곧바로 연행, 구금하고 서울이 함락 당하자 후퇴를 시작하면서 이들을 학살한 사건이다. 위에 언급된 두 사건은 학살에 대한 법적 근거 부족과 정당한 사법절차가 결여된 처벌에

---

29) Ibid., pp64-65
30) "제주 4·3사건이나 여순사건의 경우 정부가 공식 확인한 희생자의 압도적 다수는 반란군에 의한 피학살자가 아니라 군경·우익에 의한 피살자로 확인되었다."(김동춘, 2013), p27

의해 발생된 것으로 군경의 토벌작전이나 미군 폭격 등으로 사망한 다른 민간인 학살 사건과는 달리 남한 전국에서 일정한 기간 동안 거의 동시에 학살이 진행되었다는 점에서 국가폭력의 중요한 사례라 할 수 있다.

부역사건은 강화도와 고양군 금정굴 사건이 대표적인데 전쟁 초기 서울을 사수하겠다는 이승만 정권의 말을 믿은 국민의 일부가 남아 있다가 서울 수복이후 부역혐의를 쓰고 학살당했으며, 강화도의 경우 에는 인민군과 국군의 주둔이 여러 차례 바뀔 때마다 적법한 절차 없이 무고한 피란민들을 부역자로 몰아 보복 살인한 사건이다. 31)

한국전쟁 중 빨치산 활동은 특히 전라남북도와 경상남도 일원의 산악지대에서 활발하게 전개되었고 그 중 전라남북도 접경의 불갑 산, 백두대간인 지리산, 덕유산에 주로 집결되어 있어 군경의 토벌 작전 또한 이 일대에 집중적으로 펼쳐졌다. 빨치산과 군경이 충돌 하는 과정에서 전남의 영광, 영암, 함평과 경남의 산청, 거창, 함양 등지의 산간 지역주민들이 양측으로부터 큰 피해를 입었다. 전라도 지역의 빨치산 토벌은 국군 제11사단에 의해 다수의 민간인이 법적 절차 없이 집단으로 희생되었으며, 서부 경남 지역의 산간마을에서 는 낮에는 군경과 우익세력이, 밤에는 빨치산의 활동무대가 되면서 민간인 집단 희생이 많았다.32)

3) 이승만 정권

한국전쟁 이전의 이승만 정권은 '국가보안법' 제정(1948)으로

---

31) 이정민(2019) p725
32) 홍순권 외(2019), pp157-173

전국 각지에서 학생, 청년, 야당인사, 전 남로당원 등에 대한 검거를 통해 언제든 반대파를 '좌익 공산분자'로 몰아 국가보안법에 의해 처벌할 수 있는 기틀을 마련했다.[33]

이승만 정권은 전쟁 중 1951년 발생한 국민방위군 사건과 거창 양민 학살 사건 등으로 인해 지지기반이 약화되고 재선에도 차질이 생기자 1952년 부산정치파동이라는 폭력을 수반하여 대통령 직선제를 관철시키고, 1954년 사사오입을 통한 개헌을 실시함으로써 정치적인 정통성이 매우 약화되었다. 이 과정에서 경찰은 권력 확장을 위한 불법적인 선거개입과 반대파의 정치적 탄압이 자행되는 데 이승만 정권의 핵심적인 세력으로 중요한 역할을 수행했다.[34]

또한 50년대 중 후 반을 거치면서 전후 복구와 산업화의 진전에 따라 점진적이긴 하지만 도시화가 진행되었고 이에 따른 교육, 언론의 확대보급은 도시를 중심으로 이승만에 대한 저항세력을 형성하고 반이승만, 반자유당의 결집을 나타냈고 결국 3.15부정선거에 따른 4.19의 사회적 배경이 되었다.[35]

이 시기에 발생한 주요 인권침해 사건으로는 진보당 조봉암사건 (1958)과 간첩 조작사건은 최능진사건(1950), 심문규사건(1959), 양준호 사건(1955) 등이 있으며, 그 외 재일동포 북송저지 공작사건(1959) 등이 있다.

---

33) Ibid., p204
34) 김영명(1991), p105
35) Ibid., p111-112

4) 군사정권 1 (박정희) 시기

1961년 5월 16일 군사쿠데타로 출발한 박정희 정권은 정상적으로 작동되는 헌정질서를 군부의 물리적 폭력으로 제압했다는데 있어 이미 폭력성을 수반하고 있다. 쿠데타를 주도한 박정희 세력은 집권과 동시에 정당, 사회단체, 노동조합에 대한 해체명령, 언론탄압, 중앙정보부 설립을 단행했고, 장기집권에 반대하는 학생, 지식인들을 대통령 긴급조치로 강압하는 한편, 헌법상의 노동3권 보장을 요구하는 노동자들을 공권력을 동원하여 부당하게 탄압하고 처벌했다.[36]

60년대 후반에 이르러서 북한의 대남공세가 매우 호전적으로 전환되자 국가안보에 대한 위기감이 전 사회적으로 급속하게 확대되었다. 1971년 12월 6일 박정희는 "정부의 시책은 국가안보를 최우선으로 하고 조속히 만전의 안보태세를 확립 한다", "안보상 취약점이 될 일체의 사회불안을 용납지 않으며 또 불안요소를 배제 한다", "최악의 경우 우리가 향유하고 있는 자유의 일부도 유보할 결의를 가져야 한다"는 등의 내용의 국가 비상사태를 선포[37]하고 반공주의를 강화했다.

이 시기는 국가주도형 경제발전을 강화하는 한편 대통령 중심의 일원적 의사결정과 기업가 동원 체제 구축 및 개발주의 금융정책을 추진했다. 국가주도하에 원조 차관과 국내 자원의 강제적 집중 배분으로 재벌 중심, 수출중심, 대외 의존 중심의 경제구조가 뿌리 내리면서 단시간에 폭발적인 경제 성장을 이룩했지만, 그 이면의 저곡가정책에 따른 농민들의 희생과 도시 임금노동자들의 저임금, 장

---

36) 홍순권 외(2019) p205
37) 김세중(2007), p51

시간 노동, 빈부격차 심화 등이 가속화 되었다. 특히 한국 노동운동은 기업 편향적 경제성장과 극우반공주의의 정치 환경에서 자주적 노동운동으로의 발전에 많은 한계를 가져왔으나, 1970년 전태일 열사의 분신이 노동현실에 대한 지식인들의 현실참여 증가를 가져오는 계기가 되었다.38)

유신헌법으로 인한 유신체제는 국가 강제력의 초법적인 행사의 일상화를 만들었으며39) 반대파를 절멸시키기 위한 적나라한 전쟁정치가 유지되면서 이 시기의 간첩조작사건들은 그러한 지배질서의 특성을 잘 보여주고 있다.40)

이 당시 국가폭력의 형태로는 국토건설사업장 강제노역사건 (1961), 대한청소년개척단사건(1962), 부일장학회 강제헌납사건(1962) 등 인권침해와 이수근사건(1969), 동백림사건(1967), 최복남사건(1971), 유럽일본 거점 간첩단사건(1969), 위청룡 사건(1961), 인혁당사건(1964), 민청학련사건(1974), 울릉도 간첩단조작사건 등의 공안사건이 있다. 특히 이전 시기보다 노동탄압의 사례가 많이 증가하였는데 대표적으로는 동아일보 등 언론탄압 사건, 춘천 강간살인 고문조작사건(1972), YH노조·청계피복노조·반도상사노조·동일방직노조·원풍모방노조 등이 있다. 주요 언론 탄압 사례로는 민족일보 폐간(1961) 등이 있다.

---

38) 홍순권 외(2019) p274-275
39) 김세중(2007), p49
40) 김동춘(2012), p150

5) 군사정권 2 (전두환) 시기

10.26 사태이후 전두환이 이끄는 신군부가 12.12 군사쿠데타를 통해 군부 재집권에 성공하면서 군부정권은 정치적 정당성을 확보하는 것이 제일의 정치적인 과제였다. 1980. 5.17 포고령 10호 및 일련의 비상조치를 통해 전국에 비상계엄을 확대하고 모든 국정을 장악, 국회를 해산하였다. 언론의 검열과 일체의 정치적 발언 및 정치활동을 금지 하였고, 전국 대학 휴교령과 함께 포고령 위반자는 영장 없이 체포, 구금할 수 있도록 조치했다. 이러한 일련의 정치적 상황들은 학생들로 하여금 대규모 민주화 시위를 촉발하였고 1980년 5월 18일 광주지역 대학생들의 민주화요구 시위를 기점으로 열흘간의 광주민주화운동이 촉발되었고 이는 한국역사상 가장 심화되고 가장 직접적인 국가의 폭력성이 드러난 사건이 되었다.

80년 광주민주화운동은 12.12 군사반란을 비롯한 신군부세력의 부당한 국가권력 찬탈 및 국가폭력에 맞선 민주항쟁이었으며, 항쟁 당시 외부의 도움과 정보의 차단 속에서 진실은폐와 왜곡에 맞선 광주시민들의 절대적 지지와 동의를 보여준 최후의 선택이었다는 점에서 그 의의를 찾을 수 있다.41) 그러나 진압과정에서의 공수부대의 폭력은 이미 부마사태 때 확립된 전시된 폭력(demonstrative violence)을 교리삼아 야만성을 그대로 드러냈으며, 그 잔인성과 내용은 이미 신군부의 통제에서 벗어나 있었다.42) 5.18 민주화항쟁 과정에서 열흘 동안 집계된 직접적인 인명피해만 약 7,200명(사망 218명, 상이자 5,088명, 행방불명 363명, 기타 1,520명)43)에 이르며,

---

41) 이동윤, 박준식(2008), pp19-20
42) 최정운(1999), p266

5월 27일 이후에도 연행과 자의적 구금, 고문, 처벌이 지속되었다. 언론, 출판, 집회, 결사의 자유의 전적인 금지와 국회 해산 및 야당 정치인들은 연행 또는 가택 연금 상태가 지속되었다. 전두환 정권 기간 동안 국가보안법으로 1,512,명을 기소하고, 그중 13명은 사형, 28명에 의해 무기징역을 선고하였다.44)

　　이 시기의 국가폭력의 형태도 대부분이 인권침해 사례, 간첩조작 사례, 국가보안법 위반 사례, 의문사 사례, 고문 사례 등으로 나타났다. 주요 인권 침해로는 삼청교육대사건(1980), 언론통폐합사건(1980), 사북항쟁(1980)등 이 있으며, 간첩조작의 사례는 재일동포, 납북 귀한 어부 관련사건 등이다.

6) 노태우 정부와 문민정부

　　노태우 정부와 문민정부 시기의 시대적 상황은 제도적으로나마 민주화 과정을 이루어 낸 직후였음에도 불구하고 국가 폭력 압력의 강도는 줄어들지 않았다. 그러나 지배적인 폭력의 형태에는 변화를 가져왔다.

　　민주화 이후 들어선 노태우 정부는 언론의 자유화와 재야인사들에 대한 복권과 해금을 단행하는 등 상대적으로 열린 정책을 시도하나 5공 비리청산과 광주학살 책임자 처벌, 반민주악법의 철폐 요구, 민중통일운동의 확산 등에 직면하자 빠르게 공안정국을 조성45) 하였다. 특히, 1989년 4월 문익환 목사의 방북 이후 민주·통일운동에

---

44) 김석웅(2020), p6
44) 박문석(2018),p183
45) 이창언(2013) p72

대한 탄압과정에서 전두환 정권 때보다 훨씬 많은 국가보안법 적용과 구속자를 만들어 냈다.46) 1989년 창립된 전교조를 불법으로 규정하고 전교조 가입인사 및 동조자들에 대한 탄압을 지속하였으며, 노동현장 및 대학 내 시위현장의 공권력 투입도 계속되고 있었다. 1991년도 4월에는 강경대 학생의 백골단 구타에 의한 사망사건을 시작으로 두 달 동안 11명이 분신했으며, 박창수 한진중공업 노조위원장이 안기부에 의해 의문사를 당하는 등47) 군부 출신 대통령의 한계를 고스란히 드러냈다.

오랜 독재에서 벗어나 30년만의 평화적 정권이양을 통해 수립된 민간정부로서 의의를 가지고 출범한 김영삼정부(문민정부)는 집권 초기 민주적 개혁에 집중하였다. 출범 1년 동안 안기부와 군부개혁을 단행함으로써 역대군부정권의 핵심적인 잔재들을 척결48)하였고 동시에 금융실명제, 표현의 자유 허용, 역사바로세우기 운동 등 사회 개혁적인 정책 등을 추진하였다. 그러나 1994년 7월 김일성 사망으로 신공안정국이 형성되면서, 1996년 한총련 사태 이후, 한총련을 이적단체로 규정하면서 집권 5년 동안 국가보안법으로 1,336명이 구속되었다.49)

신자유주의 기치아래 '세계화'와 '국제경쟁력 강화'중심의 경제정책은 농업개방화 및 1996년 노동관계법 날치기 통과를 통해 노동유연화 정책과 노조활동 규제들이 법제화되었고 이후 1997년 노동법개정 총파업을 촉발시켰다. 김영삼 정부의 노사관계개혁은 기존의 경제구조를 개혁하기보다는 노동비용의 인하를 통해 재벌구조를

---

46) 박문석(2018), p184
47) 김정한(2020), p19
48) 남구현, 송태수(2002), p94
49) 박문석(2018), p187

유지하는데 기여를 했고[50], 1997년 IMF 경제위기로 인해 구제금
융을 신청하면서 신경영전략과 정규직 고용의 중단, 비정규노동과
하청노동, 외주화의 확대, 정리해고와 변형노동, 파견노동자의 제
도화 요구 등 노동시장에 변화를 가져왔다.

이 시기에는 국군보안사령부 민간인 사찰 사건(1990), 강기훈
유서대필 조작사건(1991) 등의 인권침해 사례와 중부 지역당 사건
(1992), 공영복 고정간첩사건(1997) 등의 간첩조작 사례, 사노맹
사건(1991), 한총련 사태(1996) 등 국가보안법 위반 사례, 이철규
(1989) 의문사 및 철도파업과 지하철 파업(1994), 한국통신 사태
(1995) 등에 물리적 공권력 투입[51] 등이 주요 폭력사례로 남아 있다.

7) 국민의 정부와 참여정부

대한민국 헌정사상 최초로 평화적 여야 정권교체로 탄생한 김대
중 정부(국민의 정부)는 국민의 정부는 IMF가 요구한 재정긴축과
구조조정 프로그램을 수용, 노동계의 위기극복 참여를 명분으로 하
는 노사정위원회를 수립하였다. 이를 통한 노동부분의 전면적 개혁
으로 대대적인 구조조정이 실시되고 노동시장의 유연화가 급격히
진행되면서 국내의 경제 및 노동조건은 매우 열악해 졌다. 특히, 출범
이후 첫 1년 동안 국가보안법에 의한 구속자수(269명)은 전두환,
노태우 집권 초보다도 많았는데 경제 위기로 인해 국가 보안법이
필요하다는 당시 법무부장관 박상천의 언급에서도 알 수 있듯이
IMF 경제위기와 구조조정에 맞선 저항을 억압하기 위한 수단으로

---

50) 김상조(1998), p220
51) 노중기(1995), PP273-274

작용한 것으로 보인다.[52]

이 시기에도 여전히 민간인 사찰과 같은 감시가 이루어졌으며, 2003년 한 해 동안 7,281건의 통화내역 조회사실이 국정조사에서 밝혀지기도 했다.[53]

대북과의 관계는 햇볕정책을 추진하며, 분단 이후 처음 평양을 방문하여 김정일 국방위원장과 남북정상회담을 개최하였으며 대북 유화정책 기조를 유지하였다.

2002년 출범한 노무현정부(참여 정부)는 개혁적이면서 진보적인 정책 등을 지속적으로 추진하였다. 특히 항일독립운동, 반민주적 또는 반인권적 행위에 의한 인권유린과 폭력·학살·의문사 등을 조사하여 왜곡되거나 은폐된 진실을 밝히고 과거와의 화해를 통해 미래로 나아가기 위한 『진실·화해를 위한 과거사정리위원회』를 설치하는 등 개혁적인 활동이 전개되었다.

반면에 참여정부 시기의 노동시장은 기업의 요구가 반영된 비정규직 보호법 시행으로 정규직 전환을 봉쇄하고 종국에는 대량해고로 이어져 실직자가 양산되는 등 노동환경이 악화되었다.

사회·경제적으로는 한미 FTA 추진, 이라크 전쟁 파병 등으로 국민적 반대가 극심한 사안들이 발생하였고 유동성 증대에 따른 부동산 가격 폭등, 친재벌주의, 계속된 신자유주의적 경제정책 등으로 사회적 양극화가 심화되어서 서민의 경제적 어려움이 가중되었다.

이 당시 국가보안법에 의한 구속자는 감소했지만, 집시법과 노동악법에 의한 구속자는 대폭 늘어났고 집권 기간 동안 전체 기소건수는 264건이며, 전체 구속자는 138명이다.[54]

---

52) 박문석(2018), p188
53) 김동춘(2013), p127

이 시기의 국가폭력의 형태는 주로 평택 미군기지 이전문제 (2004~2008)와 관련한 인권탄압과 KTX 승무원고용분쟁(2006), 이랜드 사태(2007) 등의 노동탄압, 일심회사건(2006) 등의 국가보안법 위반 사례 등이 대표적이라 하겠다.

8) 이명박 정부와 박근혜 정부

2008년 우파보수정권의 승리로 이명박 정부가 탄생하였다. 7% 성장, 국민소득 4만 달러, 세계 7대 경제 강국을 공약으로 내세우며 당선되었으나 2008년 미국발 세계 금융위기로 취임 후 경제적 위기에 봉착했다. 광우병 파동 이후 한미 FTA 협상으로 미국산 쇠고기 수입이 재개되자 국민의 강력한 저항과 함께 촛불집회, 문화집회로 개최되었으며, 이 과정에서 경찰의 강경진압이 다시 전면적으로 등장했다. 집권기간 중 국가보안법으로 총 402건을 입건하여 202건을 기소, 이 중 111명을 구속하였으며, 이 시기에는 광우병 쇠고기 투쟁 등의 국가보안법 위반 사례가 급증하였다.55) 수사 기관의 감청 및 국무총리실 민간인 사찰도 이루어 졌는데, 이러한 사건은 헌법상의 절차나 형사소송법상의 절차가 완전히 무시된 일방적 국민사찰, 국민탄압의 형태56)라 할 수 있다. 이명박 정부의 노동정책은 법과 제도 안에서 노동을 통제하는 전략 구사했지만 결과적으로는 노동시장 유연화, 규제완화57)로 친재벌적인 정책을 가져왔다.

---

54) 박문석(2018), P188
55) Ibid.,p188
56) 김동춘(2011), p24
57) 노중기(2009), P153

경제 민주화와 복지공약으로 출범한 박근혜 정부는 창조경제를
통해 고용창출, 국민의 장래에 대한 불안감 해소, 공정한 사회경제
질서 확립 등의 시장경제질서 구현과 서로 믿고 화합하는 새로운
공동체, 안전중심 사회 등의 사회정책을 주요 정책으로 내세웠
다58). 그러나 출범과 동시에 국정원과 국군사이버사령부의 대선
개입과 관련한 수사의 강제 무산을 시작으로, 여론조작, 이념대립,
통합진보당 해산 심판의 청구 등의 정치적 억제수단을 강화하는 등
'유신의 회귀' 내지는 '신공안통치'의 특징을 보였다.59) 또한 이 시
기의 노동정책은 민주노총에 대한 공권력 투입, 전교조 법외노조
공방, 진보정당에 대한 해산 명령 등 '반노동자 정권'의 성향을 드러
냈다.60)

특히, 2014년 4월 16일 진도 앞바다에서 여객선 세월호가 전복
하여 침몰하면서 안산의 단원고 학생을 포함한 304명이 사망하고
172명만이 구조되는 사상 초유의 사건과 2015년 메르스 사태로 재
난대책과 위기관리능력에 미숙한 모습을 나타내어 전 국민적인 공
분을 얻었다. 2016년 민간인 신분인 최순실의 국정농단 사태가 밝
혀지면서 박근혜 대통령 퇴진운동이 전국적으로 확대되었고, 국회
의 탄핵소추안이 가결되면서 2017년 헌법재판소의 탄핵 인용으로
헌정사상 최초로 대통령직에서 파면되었다.

이 시기의 국가의 폭력의 사례로 주목할 만한 사건들이 있는데
이명박 정부시기의 '용산 참사'61)와 '쌍용차사태'이다. 5명의 사망

---

58) 김성일(2014), p138
59) 김정한(2014), p63
60) 노중기(2014, p55
61) 사건은 2009년 서울시 용산구 한강로2가에 위치한 남일당 건물 옥상
    에서 점거 농성을 벌이던 철거민 및 전국철거인연합회 회원들, 경찰,

자를 낸 용산참사는 진압과정에서 사망한 한명의 경찰관 사망에 대
한 책임으로 철거민들에게 '특수공무집행방해치사·폭력행위 등 처
벌에 관한 법률 위반'이 적용되어 실형이 선고되고 나머지 사망자
인 4명에 대한 경찰의 '업무상과실치사혐의'는 무혐의로 판결을 내
렸다. 이러한 사법적 결론은 철거민들은 국민이 아닌, 심지어 사람
도 아닌 비국민·비인간 상태임을 드러내는 결과가 되었고, 이 당시
참사를 추모하는 평화적인 추모대회마저 금지통보와 경찰력을 동
원한 행사장 봉쇄조치가 내려져, 유족들은 당시 폭행을 당해도 거
꾸로 경관폭행죄로 연행이 되는 등 집회와 시위의 자유와 표현의
자유도 허락되지 않았다.62) 그러나 추후 검찰과거사위원회가 검찰
조사단의 조사를 심의한 결과 "2009년 1월 20일 당시 경찰의 긴박
한 진압작전의 필요성이 없었고, 위험을 충분히 예견되었음에도 안
전을 도외시한 채 체포에만 집중한 무리한 진압작전으로 경찰관 직
무규칙을 위반한 위법한 사례"로 밝혀졌다. 그럼에도 불구하고 당
시 검찰의 수사가 사건의 진상을 은폐하거나 왜곡하였다고 볼 수는
없다 라는 결론을 내려63) 무리한 공권력 사용에 의한 피해자는 있
지만 이에 대한 책임은 결국 아무도 지지 않는 사건으로 마무리가
되었다.

국가의 과잉진압에 따른 폭력의 또 다른 사례는'쌍용차 사태64)'

용역 직원들 간의 충돌이 벌어지는 가운데 발생한 화재로 세입자 2
명, 전철연 회원 2명, 경찰 특공대 1명이 사망하고 23명이 부상(경찰
16인, 농성자 7명)이 발생(위키피디아 : "용산4구역 철거현장 화재"
로 검색)
62) 홍석만(2009), p20
63) 이원호(2019), p40
64) 2009년 5월 22일부터 8월 6일까지 77일간 쌍용자동차 노조원들이
사측의 구조조정에 반발해 평택공장에서 농성을 벌인 사건. 이 사건

이다. 농성이 지속되는 77일 동안 경찰은 농성장에 단전 및 식수공급 전면 중단, 대테러장비 사용, 테이저건 발사, 발암물질이 든 최루탄 난사, 특공대 투입 등을 통해 과잉진압을 실시하고 농성 해제를 종용65) 했다. 농성을 마무리한 이후에도 경찰의 무차별 구속과 재소환 대응, 회사 측의 현장통제 강화, 금속노조와 민주노총 탈퇴를 위한 불법적 선거 등으로 긴장이 지속되었다. 또한 허위자백을 강요하는 경찰의 강압수사로 한명의 조합원이 자살을 시도하는 등 함께 농성에 참여한 노동자들과 가족들은 심각한 외상 후 스트레스 장애와 우울증 등의 후유증을 앓고 있는 것으로 알려졌다.66)

이 외에도 강정구 전 동국대 교수의 국가보안법 위반(2010), 이석기 전 국회의원의 형법 내란선동죄 및 국가보안법 위반(2013) 등과 국무총리실 민간인 사찰(2008) 등의 인권탄압 사례가 있으며, 원정화 간첩사건(2008)과 같은 간첩 조작 사례가 있다.

3. 대한민국의 국가폭력 성격 변화

대한민국의 국가폭력은 한국전쟁 이후의 냉전이라는 구조적 틀 속에서 폭력성이 지속되고 강화될 수 밖에 없는 역사·사회적 맥락을 가진다. 즉, 북한과의 적대관계에 놓이게 된 분단국가로서 기본적으로 병영국가, 안보국가, 방공국가의 성격을 지니고 있으며 항시

으로 쌍용차 지부 지부장인 한상균을 비롯한 64명의 노조원들이 구속(위키피디아 검색)
https://ko.wikipedia.org/wiki/%EC%8C%8D%EC%9A%A9%EC%B0%A8_%EC%82%AC%ED%83%9C
65) 김어진(2009), p291
66) Ibid., p317

전쟁을 대비한 내부적인 동원과 통제체제를 강화함과 동시에 체제 내부의 반대세력을 적대시해야만 했다. 또한 동시에 경제성장을 위한 자본주의발전 체제에서로서 성장의 적이 되는 노조활동, 노동쟁의에 대한 노동자 억압과 통제가 지속되었다고 할 수 있다. 67)

이러한 역사·사회적 맥락 안에서 국가폭력의 성격은 한국전쟁을 전후로 이념과 이데올로기 대립에 의한 군경에 의한 민간인 학살이 주를 이루고 있으며, 전후 이승만 정권에서는 반공주의에 기초한 반대세력 제거를 위한 인권탄압, 간첩사건, 국가보안법 위반 등의 정치적 탄압이 주를 이뤘다.

군부의 물리적 폭력으로 출범한 박정희 정권과 신군부 정권인 전두환 정권은 이미 정치적 정당성 자체가 폭력에 기반하고 있기 때문에 사회·정치적 이유로 학살, 고문, 린치나 구타, 강제수용, 사형 등의 직접적 폭력이 많이 사용되었다. 또한 국가보안법 위반, 간첩사건 등의 공안사건들의 조작과 군대, 경찰 및 정보기관들을 통해 민간인들을 끊임없이 감시, 사찰함으로써 일상에서 언론과 집회, 사상 및 표현 등의 자유는 지극히 제안되고 통제되었다. 또한 고속 경제성장의 그늘에서 저임금, 노동탄압 등의 문제가 발생하였음에도 불구하고 노조설립 자체가 법, 행정조치에 의해 제약되었고, 모든 쟁의는 불법으로 간주68)되어서 노동억압과 통제에 국가폭력이 일상화되었다.

이 시기에 발생한'80년 광주민주화 운동'은 국가폭력 사용의 위법성과 피해를 가장 단적으로 보여주는 상징적 사례였지만 결과적으로 87년 민주화를 추동하는데 큰 분수령이 되었다.

---

67) 김동춘(2013), pp111-112
68) Ibid., p135

1987년 이후 제도적 민주화를 이뤄낸 이후 권위주의 정부와 문민정부에는 학생운동과 노동운동 탄압의 기제로 국가폭력이 주로 사용되었고 이 시기에 특징적인 것으로는 기존의 공공연하게 알려졌지만 내부폭로가 없어 은폐되었던 군에 의한 민간인 사찰에 대한 진실이 들어났다. 특히, 문민정부 마지막 시기에 IMF 사태로 인해 고용과 관련하여 대규모 실직과 비정규직화 등 노동관련 인권탄압이 증가하였다.

정부의 성격에 따라 조금씩 달라지기는 하지만 국가보안법이 존재하는 한 언론과 사상의 자유는 제한될 수밖에 없었고 90년대 노동조합의 활성화로 노동쟁의 관련사건은 여전히 '공안관련사건'으로 취급되어 안기부, 기무사, 공안 검찰이 노사분규에 지속적으로 개입[69]하고 이 과정에서 공권력을 사용한 무력진압이 빈번히 사용되었다.

국민의 정부, 참여정부에서는 정치적 목적의 직접 폭력은 줄었으나 IMF 이후의 변화된 노동환경에서 노동통제의 수단으로 국가 공권력이 주로 사용되었다. 외환위기 이후의 경제시장과 노동유연화 정책으로 인해 고용분쟁이나 비정규직 대량 해고 사태 등에서 노동쟁의를 억제하는데 주를 이룬 반면 대북관계의 화해 무드로 인해 간첩단 조작사건 같은 공안사건은 거의 일어나지 않았다. 그러나 여전히 국가보안법 위반으로 인한 인권탄압은 지속되었다.

이명박, 박근혜 정부에 들어서는 다시 정책의 주요현안들을 이념의 잣대로 프레임을 만들어 쟁점화 하였으며, 이 과정 중에 과거 군사정권 혹은 권위주의 시대의 북풍과 반공이데올로기를 이용하여

---

69) 김동춘(2018), p265

정권을 공고화 하려는 관습을 그대로 답습했다. 이로 인해 간첩단 사건, 국가보안법에 의한 공안 사건 등과 정부의 민간인 사찰, 언론 탄압, 노동탄압, 전교조 탄압 등 사회전반에 걸친 통제와 탄압이 이루어졌다.

앞서 언급한 것과 같이 폭력의 성격에 있어서도 직접적 폭력에서 87년 민주화 이후에는 문화적 폭력으로 변화되는데 민주화 이전에는 공안기관, 정치가들이 주로 반북 좌파 낙인찍기 선전, 담론을 주도하였다면, 그 이후에는 검찰과 언론, 정치권의 합작에 의해 주로 진행되고 특히 언론이 그 중심의 역할을 담당하게 되었다. 또한, 용산참사나 쌍용차 사태에서 보여 지듯이 노동쟁의나 집회·시위장소에 국가기관의 직접적인 공권력 투입과 함께 기업에 의한 사설 폭력을 묵인하는 양상도 지니고 있다.70)

본 연구에서는 사건위주의 분석으로 인해 누락되었지만 병역과 관련한 양심수 문제, 성소수자 문제, 이주노동자, 난민 등 사회 불평등과 관련된 인권탄압의 사례들도 꾸준히 증가하였으며, 경제 불평등으로 인한 복지 사각지대의 문제, 정보화 세계화로 인한 개인정보보호법에 의한 인권침해, 공공사업으로 인한 개인 재산권 침해 등 예전과 다른 형태의 국가폭력 사례들이 발생되고 있다.

Ⅳ. 나오는 말

시대적 국가폭력 형태의 변화를 분석하면서 역사·사회학적으로 우리가 문제제기하고 마주해야 하는 사회적 사실은 당시 정부의 성

---

70) 김동춘(2013), pp133-135

격과는 상관없이 지속적으로 그 안에서 작동되는 남과 북의 분단
상황이다. 한국전쟁을 직, 간접적으로 겪은 세대들이 아직 우리 사
회에 일원으로 존재하고, 정치적인 좌우익의 대립이나, 반공 이데
올로기, 레드 컴플렉스라는 기제가 여전히 우리 안에 작동하면서
이 분단 상황이라는 요인은 지역, 세대, 정치성향, 계급 등의 극과
극으로 나뉘어 국가폭력이 정당화 되도록 영향을 미치고 있는 것이다.
특히 일제치하에서 독립 운동가를 색출하기 위한 '치안유지법'을
계승한'국가보안법'이 법체계라는 테두리 안에서 여전히 정당성을
가지고 연행, 감금, 폭행, 고문, 징역, 감시 등을 정당화 하면서 우리
를 탄압하는 수단으로 작동하고 있는 것은 어찌 보면 국가폭력에
대한 우리의 저항의식이 아직 부족하다는 증거일 수 있다. 안보와
안전한 국가가 인권보다 최우선이라는 국가안보제일주의를 이제는
뛰어넘어야 할 때이다. 브루디외가 말한대로 법적 장치안에서 정당
화되어 비가시적이고 은밀하게 작동하는 국가보안법이 정치이데올
로기로 우리 삶에서 자연스럽게 수용되어 억압과 통제가 일상에서
재생산되는 폭력구조를 제거해야 만이 우리가 온당히 누려야 할 자유를
체득하고 폭력이 정당화되는 상황에서 단호히 저항할 수 있다.

1987년 민주화운동 이후의 시민사회와 학생, 학계, 종교계 등은
한국 근현대사에 대한 역사바로잡기의 노력을 끊임없이 진행하였
으며, 그러한 실천을 통해 감추어져 왔던 국가폭력의 사례들이 폭
로되고 재평가되기 시작하였다. 이러한 노력들은 대한민국 안에서
의 국가폭력의 개념을 정의하고, 국가의 성립과 폭력과의 관계를
재정립하며, 그 과정에서 희생된 수많은 국가폭력 피해자들에 대한
관심을 이끌어 내었다. '5·18 민주화운동 등에 관한 특별법','진실·
화해를 위한 과거사정리 기본법', '제주 4.3사건 진상규명 및 희생

자 명예회복에 관한 특별법','민주화운동 관련자 명예회복 및 보상 등에 관한 법률' 등을 제정하고 국가폭력 피해자에 대한 명예회복과 보상 등 국가적 책임도 지속적으로 마련되고 있다. 그럼에도 불구하고 여전히 국가폭력의 직접 피해자는 두려움과 고립감을 느끼고 일부는 가해자가 분명함에도 불구하고 처벌 할 수 없는 경험을 하게 된다.

국민이 없는 국가는 존재 자체가 성립되지 않는다. 국민을 보호하지 못하는 것은 국가로서의 역할을 하지 못할 뿐 아니라 궁극적인 존재 이유가 될 수 없다고 생각한다. 용산참사에 대한 검찰 과거사위원회의 심의결과처럼 "잘못은 있지만 책임을 물을 수 없다"라는 결과는 여전히 공권력에 의한 국민의 인권침해 사례에 대하여 국가가 충분히 책임지지 않고 있음을 반증하는 것이며, 세월호 참사는 전 국민이 국가의 역할에 대해서 깊이 재인식하는 계기가 되었음에도 불구하고 아직까지 책임자 처벌과 진상규명에서는 별다른 진전이 없는 상태이다.

국가 폭력은 몇몇 책임자 규명과 처벌에서 끝나서는 해결되지 않는다. 국가가 책임을 지고 끝까지 원인을 조사하고 그에 맞는 법적 책임을 부과하고, 종국에는 국가가 나서서 진정한 사과와 보상이 함께 이루어 질때 비로소 미래로 나아가는 화해의 발걸음이 될 것이다. 그러나 그보다 더 진일보한 것은 국가가 법이라는 이름으로 국민을 억압 또는 통제하지 않는 것이며, 일상에서 국민들은 주체로서 성별, 이념, 종교, 사상 등의 차이를 넘어서서 서로를 인정하는 다양성이 존중될 때 진정한 비폭력의 세계, 즉 폭력이 존재하지 않는 평화로운 세계로 한걸음 더 나아가게 될 것이다.

〈 참고문헌 〉

김동춘, "국가폭력과 사회계약 : 분단의 정치사회학", 비판사회학회, 「경제와사회」 36, 1997.

김동춘, "민간인 김종익 사찰 건으로 본 이명박 정부", 역사비평사, 「역사비평」, 2011.

김동춘, "'간첩 만들기'의 전쟁정치 : 지배질서로서 유신체제", 한신 대학교 민주사회정책연구원, 「민주사회와 정책연구」 21, 2012.

김동춘, "분단이 낳은 한국의 국가폭력", 한신 대학교 민주사회정책 연구원, 「민주사회와 정책연구」 23, 2013.

김동춘, 「전쟁정치−한국정치의 메커니즘과 국가폭력」, 서울:길, 2013.

김동춘, "한국형 신자유주의 기원으로서 반공자유주의 − 반공국가, 발전국가와 신자유주의의 연속성", 비판사회학회, 「경제와사회」, 2018.

김상기, "폭력 메커니즘과 기독교 담론 윤리 구상", 연세대학교 대학원, 2008.

김상조, "<발제> 2 김영삼 정부 경제개혁에 대한 평가", 새얼문화 재단, 「황해문화」 18, 1998.

김석웅, "국가폭력 트라우마 경험에 대한 근거 이론적 탐구", 전남대 학교, 2020.

김성일, "박근혜 정부의 지배체제 형성과 작동−박근혜 정부의 통치성 논의에 부쳐", 문화과학사, 「문화과학」 77, 2014.

김세중, "유신국가의 재조명: 폭력국가 안보국가 개발 국가적 속성과 그들 사이의 연관성을 중심으로", 명지대학교 국제한국학 연구소, 학술대회,4, 2007.

김어진, "쌍용자동차 투쟁, 평가와 교훈", 경상대학교 사회과학연구원, 「마르크스주의연구」 6(4), 2009.

김영명, "이승만 정권의 흥망과 그 정치사적 의미", 한국정치학회, 「한국정치학회보」 25(1)

김영선, "마키아벨리의 정치사상 : 권력과 폭력", 「폭력에 대한 철학적 성찰」, 서울:철학과 현실사, 2006.

김용환, "인간의 자연적인 조건으로서의 폭력과 사회계약론적 해법 : 홉스의 힘의 정치철학—폭력과 통제," 「폭력에 대한 철학적 성찰」, 서울:철학과 현실사, 2006.

김정한, "박근혜 정부의 통치 전략. 헤게모니 없는 배제의 정치", 문화과학사, 「문화과학」, 2014.

김정한, 「비혁명의 시대:1991년 5월 이후 사회운동과 정치철학」, 서울:빨간소금, 2020.

김혜경, "국가폭력 범죄의 개념과 국가책임구조", 대검찰청, 「형사법의 신동향」 58, 2018.

남구현, 송태수, "신자유주의 지배전략과 소위 문민정부, 국민의 정부", 진보평론, 「진보평론」 11, 2002.

노중기, "6공화국 국가의 노동통제전략과 노동운동 : 1988−1995", 한국사회학회, 「한국사회학회 사회학대회 논문집」, 1995.

노중기, "이명박 정부 출범 1년의 노동정책 : 평가와 전만", 비판사회학회, 「경제와사회」, 2009.

노중기, "박근혜 정부 노동정책에 관한 비판적 고찰", 비판사회학회, 「경제와사회」, 2014.

박문석, "국가보안법 폐지는 미룰 수 없는 당면 투쟁 과제이다", 노동사회과학연구소, 「노동사회과학」 11, 2018.

이동윤, 박준식, "민주화 과정에서 저항폭력의 정당성", 전남대학교 5.18연구소, 「민주주의와 인권」 8(1), 2008.

이문영, "폭력개념에 대한 고찰: 갈퉁, 벤야민, 아렌트, 지젝을 중심으로", 역사비평사, 「역사비평」 2014.

이원호, "잘못은 있지만 책임을 물을 수 없다는 검찰 과거사위원회", 참여연대사회복지위원회, 「월간복지동향」 249, 2019.

이정민, "국가폭력 문제를 통해 보는 과거사 청산(홍순권 외 엮음, 「한국 현대사와 국가폭력」, 서울:푸른역사, 2019)", 역사학연구소, 「역사연구」 37, 2019.

이창언, "전두환 노태우 정권과 공안통치", 재단법인 내일을여는역사
　　재단, 「내일을 여는 역사」 53, 2013.

최정운, 「오월의 사회과학」, 서울:도서출판 풀빛, 1999.

캬야노 도시히토(김은주역), 2010, 「국가란 무엇인가」, 경기:산눈
　　출판사

한홍구, 강은숙, 최현정, 오하린, 평화박물관, 「광주트라우마센터
　　설립을 위한 기초연구」, 2012.

홍석만, "용산참사의 정치경제학", 경상대학교 사회과학연구원, 「마
　　르크스주의연구」 6(2), 2009.

홍성흡, "국가폭력 연구의 최근 경향과 새로운 연구방향 모색", 전남
　　대학교5.18연구소, 「민주주의와 인권」, 7(1), 2007.

홍순권 외 엮음, 「한국 현대사와 국가폭력」, 서울:푸른역사, 2019.

한반도 평화공동체적 함의

전 철 후

한반도 평화공동체적 함의

전 철 후

I. 들어가는 말

한반도가 남북으로 분단된 현실을 부각시키고 분단구조가 장기간 지속되면서 한반도 전역에는 일종의 '체제'가 형성되었다. 더 중요한 문제는, 전쟁까지는 안 가면서도 60년 넘게 불안한 휴전상태를 지속시키면서 남북 모두의 민주주의와 민생을 옥죄어온 분단체제의 존재인 것이다. 이러한 한반도의 구조를 백낙청은 "분단체제"라 말한다. 이는 '분단 한반도의 현실이 단순히 남북한 각각의 '체제'만을 고려한다거나 세계체제와 남북한 체제라는 두 차원의 체제 개념만을 동원해서는 제대로 해명할 수 없다.'는 인식을 전제로 하고 있다. 한반도의 분단체제의 특징은 첫째는 세계체제의 역사에서도 특정한 시기와 동아시아라는 특정한 지역에 자리 잡은 독특한 하위체제로서의 분단체제이다. 둘째는 어느 한쪽이 잠시 '수복' 또는 '해방'을 기다리고 있는 단일사회도 아니며, 그렇다고 남북 두 사회를 기계적으로 수합한 것도 아니다. 그냥 이웃나라와는 무언가 본질적으로 다른 두 개의 분단사회를 망라하는 특이한 복합체이다. 백낙청의 분단체제론은 남한 민중의 자체 개혁과 북한 민중의 바람직한 변화를

추구하는 가운데 양쪽의 운동이 한반도 민중의 생활주도력을 극대
화하는 통일이라는 공통목표를 중심으로 연대한다는 구상을 갖고
있다. 이러한 구상은 어느 한쪽의 일방적인 변화를 요구하지 않으며,
지난 몇 년간의 남북한 합의과정에도 뚜렷이 나타난다.

2000년 6월의 남북정상회담을 계기로 한반도에서는 평화지향적
인 길을 엿볼 수 있게 되었다. 2000년 3월 9일 베를린자유대학에서
이루어진 한반도 평화정착과 남북통일을 위한 제안을 담고 있는 베
를린 선언은 한반도 평화체제로서의 확고한 방향을 보여주었다. 국
제사회 정세의 변화와 정부의 일관된 대북정책은 2000년 6월 15일
분단 50년만에 남북 간의 첫 번째 정상회담 성사와 6.15 남북공동
선언 발표라는 이정표를 만들어냈다. 한국전쟁 이후 처음으로 이루
어진 6.15 남북정상회담은 한반도 평화와 화해협력에 대한 의지를
확인할 수 있었던 현대사의 중요한 역사적 가치를 지닌다. 그 이후
2007년 10.4 남북정상회담과 2018년에 세 차례의 남북정상회담이
이루어졌다. 지금까지 남북정상회담의 공동선언서는 모두 한반도가
평화체제로 나가고자 하는 동일한 방향성을 지니고 있다.

이러한 한반도식 통일은 내용상 '시민참여형' 내지 '민중참여형'
통일과정이 되리라는 것이 백낙청의 주장이다. 이를 "도덕통일"이
라 일컬을 수 있다고 말한다. 세계2차대전 이후의 통일은 무력통일
내지는 금력통일이었다. 한반도는 "시민참여형의 도덕통일"을 지향
해야 한다. 특히, 예멘의 사례는 당국간에 합의를 하더라도 각성한
민중의 참여를 통한 준비과정이 선행되어야 하고 이를 위해서는 민
중참여·시민참여를 보장할 점진적·단계적 통일의 장치가 필요함을
말해주고 있다. 이러한 통일방식이 6.15 공동선언에 담겨져 있다.
제2항에서 "나라의 통일을 위한 남측의 연합제 안과 북측의 낮은

연방제 안이 서로 공통성이 있다고 인정하고 앞으로 이 방향에서 통일을 지향시켜 나가기로 하였다." 이 조항은 베트남, 독일, 예멘과는 달리 중간단계를 거쳐서 평화적 통일을 해 나간다는 것이다.

이러한 "시민참여형의 도덕통일"에 있어서 종교의 역할이 중요하다. 평화는 종교의 수단이라기보다는 종교의 본질이고 이상이다. 평화가 구체화되는 곳에서 종교의 구체성과 진정성이 확보되며, 따라서 평화 없는 곳에는 종교도 없다. 종교는 진리를 깨달은 혹은 신을 만난 상태이자, 그와 관련한 최상의 가르침은 평화의 형태로 나타난다. 남한과 북한의 대립과 갈등의 분단체제를 극복하고 교류와 협력을 통한 공생(共生)과 상생(相生)의 관계로의 가치 정립이 필요하다. 원불교에서 평화는 개벽의 열림 시대에 남과 북이 분단과 갈등의 체제를 넘어선 조화와 상생의 시대를 의미한다. 또한, 평화는 서로 돕고 위하는 화(和)의 원리가 이상적으로 실현된 세상을 의미 한다.

II. 원불교의 평화통일 사상

1. 소태산 박중빈의 강약(強弱)의 조화의 원리

당시의 사회는 신분과 물질의 자본으로 인해 권력을 독점하면서 계층 간의 심각한 갈등현상이 일어나고 있었다. 또한, 국제사회는 열강제국의 침략전쟁과 식민지 침탈로 인해 세계의 질서가 무너지고 강대국 중심으로 재편되고 있었다. 원불교를 창시한 소태산 박중빈의 「강자약자진화상요법」 은 이러한 국내외의 시국을 보고 만들어졌다. 강자와 약자에 대한 개념과 강자와 약자가 자리이타 (自利利他)의 관계로서 바람직한 관계상 등의 2개 조목으로 되어 있다. 투쟁과 대립으로 점철된 역사를 거울삼아 개인과 개인, 사회 와 사회. 국가와 국가 간에 서로 은혜를 발견하여 상생의 도로 나아 감으로서 새 역사를 열어가자는 내용이다. 때문에 강자와 약자가 모두가 함께 진화하고 자리이타(自利利他)로 상생(相生)해 가는 길로 제시되었다. 강자와 약자가 서로 의지해 있다는 점과 강자는 자리이타의 방법으로 약자를 진화시키는 것이 영원한 강자가 되는 것이고, 약자는 어떤 고난이라도 무릅쓰고 강자로 진화해 가려는 노력이 필요하다는 것이다. 어떤 형태의 위계라고 할지라도 전체적 관점 내에서 양자의 평화로운 진화를 지향하고 있다. 진급과 강급 이 순환되는 사회적 연기론에 입각한 갈등 해소의 평화적 모색이라 고 할 수 있다.

강과 약은 일시적이고 유동적이어서 절대강과 절대약이 없기 때 문에 강자에게는 약자를 자리이타(自利利他)법으로 강자에서 영원 한 강자로 진급할 길을 제시하였다. 이는 자신과 타인의 구분 없이 강자 자신도 이롭게 하면서 약자에게도 이롭게 하는 것으로 공존과 공영을 위한 원리를 제시하였다. 약자가 강자로 진화하기 위해서는 "어떠한 천신만고가 있더라도 강자를 선도자로 삼고 어찌하면 강을 얻었는지 연구하고 실천하기에 힘써야 할 것"을 제시 하였다. 이는 인과보응(因果報應)의 원리에 바탕하여 무슨 일이든지 당하는데 있어서 강자를 선도자로 삼고 배우고 실천함을 강조하고 있다. 개 인, 사회, 국가가 평화를 바라는 의도와 목적이 동일하지 않을 때가 많다. 강자의 입장에서는 현재 체제와 질서의 유지를 통해서 평화 를 이루려 한다면, 약자의 입장은 강자들에 의해 만들어진 구조적 폭력의 해체에서 평화를 만들어가려 한다. 때문에 강자는 구조적으로 유지되는 폭력을 정당화하려 하고, 약자는 불평등의 해소를 위한 구조적 폭력에 저항 해 가는 과정을 겪는다.

이는 현재 한반도의 상황에서 강한 문명이 약한 문명을 흡수 통합하여 약한 문명이 소멸되고 강한 문명만이 살아남는다는 원리가 아니다. 남과 북이 서로 없어서는 살수 없는 상보적 존재로서 서로 간의 진화 발전할 수 있는 원리를 제시해 주고 있다.

2. 정산 송규의 중도주의(中道主義)와 삼동윤리

정산 송규의 평화통일 사상은 중도주의(中道主義)에 근간을 두고 있다. "조선의 정세를 살피건대 자력확립에 바탕한 중립주의가 아니고도 도저히 서지 못할 것"으로 예상하고, "내부의 단결을 주로 하고 불평불의한 조선의 정신을 새로이 찾아야 할 것"을 제시했다. 정산의 중도주의 정책은 1945년 당시의 상황 뿐 아니라 앞으로 이루어질 통일 이후 힘의 균형과 조화를 갖춘 평화정착을 위해서도 필요하다. 이러한 정산의 중도주의에 바탕한 『건국론』은 종교인으로서 한반도의 정치의 방향성을 제시하여 평화가 정착하도록 하였다. 정산은 『건국론』에서 중도주의는 과(過)와 불급(不及)이 없는 것이니 즉 상대편에 서로 권리 편중이 없는 동시에 각자의 권리를 정당하게 잘 운용하자는 것이라고 한다. 백낙청는 정산 종사가 국내 여러 세력들의 대립이 첨예하고 동족상잔의 위험마저 느껴지던 상황에서 무엇보다도 평화로운 건국을 위해 『건국론』을 썼으며, 1972년 남북 당국이 합의하여 모든 통일논의에서 중요한 하나의 준거가 되어온 7·4 남북공동성명의 "자주 평화 민족대단결"의

3대 원칙 중 "평화"의 원칙과 일치하다고 보고 있다.

『건국론』은 광복직후 시국을 보고 내놓았다. 신순철은 「건국론의 저술배경과 성격」에서 정책적인 측면보다는 국민정신과 단결을 근본적인 과제로 내놓았다는 점, 정치 이념적 중도주의와 외교적 중립주의 정책으로 국민단결을 도모 했다는 점, 원불교의 교의와 경험에 근거하여 원불교적인 이상사회의 실현을 제도와 정책으로 제시했다는 점으로 분석하고 있다. 『건국론』은 구체적으로 건국의 정신을 마음단결, 자력확립, 충의 봉공, 통제 명정, 대국 관찰의 다섯가지로 세우고, 정치에 있어서는 민주국 건설, 중도주의 운용, 시정 간명, 헌법 엄정, 훈련 보급, 실력 양성, 종교 장려를 제시하고 있다. 그 외에도 교육국방, 건설과 경제, 진화의 도를 전개하고 있다. 1945년 10월에 나오게 된 『건국론』은 시기적으로 해방과 분단체제를 연결하는 고리이며, 역사적인 상황을 심려하고 정상화하는 논의로써 여전히 유효하다. 특히, 백낙청은 시민주도형으로 분단체제 극복을 이루고자 할 때, 『건국론』에서 제시한 "마음단결"을 이룩한 사람들이 남북을 통틀어 어느 선 이상으로는 반드시 있어야 함을 강조하고 있다.

평화에 대한 정산 송규의 사상은 1961년 4월에 소태산 대종사의 일원주의를 구체화 삼동윤리를 제창하게 된다. 삼동윤리는 "동원도리(同源道理), 동기연계(同氣連契), 동척사업(同拓事業)"이다. 동원도리는 모든 종교와 사상의 근원이 하나임을 밝히고, 동기연계는 모든 인류와 생명체가 하나의 기운으로 연계된 동포임을 밝히고, 동척사업은 모든 주의와 사업이 더 좋은 세상을 만들고자 하는 하나의 목적을 가지고 있다. 정산은 삼동윤리에 대해 "앞으로 세계 인류가 크게 화합할 세가지 대동의 관계를 밝힌 원리니, 장차 우리 인

류가 모든 편견과 편착의 울안에서 벗어나 한 큰 집안과 한 큰 권속
과 한 큰 살림을 이루고, 평화 안락한 하나의 세계에서 함께 일하고
함께 즐길 기본 강령"이라고 하였다. 정산은 한반도의 문제와 세계
의 문제에 동시에 관심을 갖고 한국인과 인류공동체가 함께 실천해
야하는 방향성을 제시 하였다.

　이러한 삼동윤리의 평화사상은 동양의 오랜 전통인 '대동(大同)
사상'에서 발현 된다. 공자의 예기(禮記) 예운편 9장에서는 '백성이
예와 법으로 다스려져서 적어도 겉으로는 별 문제가 없어 보이는
상태를 소강小康'이라 한다. 소강 사회에서는 이기적 혹은 가족 중
심적 사유와 행위가 지속되거나 사회적 문제의 가능성은 늘 잠복해
있다. 이에 비해 대동(大同)은 남과 나를 같이 보는 경지인 인(仁)
이 구현되어 가족 중심주의를 넘어서 '세상이 공적인 것이 되는(天
下爲公) 사회'이다. 모사가 없고 난리가 없으니 '바깥문을 닫아두지
않아도 되는 상태를 대동이라 한다.'고 규정하고 있다. 이찬수는 예
기의 소강과 대동의 개념과 요한칼퉁의 소극적 평화와 적극적 평화
를 대입하여 "전쟁까지는 일어나지 않는 소강이 소극적 평화에 해
당 한다면, 세계 전반이 공적 영역으로 작용하는 대동은 적극적 평
화의 상태에 해당한다고 할 수 있다."고 말한다.

　정산의 생애는 구한말에서 일제강점기, 조국광복과 6.25동란, 그
리고 5.16군사혁명이 일어난 산업화의 초기까지 이어졌다. 당시는
남북분단 아래서 세계적으로 냉전체제가 계속되고 무지·빈곤·질병·
전쟁 등 사회문제가 복잡한 상황이었다. 역설적으로 보면, 이런 사
회상이 정산종사로 하여금 민족이나 국가나 종교 체제 등 모든 울
을 넘어서서 보편적인 윤리사상을 전개하게 한 것으로 볼 수 있다.

3. 대산 김대거의 화공(和共)의 도(道)

대산의 화공의 도는 국가와 인종과 이념의 장벽을 넘어 후천(後天)의 선경세계(仙境世界)를 열어가는 방편으로 정신과 물질이 고루 온전한 세상을 열어가는 새시대의 윤리를 말한다. 즉, 대립적 구조의 관계가 아닌 조화의 원리로 이념의 갈등 문제를 해결할 수 있다고 본 것이다. 특히 대산은 남북 관계의 중요성을 역설하면서, 조선일보와의 대담을 통해 "나는 공산주의에 대해 상황과 시대에 따라 유연하게 대처해야 한다고 생각합니다. 북한동포들을 구원하려면 구공(救共)이 필요한데 금방은 어렵겠지요. 우리가 지나온 멸공(滅共)→반공(反共)→승공(勝共)의 단계는 지났고, 이제 용공(容共)→화공(和共)→구공(救共)의 단계로 가야 할 게 아닌가 생각합니다."라고 하였다. 이는 자본주의니 공산주의니 하는 냉전적 상극의 시대를 청산하자는 화공의 도가 구두선이 아니라 민족문제해결까지 적용되는 현실성을 보여준 것이다. 이처럼 그의 화공의 도는 관념적인 세계주의나 종교적 신비주의가 아니라 아주 실제적이며 지속적으로 실천해 나가야 할 실천윤리인 것이다. 결국 모든 인류사적 문제들이 이념과 정치의 문제에 국한된 것이 아니라 상극의 마음에서 비롯된 것임으로 모든 인류와 생령이 하나의 몸이니 자리이타(自利利他)의 정신과 마음가짐으로 민족과 세계를 살리자는 상생의 실천이었던 것이다.

대산은 남북 간의 통일을 이루려면 "정신적으로나 경제적으로나 우리가 그들을 먹여 살릴 수 있도록 되어야 하며 정신적으로도 그들을 지도할 수 있어야 합니다. 이럴 때에 자동적으로 통일은 이루어지게 되는 것입니다."라고 강조하며, "화공(和共)"의 원리를 말하였다. 또한, "이북의 동포도 다 우리의 형제이며, 단군의 자손으로서 서로 화합해야 합니다. 북한을 상대로 짓고 누르려 하고 이기려 하고 앞서려 하는 상대적 경쟁으로는 안 됩니다. 2천만 북한 동포를 따뜻하게 안아주고 이끌어주고 도와주는 다 성공하도록 화공(和共)"을 해야 함을 강조하였다. 1983년 12월 19일에 종로교당 청년들과 통일교에서 훈련을 마치고 온 청년으로부터 경과보고를 받으신 후에는 "극하면 안 되는 것이다. 멸공은 벌써 진리적으로 안 된다. 그러니 멸공해서는 안 되고 승공은 형제 간에도 크게 되면 다투기도 하는 것이다. 그러나 이긴다고 하면 그것도 안 되는 것이다. 그래서 내가 화공(和共)을 이야기했다. 종교가에서는 그 사람들도 다 같은 인류이니 다 살려야 한다. 이북 지도자들과 언제 어디서나 서로 만나고 또 서로 넘나들면서 성묘도 하자고 제의하는 것이 화공이다."라고 말하며 한반도 통일에 있어서의 이념적 가치는 "화공(和共)의 도(道)" 전제되어야 함을 강조한다.

대산은 화(和)의 원리로서 만나야 함을 강조하고 서로 돕고 위하며 협력의 길로 나아갈 때 비로서 진정한 통일이 온다고 보았다. 즉, 대립적 구조의 관계가 아닌 조화의 원리로 이념의 갈등 문제를 해결할 수 있다고 본 것이다. '동(同)'은 동일의 의미를 갖고 있다. 바로 '화(和)'는 다양성을 인정하는 것이며 관용과 공존의 논리이다. 반면에 '동(同)'은 다양성을 존중하지 않고 획일화된 가치만을 수용하는 지배와 합병의 논리이다. '화(和)'의 논리는 다양성을 인정하는 관용의 논리이면서 나아가 공존과 평화의 원리이다. '조화로움'의 논리는 자기와 다른 가치를 존중한다. 화공(和共)은 타자를 흡수하고 지배함으로써 자기를 강화하려는 존재론적 의지를 갖지 않고 사람과 사람 사이 간의 모든 차이를 존중한다. 이러한 차이와 다양성이 존중됨으로써 한반도 내의 조화로운 평화공동체의 인식이 가능하다.

4. 좌산 이광정의 통일대도론

좌산은 1997년 6월 15일, 6.25 기념일을 앞두고 서울 특별법회에서 "통일대도"를 처음 발표하고 평화와 통일을 위한 6가지 제안을 하였다. "통일대도론"은 남북한 온 겨레가 통일을 위하여 함께 갈 수 있는 길로서 종교적이며 지혜로운 길이라 말한다.

첫째는, 대해원(大解寃)이다. 분단 원인의 원초적 기념은 원한이다. 원한의 응어리가 풀리면 통일의 문제는 실토리 풀리듯 할 것이다. 둘째는, 대사면(大赦免)이다. 우리의 본의 아닌 피해를 주고 당하고 대응하며 서로 서로 가해하여 왔다. 이에 불행했던 과거지사는 하해 같은 마음으로 서로 대사면을 해서 없었던 일로 돌아가야 한다. 셋째는 대화해(大和解)이다. 우리는 가슴 가득한 동포애로 만나서 손과 손을 마주잡고 회포를 풀어야 한다. 그리하여 뜨거운 정의가 강물처럼 흘러갈 때 통일의 대로는 트이기 마련이다. 넷째는 대수용(大受容)이다. 통일 대의 국가 대의에 위반되는 일이 아닌 사소한 일은 모두 모두 받아 주자. 서로 서로 받아 주면 일치의 지점이 눈앞에 나타날 것이다. 다섯째는 대협력(大協力)이다. 자리이타(自利利他)의 정신으로 서로 도우며, 강한 쪽이 약한 쪽을 먼저 돕고 서로 서로 진화의 길로 나아가자. 서로 협력관계를 형성하는데 모든 협약의 준수를 생명으로 알아야 한다. 여섯째는 대합의(大合意)이다. 드디어 대합의를 창출하자. 국가 대의와 민족 전체의 운명을 책임지겠다는 어버이의 마음으로 합의를 창출한다. 통일 헌법

통일 정부를 합의 탄생시킨다. 합리로 성숙할수록 합의의 명수가 된다.

이러한 "통일대도론"은 원불교의 일원상 진리와 삼동윤리에 입각하여 남북한 이질적인 문화를 서로 수용하고 포용하는 자세를 견지하는 한편, 특히 대결 국면에 처한 양 체제의 과거사를 과감하게 수용하자는 종교정신을 극대화한 것으로 볼 수 있다. 특히, 좌산은 첫째, 분단과 전쟁에 관한 과거사를 거론해서는 안 된다. 둘째, 상대방에게 피해주는 일은 어떤 일도 하지 말아야 한다. 셋째, 서로가 약속한 모든 협약을 임의로 파기하는 일은 없어야 한다. 넷째, 군사력 시위나 무력 증강을 중단해야 한다. 다섯째, 나는 변하는데 상대방은 변하지 않는다고 하는 관념도 버려야 한다고 하는 통일을 향한 사회와 정부의 전향적인 자세를 촉구하였다. 이는 통일대도의 6단계 과정을 구체적으로 교설한 것으로 볼 수 있다.

Ⅲ. 원불교 통일 운동의 전개

원불교는 장적조교무가 1936년 북한 지역을 진출한 뒤 그 다음 해(1937년)에 북만주, 다시 1937년에 만주 목단강에 진출하여 1945년까지 교화활동을 하였다. 개성교당이 1938년에 설립되어 활동함으로서 북한 내에서의 교화활동이 전개되었다. 개성교당은 1937년 12월, 이천륜교도와 경성지부 이동진화 순교무의 주선으로 김영신교무가 개성 교무로 부임하였다. 1938년부터 이천륜 교도의 집에서 법회를 보기 시작하여 동년 8월 덕암동에 교당을 마련하여 "개성출장소" 간판을 붙이게 되었다.

대산 김대거 종사는 1979년 4월에 북한, 중국을 비롯한 공산권 교화를 목적으로 북방교화위원회를 구성하여 북한교화를 위한 교단적 기구를 설립하였다. 북방교화위원회를 발족하기로

결의한 후 1989년에 서울지역을 중심으로 한 운영위원 30여명의 위촉과 첫 회의 개최를 개최하였다. 1995년에는 한반도의 평화통일에 대비하고, 북한지역교화를 목적한다는 목표로 [북방교화위원회]를 [북한교화위원회]로 개칭하였다. 그해 6월 23일 교화훈련부에서 북한교화준비를 위해 북한의 행정구역에 맞춰 교구별로 북한교화 연원지역을 선정하고, 6.25 희생영령 합동위령재 재비와 광복 50주년 통일염원기도 기도금을 북한지역 연원교당 설립기금으로 적립하기로 하고 각 교구별 연원지역을 선정하였다.

이에 성도종은 북한교화 정책의 기본방향에 대해 첫째 초이념적, 둘째, 평화운동, 셋째, 인간화 운동이어야 한다는 점을 강조했다. 그리고 북한교화연구소 설립과 함께 이해와 접근을 위한 교류사업 추진을 제안했다. 이제성 또한 분단을 넘어서는 종교적 과제로써 삼동윤리를 분단해결을 위한 윤리로써 제시했다. (원불교 교화연구소 편, 『통일·북한, 북방교화 자료집』, 1993.8)

1993년 7월에 불교, 기독교, 천주교, 원불교인이 함께 결성한 '민족의 화해와 통일을 위한 종교인 협의회'에 참여하고 동년 12월 13일 원불교 서울회관에서 "남북합의서 이행 촉구를 위한 종교인 천인 선언대회"를 개최하기도 하였다. 원불교 청년회는 1994년 7월에 창립 30주년 기념대회를 가졌으며, 그 실천 운동으로 "한민족 한삶 운동본부"을 전개 하였다. 1995년 1월에 발대식을 갖고 한삶운동의 "원칙과 방향", "사업대강", "추진방법" 등을 구체화하여 원불교의 통일운동을 설정하였다.

　　1990년대 원불교는 통일 분위기의 성숙과 함께 자신의 북방 및 북한교화에 대한 열망을 현실화시키기 시작했다. 90년대 초부터 현재까지 북한 교화를 구체화하는 한편 통일을 대비하는 논의를 벌이기 본격화했다고 할 수 있다. 이 시기는 원불교를 포함한 제 종교가 KCRP를 통해 북한 종교위원회와의 직접적인 교류를 이루어냈다. 원불교 교단은 소련, 중국, 카자흐스탄 등에 선교소를 설치하는 한편, 북한 교화를 위한 교령 발령(1994), 남북 한삶운동 발대식(1994), 북한교화 위원회 규칙안 마련(1995), 원봉공회 등의 봉사단체를 통한 북한에 생필품 보내기, 평양교구 사무국 설치(1999), 대북지원에 대한 원불교 독자적인 창구 개설(2001), 탈북자를 위한 한겨레 중고등학교 개교(2004) 등 다양한 측면에서 통일을 대비하는 활동을 벌였다.

　　1990년대는 원불교가 통일에 대한 논의를 실질적으로 시작한 시기이기도 하다. 대표적으로 원불교 청년회 주관에 의해 조국통일과 청년의 사명이라고 하는 심포지엄을 개최한 것이다. 여기서는 개벽운동으로서의 통일운동, 체제를 뛰어넘는 통일운동, 체제 내의 전향적인 해결과정으로서의 통일운동이라고 하는 분단체제를 둘러싼 논의가 진행되었다. 1월에 발대식을 가진 남북한삶운동에서는 은혜의 쌀모으기, 북한상품사기의 물질의 한삶운동, 통일을 위한 기도, 남북한 바로알기 독서토론회, 통일기원법회 등의 마음의 한삶운동, 북한상품 판매자원봉사, 9인연원달기, 통일행사 참여하기, 기금확보 등의 몸의 한삶운동을 이때부터 지속적으로 펼쳐왔다. 원불교의 통일운동은 북한 실정에 대한 이해와 함께 북한의 자생력을 키워주어야 한다는 데에까지 인식의 지평이 넓혀진 것이다.

　　원불교인의 북한 종교인 학자와의 만남은 1990년 8월 일본 오사

카에서 열린 제3차 조선학 국제학술토론회에서 이루어졌다. 원불
교학과 교수진은 당시 북한 주체사상연구소장인 박승덕 박사 등과
만나 『원불교 교전』을 전달하였다. 최근에는 2019년에는 "한반
도의 통일"을 주제로 체코에서 열린 제21차 국제고려학회에 박도
광교무와 전철후교무가 참석하여, 북한의 김일성대학과 조선과학
대학의 학자들과의 교류와 토론을 진행하였다.

원불교는 최근 교정정책으로 통일위원회를 발족하였다. 이는 '통
일교화 기반조성' 사업을 선정하여 통일에 대비하여 북한교화에 대
한 전략 수립과 통일교화에 대한 시스템을 구축하기 위함이다. 대
표적인 통일운동의 활동기구는 "한민족 한삶 운동본부"와 "평화의
친구들"이 있다. 원불교 남북교류단체 한민족한삶운동본부(한삶)
는 1994년 창립된 원불교의 공식 통일 단체로서 불교의 민족공동
체추진본부(민추본) 천주교의 민족화해위원회(민화위), 개신교의
화해통일위원회(화통위)와 같은 역할을 하고 있는 단체이다. 1994
년 7월에 원불교 청년회 창립 30주년을 기념하여 만들어졌으며,
2011년에 정인성교무을 한민족한삶운동본부 신임 본부장으로 위
촉하고 2012년에 [사단법인 한민족한삶운동본부]의 설립을 승인
하면서 원불교 교단과 사회적으로 공식적인 기구로 활동하고 있다.
주요사업으로는 남한주민과 북한이탈주민의 문화교류 프로그램인
남북청년한마음한걸음과 한반도 통일 전문가들이 다양한 의제와
평화통일의 방향성을 논의하는 원불교 통일평화세미나 등을 진행
하였다.

또한, 평화의 친구들은 원불교 삼동윤리 교법정신에 따라 원불교
청년회에서 2003년에 설립한 평화운동단체이다. 인류공동체가 서
로 없어서는 살 수 없는 관계이므로, 화해와 나눔을 통하여 무지·가

난·질병 등의 불평등을 극복하고 정의롭고 평화로운 세계구현에 기
여함을 목적으로 하고 있다. 어떠한 상황에서도 인간의 존엄과 가
치가 무시되거나 유린되어서는 안 된다는 믿음으로 분쟁, 재난지역
구호활동 및 제3세계 개발지원 사업, 평화를 실현하는 인재양성
(Peace Player)및 교육사업, 한반도 화해와 평화를 위한 협력사업,
전쟁 방지를 위한 국내외 평화단체들과의 교류협력사업 등을 진행
하고 있다. 현재의 분단 상황이 한국사회 구성원 개개인의 삶과
어떻게 연계돼 있는지에 대해 알아가는 것이 중요한 시점이기에,
청년들이 한반도 평화와 통일을 바탕으로 세계평화의 문제까지 관
심을 갖고 자발적으로 행동하기 위한 프로그램으로 피스플레이어
양성, 평화·통일 역사탐방, 평화음악회 등을 진행하고 있다.

교육기관으로는 한겨레 중고등학교가 있다. 북한이탈청소년들이
탈북 과정에서 받은 심리적 상처를 치유하고 남한 사회에서 받은
다양한 문화 충격을 적절히 소화하여 한국사회의 적응력을 향상하
는데 목적으로 설립되었다. 다양한 문화체험을 통해 남북한에 대해
이해하고 문화의 다양성을 인식하며, 마음공부를 통해서 도덕적 품
성을 함양하고 공동체 생활의 의미를 되새기고 있다. 또한, 학령과
학력 간의 격차를 극복하고, 북한교육의 특징을 파악하여 북한이탈
청소년에게 자유민주주의 사회에서 진로를 선택하고 자아를 실현
할 수 있는 기회를 부여하고 있다.

연구기관으로는 원광대학교 원불교 사상연구원과 종교문제연구
소가 있다. 1980년대 초반에는 원불교사상연구원 주최의 평화통일
공청회(1982)를 시작으로 1988년에는 원불교 자체의 통일문제 세
미나를 개최하였다. 주요 내용으로는 박상권은 1985년에 종교적
견지에서 통일국가 건설의 첫 단계인 국민정신의 주체적 힘을 기르

기 위한 다음의 세 가지를 제시했다. 첫째는 한민족 사이에 고조된 적대의식과 불신감을 줄이는 작업, 둘째, 민주주의 정신의 재결집, 셋째, 분단체제를 지탱해 주는 요소를 하나하나 찾아 제거해 나가야 한다고 보았다. 송천은 원불교의 통일 이념으로 평화적 통일, 민족자주적 통일, 이소성대의 통일을 제시했다. 같은 시기 김도용은 원불교의 통일실천방안으로 국민개진(國民皆眞)운동을 제안하였다. 이러한 담론들은 정산 종사의 사상과 정신을 계승하는 한편, 한국 사회 내부의 통일을 향한 정신적 결집 내지는 기반 조성의 방향을 보여주고 있다.

종교문제연구소는 초대 소장인 류병덕박사의 한반도 평화통일 연구를 시작으로 4대 소장인 박도광교무가 KCRP와 WCRP 등과 세계종교의회 등의 참석과 세미나 개최로 활발히 활동을 이어오고 있다. 특히, 2018년에 캐나다에 진행된 세계종교의회에서는 "한반도의 평화"를 주제로 세계적인 석학들과 세미나를 개최하였고, 2019년에는 체코에서 열린 제21차 국제고려학회에서 원불교의 평화사상에 기반한 한반도의 평화체제가 어떻게 이루어져야 하는지 발표와 토론을 진행하였다. 특히, 2019년에서는 원불교 영산 성지에서 "통일과 환경"을 주제로 국제 종교간 대화를 진행 하였다. 이 자리에는 국내외의 종교인과 통일 전문가들이 모여서 주제발표와 토론이 진행되었으며, 새터민 청년들이 함께 모여 북한사회를 이해하고 남북한 문화교류를 위해 어떠한 노력이 필요한지 서로를 이해하는 시간을 가졌다.

Ⅳ. 나오는 말

현재 한반도는 평화체제를 강조하며 지향하고 있다. 세계2차 대전 이후의 분단국가들과 같은 흡수통일과 같은 형태 보다는 서로의 정치체제를 인정하고 공생과 공존 그리고 번영의 길을 제시한다. 그러면 평화(平和, peace)란 무엇일까? '평'(平)이란 단순히 반듯한 기계적, 물리적 정지 상태라기보다는 갇혀있는 기운을 헤쳐서 자유롭게 뻗어나가는 정신 상태를 의미하며 골고루 갈라놓아서 많고 적고가 없도록 고르게 한다는 의미이다. '화'(和)란 음악에서 여러 가지 소리가 조화를 이루어 아름다운 음악을 만들어 낸다는 의미에서 조화롭게 고르게 한다는 뜻이다. 평화는 인간 삶의 모든 영역 안에서 골고루 고르게 하여 서로 조화를 이루면서 그 기운을 활짝 열게 하는 것이다. 때문에 평화의 구체적인 내용은 인간의 '살림'이고 새 세상의 '열림'이며, '새롭게 열린 세상'을 구현해 가자는 정신개벽의 실천적 모습이다.

하지만 평화는 하나의 가치와 형태로만 존재하지 않는다. 조화로운 평화공동체는 "자기중심적 평화"를 넘어선 다양한 "평화들"을 인정하고 수용하는 데 있다. 때문에 "평화들"은 평화의 개념을 찾는 과정에서 평화는 단수형이 아니라 복수형으로 존재하고 있음을 말하고 있다. 저마다 다양하게 경험하는 평화들을 모두 긍정하고, 이들의 관계성에 초점을 맞추고 이를 조화시켜 나가는 것이 "평화들"이다. 한 사람의 평화 경험이 다른 사람의 평화 경험과 공유되면서 "평화들"은 만들어진다. 이러한 "평화들"이 인식되고 유지되기 위해서는 공동체 안에서 다양성을 수용하고 존중해가는 '조화로움'이 필요하다. 때문에 한반도의 공동체(共同體)의 모습은 획일적인 '같음'을 중시하기보다는 '공유'를 중요시해야 한다.

여전히 한반도의 상황은 전쟁이 없는 소극적 평화의 상태로 머물러 있다. 소극적 평화를 넘어선 구조적·문화적 폭력을 줄여나가는 '적극적 평화'의 길로 나아가야 한다. 평화학자 요한 칼퉁(Johan Galtung)은 평화의 개념에 대해서 '소극적 평화'와 '적극적 평화'로 구분해서 정리하였다. 소극적 평화(negative peace)는 전쟁을 포함한 직접적·물리적 폭력이 없는 상태로 국가 안보개념의 평화가 해당된다. 적극적 평화(positive peace)는 구조적 폭력 및 문화적 폭력까지 없는 상태를 뜻하는 것으로 인간 안보개념의 평화를 말한다. 해방 이후와 한국전쟁을 거치면서 한국사회는 다양한 이념 및 사회적 갈등으로 인한 구조적·문화적 폭력이 내재되어 있다. 종교의 역할은 이러한 구조적이고 문화적 폭력이 무엇이며, 어떻게 적극적 평화를 만들어가야 할 것인지에 대한 구체적인 고민이 필요하다.

한국의 전통문화와 종교문화에 나타난 회통사상, 조화와 해원 상생의 원리는 종교 또는 문명 간의 충돌을 극복하여, 인류에게 새로운 세계보편 윤리로 적용될 수 있으며, 전지구적 가치를 지니고 있다. 따라서 이러한 한국의 종교문화와 사상을 남북한 간에 서로 공유하고 세계의 보편적 가치로 전개되는 공동의 노력이 필요하다. 박광수는 인간의 깊은 내면세계와 심성을 다루는 종교문화와 사상이 통일 과정과 이후에 남북한의 이질적 상황이 빚어낼 사회적 혼란 또는 위화감을 최소화 할 수 있다고 말하고 있다. 리캬르트 프리들리(Richard Friedli)는 "새로운 천년과 유럽에서의 평화—종교의 역할"에서 종교의 형태를 '딱딱한 종교형태'와 '부드러운 종교형태'로 나누었다. 부드러운 종교에 대한 예로, 마하트마 간디의 사티야그라하(Satyagraha) 운동이나 틱낙한 스님의 "참여불교"를 들었다.

"부드러운 종교형태"는 신적공간의 편재성, 자유분방한 감점도입, 다름을 인정받을 권리, 그리고 타협과 양보의 미덕을 보여주는 것이라고 정의한다. 한민족의 문화가 체제 이념의 도구화가 아닌 문화 소통의 연성적 형태를 유지함으로서 민족의 정서와 감정을 공유하는 탈정치적 유연한 문화교류가 이루어져야 한다.

보다 더 유연한 민족공동체를 형성하여 상호 간의 의사소통과 문화소통이 원활하게 이루어지도록 하는 작업이 필요하다. 이는 빤니까르가 말한 '종교내 대화'를 상기시킨다. '종교내 대화'는 타종교에 대한 단순한 식견이나 여러 종교들과의 적당한 교류 및 연대가 아니라 그 자체로 '하나의 종교행위'를 말한다. 원불교는 유불도 삼교합일 이라는 '종교내 대화'를 계승 발전시켰다. 특히, 정산의 '삼동윤리' 중에서 동원도리의 강령은 "우리는 모든 종교의 근원이 되는 일원대도의 정신을 투철히 체득하여, 우리의 마음 가운데 모든 종교를 하나로 보는 큰 정신을 확립하며, 나아가 이 정신으로써 세계의 모든 종교를 일원으로 통일하는 데 앞장서야 할 것"이라 한다. 이는 타종교뿐만 아니라 세속의 동업자들과도 '종교내 대화'를 수행해야 함을 말한다. 한반도의 평화적인 통일은 인류 상호간의 살상의 가능성마저 사라진 상태, 즉 서로 돕고 위하는 화(和)의 원리가 이상적으로 실현된 세상을 의미 한다. 한반도의 평화체제는 개벽의 열림 시대에 남북과 동서의 분단과 갈등의 체제를 넘어선 조화와 상생의 시대이다.

삶에 지친 그대에게 평화를!

박 종 식 (법명 空日)

삶에 지친 그대에게 평화를!

박 종 식 (법명 空日)

I. 들어가며 : 새로운 시대 맞이!

　2020년 12월, 포스트 코로나 시대의 위상을 실감하게 된 게 벌써 일 년이 다 되어 가는 시점이다. 4차 산업혁명을 구가하던 화려한 시대는 디스토피아의 형태로 다가와 불안감을 던져주고 있다. 우리가 목도하는 현시대의 질서는 생각하기와 멈추기를 강요하고 있다. 코로나19로 인하여 촉발된 새로운 질서는 불온한 위험사회로 드러나고 있다. 서로가 서로를 의심하고 멀리하도록 규제하는 사회적 통제는 기존의 문법을 해체한다. 이 시대는 사회적 동물이라는 인간에 대한 정의를 더 이상 효용성 있는 것으로 간주하지 않는다. 서로 의심하며 위험하게 바라보도록 새롭게 규정하며 관계의 단절과 느림을 요구한다. 이 위험사회에서 선택해야 하는 느림이란 기존의 익숙한 복지로부터 불편함을 선택하는 것이다. 이 점에서 잊혀진 존재들을 소환하여 그들의 목소리를 기억할 필요가 있는 것이다. 어찌 보면 SNS에 최적화된 세련된 방식의 소통을 기반으로 새로운 사회성을 획득해야 하는 것인지도 모른다.

II. 본론

우리는 옛 목소리 속에서 다시금 평화를 생각하며 종교를 새롭게 바라볼 필요가 있다. 산업화된 디지털 문명을 바탕으로 펼쳐지는 찬란한 허영심을 뒤로 던져버리는 실천은 2020년을 마무리하면서 꼭 필요한 과정이다. 새롭게 구성되는 평화의 무대로 9년 면벽을 하였다는 달마를 초청하고자 한다. 화려한 양무제(梁武帝)의 제국을 떠나는 달마(達磨)의 종교적 행위는 평화를 재점검하기에 적합한 소재가 되기 때문이다.

II-1. 달마! 황제와 맞장을 뜨다.

불심천자(佛心天子)였던 양무제와의 만남을 해프닝으로 남긴 이후, 달마는 홀연히 떠나 숭산 소림사 위쪽의 달마굴에 자리를 잡는다. 달마와 양무제의 만남을 통해 일파만파의 파도가 일어난 내력은 여러 문헌에서 각색되어 있으나, 『경덕전등록(景德傳燈錄)』의 기록은 다음과 같다.

> 무제가 물었다. "짐이 즉위한 이래로 사찰을 짓고, 경전을 사경하며, 승려를 배출한 것은 다 기록할 수 없을 정도입니다. 어떤 공덕이 있겠습니까."
> 달마대사가 말했다. "그런 행위는 공덕이 없습니다."
> 무제가 물었다. "어째서 공덕이 없다는 것입니까."
> 달마대사가 말했다. "그런 것들은 단지 인천의 작은 과보로서 유루의 일에 불과합니다. 그래서 마치 그림자가 형체를 따르는

것과 같습니다. 비록 (공덕이) 있는 것 같지만 진실한 것은 못
됩니다."

무제가 물었다. "그렇다면 어떤 것이 진실한 공덕입니까."

(달마대사가) 답하였다. "청정한 지혜는 미묘하고 원만한 본체
로서 본래 공적합니다. 그와 같은 공덕은 세간의 유루공덕으로
는 추구되지 않습니다."

무제가 다시 물었다. "그렇다면 어떤 것이 그와 같은 聖諦第一
義입니까."[1]

달마대사가 말했다. "확연하여 성스러울 것도 없습니다."[2]

무제가 물었다. "그렇다면 지금 짐을 상대하고 있는 사람은 누
구입니까."

달마대사가 말했다. "(제가 누구인지 말씀드려도 황제께서는)
모르십니다."

무제가 그 말을 이해하지 못하자, 달마대사는 기연이 계합되지
못함을 알아차렸다.[3]

위의 내용을 토대로 형성된 공안들이 『벽암록』 제1칙에 해당

---

1) 聖諦第一義. 聖諦는 성인이 깨달은 진리로서 佛法·佛道·眞諦·眞性 등
   을 가리킨다. 眞諦(非有의 이치)와 대비되는 俗諦(非空의 이치)를 상정
   하면, 진속의 二諦는 表裏不離의 관계이다.
2) 廓然無聖은 확연한 깨달음의 경지는 버려야 할 미혹도 없고 구해야
   할 깨달음도 없다는 의미이다. 곧 청정한 지혜는 미묘하고 원만한 본
   체로서 본래 공적한 모습으로 활짝 열려 있는 깨달음의 경지는 특별히
   성제제일의라 할 것도 없다는 것이다.
3) 『景德傳燈錄』 卷3 (T51, p.219a21-28), "帝問曰朕即位已來, 造寺寫
   經度僧不可勝紀, 有何功德, 師曰並無功德, 帝曰何以無功德, 師曰, 此
   但人天小果有漏之因, 如影隨形雖有非實, 帝曰如何是真功德, 答曰淨智
   妙圓體自空寂, 如是功德不以世求, 帝又問如何是聖諦第一義, 師曰廓然
   無聖, 帝曰對朕者誰, 師曰不識, 帝不領悟, 師知機不契." ; 『證道歌
   註』, (X63, p.274b4-10), 『天聖廣燈錄』 卷6, (X78, p.442b18-24),
   『五燈會元』 卷1, (X80, p.42c7-13)

하는 '達磨不識', 『종용록』 제2칙인 '達磨廓然', 그리고 『선문염송』의 98칙 '聖諦'의 고칙이다. 다소 곰팡내가 나는 선어록에서 그 판본이 거듭되면서 본칙의 주제에 대한 견해에 따라 달마에 대한 에피소드들은 '武帝問達磨', '聖諦第一義', '廓然無聖' 등의 다양한 제목으로 회자되어 왔다. '달마불식' 사건은 존재가 스스로를 드러내어 현존케 되는 탈은폐(脫隱蔽)의 신비적인 과정이다. 그리하여 원성실성의 법계를 탈은폐하며 드러나는 깨달음의 장대한 흐름은 해석학적 존재론에 입각하여 선어록의 백미가 된다. 이에 대한 해석은 곧 탈은폐의 과정이며, 존재가 스스로를 개시(開示)하여 당혹스런 세계 안에 투사되어 현존하게 된다. 사실 이 현존성으로의 초대는 스스로를 사회로부터 격리하고 이탈시키는 행태이다. 이 행태는 2020년 코로나19가 유발한 사태로 인하여 감염이 의심되는 이들이 자가격리를 선택하는 것처럼 세상과 단절된 일종의 소도(蘇塗)를 선택하는 행동과 닮아있다.

Ⅱ-2. 평화를 실험하다니!

특히 코로나19의 주인공은 그 바이러스의 형태가 찬란한 왕관의 형상을 하고 있다. 그리고 작금의 인류 호모 사피엔스는 문명을 건설했음에도 불구하고 거의 속수무책이었다. 쉽사리 모습을 드러내지 코로나는 인류 전체를 무릎 꿇리는 방식으로 기묘하고도 거룩한 방식으로 통제를 하고 있다. 이 점에서 제국의 황제 권력을 대표하는 양무제, 그리고 그 앞에서 벌거숭이로 대면하고 있는 달마! 이 장면은 코로나 사태에 대한 당혹스런 압력으로 인하여 아주 가까운 형상이라 할 만하다. 전반적으로 제시되는 새로운 소통방식은 사회적 거리두기라는 형태로서 생각하기와 멈추기 등을 특징으로 한다.
이는 달마가 제시하는 새로운 소통형태인 동아시아 선(禪)의 형태
와 흡사하다. 동아시아 선종의 초조인 달마의 행적은 '호모 사케
르'(Homo sacer)의 특성을 지니고 있다. 사회로부터 스스로 격리
되어 희생을 감내하다가(sacrificed) 결국에는 거룩함의 지위를 얻
게 된(sacred) 달마! 그로부터 추론되는 'Sacer'의 본래 의미는 "희
생물로 바칠 수는 있되 살해할 수 없는 생명"이다. 그러나 조르지오
아감벤(Giogio Agamben)이 제시하는 호모 사케르는 "살해는 가능
하되 희생물로 바칠 수 없는 생명"이다. 이 글에서 제시하는 호모
사케르는 평화를 갈구하지만, 그가 추구하는 평화는 달마가 보여준
것처럼 스스로 고립을 선택한 이후, 새로운 영토에서 고단하게 서
있는 실험적 성격을 지닌 평화이다.

양무제의 황궁에서 제국의 위엄에 대하여 으름장을 놓고 털끝
하나 다치지 않고 무사히 빠져 나온 달마는 숭산의 호모 사케르로
서 두려운 대상이 된다. 그래서 달마는 경외감을 유발한다. 달마는
양무제라는 그야말로 범속한 부류들과 떨어져 철저히 분리된다. 그
것도 스스로 자가 격리하며, 선종의 초조가 된 것이다. 그리고 2조
혜가를 만나 새로운 소통방식을 제시하며 거룩한 존재(Homo
sacer)가 된다. 이후 '달마 조사께서 서쪽에서 오신 뜻[祖師西來
意]'을 묻는 조의(祖意)는 동아시아 문명의 중요한 화두가 된다. 그
만큼 위험사회에서는 새로운 질문의 방식이 소환되는 법이다. 현재
우리 시대가 처해 있는 사태들은 인간이란 무엇인가를 넘어서서 인
간은 어떠해야 하는가라는 규범의 본질을 탐색하는 새로운 질문 방
식을 요청하고 있다.

Ⅱ-3. 봄의 꽃들은 그대를 위하여 피는가?

사회적 인간의 근본적 틀을 깨뜨리는 우리 시대의 난경(難境)은 사회적 거리두기를 통하여 인간의 본질보다는 윤리적 인간의 현실 태를 점검하도록 강요하고 있다. 그러므로 코로나19 이후의 질문은 인간은 어떠해야 하는지를 물어야만 한다. 오죽하면 북과 꽹가리가 울려도 춤판은 벌어지지도 않고, 불안해진 인간들은 은밀히 자가격리 중이질 않는가? 그리하여 봄이면 피어나는 꽃들조차 더 이상 희망의 상징으로 피어나는 것이 아니다. 설두중현(雪竇重顯, 980~1052)은 『佛果圜悟禪師碧巖錄』의 제5칙 '雪峰粟粒'에 대한 공안 게송에서 이 점을 명확히 하고 있다. '조계의 거울은 한 점 티끌조차 없어 마두우두(馬頭牛頭)가 몰회(沒回)한다 하여도 도대체 누구를 위하여 봄은 오고 꽃이 피는지'를 다음처럼 묻고 있다.

> 소 대가리로 사라지고 말 대가리로 되돌아오니
> 본성의 거울 속에는 티끌이 없네
> 북 치며 뵈도 그대는 볼 수 없나니
> 봄이 오면 꽃들은 누구를 위하여 피는가?[4]

꽃 피는 것을 질문하는 것은 시인의 일에 속한다. 詩라는 글자는 말씀 언(言)에 절 사(寺)가 결합된 것으로, 이는 절(사원)에서 수행자들이 주고받는 말이 곧 시라는 뜻이다. 나아가 공안의 선문답들은 상징성이 가미된 언어인 시의 형식을 빌린 문답이다.[5] 그러므로

---

[4] 『碧巖錄』 卷1(T48, p.145b17-19), "牛頭沒 馬頭回, 曹溪鏡裏絕塵埃, 打鼓看來君不見, 百花春至爲誰開." ; 석지현 편역, 『禪詩, 깨달음을 노래한 명상의 시편들』(서울: 현암사, 2013), p.473.

시란 본질적으로 종교의 언어이다. 봄꽃이 피어나는 이유를 묻는 이러한 일들은 인간이 무엇인지를 묻는 종교적 행위이다. 그리고 인간은 어떠해야 하는지를 묻는 철학적 감성과 실천을 전제로 하는 윤리의 영역이다. 봄의 꽃들이 피어나는 것은 종탑 꼭대기에서 울려 퍼지는 종소리와 비슷한 일인가? 익히 알려진 '누구를 위하여 종은 울리는지'를 질문한 것은 영국 성공회의 사제였다. 존 던(John Donne, 1572~1631)은 절망 속에서도 좌절하지 않아야 함을 강변하며 다음과 같이 절규한다.

세상의 어느 누구도 외딴 섬이 아니다
우리는 모두 큰 땅의 일부이며, 전체의 일부이다.
흙 한 줌이 파도에 씻겨나가도 유럽 땅은 작아지고,
만일 돌출된 땅이 그리되어도 마찬가지이다.
만일 그대의 친구들이나 그대의 영지(領地)가 그리되어도 마찬가지이다.
어느 누구의 죽음도 나를 감소시킨다.
왜냐하면 나는 인류 전체 속에 포함되어 있기 때문이다.
그러하니 사람을 보내 묻지 말라, 저 조종은 누구를 위해 울리냐고.
조종은 바로 그대를 위해 울린다.6)

---

5) 법정 외 공저, 『법정의 애송 선시(禪詩)』(파주: 책읽는섬, 2017), p.42.
6) <For Whom The Bell Tolls> *Devotions Upon Emergent Occasions*(1624)에 실린 영어 원문은 다음과 같다.
No man is an island, entire of itself; every man is a piece of the continent, a part of the main; if a clod be washed away by the sea, Europe is the less, as well as if a promontory were, as well as if a manor of thine own or of thine friend's were; any man's death diminishes me, because I am involved in mankind. And therefore never send to know for whom the bell tolls; It tolls for thee.

그렇다. 장엄하게 울려 퍼지는 조종(弔鐘)은 다름 아닌 너와 나를 위한 것이다. 인적조차 뵈지 않는 곳에서 봄꽃은 또한 결함 없이 완벽한[絕塵埃] 세계를 상징하는 조계의 거울[曹溪鏡] 앞에서 비로소 향기가 날 것이다. 바로 이 점에서 원오극근(圓悟克勤, 1063-1135)은 한 터럭의 먼지를 들어 보이며 한 송이 꽃이 피어남을 다음처럼 노래 한 것이다.

먼지 한 조각 들어 대지를 거두어들이니
꽃 한 송이가 피고 온 세계가 열리네.7)

원오극근이 구지 화상의 일지두선(一指頭禪)을 소개할 때 제시한 내용이지만, 사실은 스승 설두중현의 질문[百花春至爲誰開]에 대한 화답이라고 여겨진다. 한 줌의 흙으로 돌아갈 인간 생명을 들어서[一塵擧] 물과 불과 바람 등이 아로새기며 피워내는 꽃 한 송이[一花開世界起], 그것이 인간이라고, 이것이 우주의 일이라고 대답하는 것이다. 여기에서 평화의 속내는 기존의 문법과 달라진다. 평화는 사회적 의미가 아니라 우주의 일에 속한다는 것이다. 즉 자연의 속성을 내재하고 있는 우주적 평화는 '들에 핀 백합화를 보는 일'이거나 '공중을 날고 있는 까마귀'를 통해 참된 진리를 보라는 청년 예수의 음성과 닮아있다. 선사들의 따스한 어법은 천둥처럼 경악스럽기도 하고 예언자의 친절이 저주처럼 다가오는 시대가 되었다. 우리에게 주어진 평화는 때로는 칼날처럼 서늘하고 십자가처럼 묵직하다.

---

7) 『碧巖錄』 卷2 (T48, p.159a11), "一塵擧大地收。一花開世界起."

Ⅱ-4. 피투성(被投性)의 시대, 평화의 모습은?

우주 법계의 질서는 잔혹하다. 호모 사케르는 거룩한 인간이어야
하지만 폭력 앞에 무자비하게 노출되어 '발가벗겨진 인간(Homo
sacer)'인 것이다.8) 오늘날 명백하게 규정된 하나의 호모 사케르의
형상이 더 이상 존재하지 않는다고 한다면, 그것은 아마도 우리 모
두가 잠재적인 호모 사케르들이기 때문일 것이다.9) 우리 모두는 집
과 궁전을 떠나 쫓기듯이 거친 산과 광막한 들판을 헤맨 적이 있다.
삶이라는 여행이 그것이다. 그리하여 인류 전체를 상징적으로 대변
하는 호모 사케르인 달마는 우리 자신으로 재귀되어 호명(呼名)된
다. 달마를 호명하는 방법은 달마와 자신을 환치하여야 본격적으로
독해된다. 달마의 자리를 차지하는 것이 아니라 달마의 고독을 살
고자 할 때 그 환치는 의미가 있다. 『無門關』에서는 이러한 환치
에 대하여 진실로 깨닫고자 참구하여야 하며, 달마를 찾는 자신을
스스로 만나야 한다고 선언적으로 설명한다.

　참구하려면 진실로 참구해야 하고,
　깨달으려면 진실로 깨달아야 한다.
　이 호자(胡子)인 달마를 마땅히
　직접 만나 봐야 비로소 만났다 할 수 있다.10)

---

8) 최성희(2010). 「폭력의 기원: 르네 지라르의 희생양과 조르조 아감벤의
　호모 사케르」(『새한영어영문학』, 52(3).
9) 조르조 아감벤, 박진우 역, 『호모 사케르』(새물결, 2008), p.232.
10) 『無門關』(T48, p.293b25), "參須實參。悟須實悟。者箇胡子。直須親
　見一回始得。"; 김태완 역주, 『무문관』(침묵의 향기, 2015), p.53-54.

무문혜개(無門慧開, 1183~1260)의 위와 같은 노래들은 우리 시대에 가치 있는 새로운 경종이 되어야 한다. 저 무지막지한 방송 매체들에서 간접적 경험은 가능하지만, 진정한 체험은 느끼기 어렵다. 경험과 체험 사이의 질곡은 '그것'과 '그것 같음' 사이의 간격처럼 멀기만 하다. 그래서 무문혜개는 진실 된 체험과 진정한 깨우침을 거론하고 있는 것이다. 디지털 화면이 보여주는 어줍지 않은 내용들과 자기주장으로 가득한 댓글들로부터 냉혹하게 단절하고, 차라리 골방에 홀로 남아 '홀로 있음'의 시간 속에서 평화를 대면하라는 것이다. 이러한 무문의 해법에 대하여 설두중현은 다소 도발적인 내용으로 한 걸음 더 나가고 있다.

거룩한 진리의 확연한 길을 어떻게 분명히 할꼬?
상대하여 묻는 이가 누군가 하니 도리어 모른다 하네.
이로 인해 가만히 강을 건너가니 그 어찌 가시밭길을 면할 수 있었으랴.
온 나라 사람 뒤쫓아도 돌아오지 않나니 천고만고에 공연히 생각만 나네.
생각하지 말라. 맑은 바람이 대지를 스치는 것에 끝이 있으랴.
그리고는 좌우를 돌아보면서 말하였다.
"여기에 조사가 있는가?"
곧 스스로 대답하였다.
"있다면 이리 와서 내 발을 씻어다오."[11]

---

11) <雪竇顯頌> 『禪門拈頌拈頌說話會本』(이하 『拈頌』) 卷3 (H0076 v5, p.100a24-b5), "聖諦廓然 何當辨的 對問者誰 還云不識 因茲暗渡江 豈免生深棘 闔國人追不再來 千古萬古空相憶 休相憶 淸風匝地有何極 師顧視左右云 者裏還有祖師麽 自云有 喚來與老僧洗脚."; 혜심, 김월운, 『선문염송·염송설화』. 1, [1권-3권], (서울: 동국역경원, 2005),

　　설두중현의 호기에 의하면, 달마는 즉시 나와서 자기의 발이나 닦아 주어야 한다는 것이다. 설두의 권고를 기꺼이 따르자면, 그 옛적의 조사는 더 이상 필요치 않다. 자신의 발은 스스로 씻어야 하니까 말이다. 기존의 종교적 권위에 의해 짓눌리지 말라는 것이다. 모진 풍파가 끝이 없는 일상적 삶의 현장에서 자기 길을 밝히라는 것이다. "가시밭길을 면하기 어려운" 삶의 여행길에서 익히 알고 있던 기존의 평화는 산산조각이 나고 있다. 새로운 평화를 찾는 우리는 그러므로 온몸이 '피투성(被投性)'이가 되어 상처 입은 호모 사케르이다. 삶에 대하여 정말이지 우리는 잘 모른다(不識.) 이러한 무지(無知)의 상태에 대하여 한반도 특유의 선풍을 드러낸 명저 『선문염송』은 호모 사케르인 달마의 진면목에 대하여 다음과 같이 알려주고 있다.

　　달마! 이 몸은 본래 텅 비어
　　하늘과 물이 한 색이듯
　　흔적 없이 사라지네
　　맑은 바람 밝은 달
　　그 속에 숨은 뜻은
　　모른다, 오직 한 마디뿐12)

　　청풍월백(風淸月白)의 기상으로 법계를 넘나든다고 하여도 감추인 뜻을 알기란 쉽지 않다. 그래서 한 마디 할 수 있다면 '오직 모른다'는 것이 전부이다. 사실 선어록을 읽지 않아도 되고, 자신이 누

---

　　　　pp.455-456.
12) <重刊拈頌說話序>『拈頌』(H0076 v5, p.4a23-b1), "達磨, 是身虗空 天水一色 眇然而逝, 風淸月白 芥乎其間 惟一不識."

구인지 몰라도 무방하다. 무자비한 자연의 흐름을 보며 하늘에 호
소하지 않아도 된다. 더욱 비열한 현실의 권력들이 간섭과 배제를
통하여 누구를 희생양으로 만드는지에 대하여 눈 감아도 세상은 여
전히 돌아간다. 하지만 이러한 극단의 절망 속에서 문득 떠오르는
것이 불식(不識)한 자기 인식인 것이다. 불식을 선언한 달마의 당
체를 조계명(曹溪明)은 다음과 같이 의심하고 있다.

몰골을 찡그려서 아무도 모르나니
당나라 백성 속여 바보로 만들었네.
가죽이다, 골수다, 늘어놓더니
신발 한 짝 들고 간 이 누구이던가?13)

이렇게 호명되던 달마는 드디어 다섯 잎을 지닌 꽃 한 송이 피우
는 이유를 『선문염송』에서 밝히고 있다. 『선문염송』의 102칙
'吾本'14)에는 다음과 같이 기록되어 있다.

달마 대사께서 게송으로 말했다.
"내가 본래 이 국토에 온 것은 법을 전해 중생들을 제도하기 위
함이라,
한 송이의 꽃에 다섯 잎이 피니 열매 저절로 열린다."15)

13) <曹溪明頌>『拈頌』卷3 (ABC, H0076 v5, p.108b10-b12), "面貌摸
胡百不知 欺謾唐土大憨癡 有些皮髓分張盡 隻履西歸是阿誰."; 혜심,
김월운, 위의 책, p.494.
14) 혜심, 김월운, 위의 책, pp.506-510.
15) 『拈頌』卷3 (ABC, H0076 v5, p.111b07-b09), "達磨大師偈云 吾本
來茲土 傳法救迷情 一花開五葉 結果自然成."; 혜심, 김월운, 위의
책, p.506.

'한 송이의 꽃에 다섯 잎[一花五葉]'으로 자신의 실존을 드러낸 벽관의 바라문 달마는 그 후 총령의 고갯마루에서 신발 한 짝을 걸러 메고서[葱嶺途中 手携隻履] 서역으로 돌아간다. 달마가 보여준 그 거룩함의 광휘에 대하여 무진거사는 다음과 같이 노래하고 있다.

> 벽을 향한 9년의 공(功)뿐만 아니라
> 여러 겁, 오래오래 그 때마다 공(空)했네.
> 웅이산 탑을 열어보매 신한 짝만 남았으니
> 시방의 온 누리에 원통(圓通)을 나타냈네.16)

달마는 세상을 등지는 실천을 통하여 온 세상과 두루 통하는 원통을 드러내었다고 한다. 달마는 진정 소통의 대가였다. 그러나 우리들은 그 소통의 방식이 무엇인지 도무지 알 수 없다. 그 이유는 무엇인가? '알 수 없음'이라는 한 마디의 무게 때문이다. 이에 대하여 그것을 인식적 측면으로 보면, 불교적 사유는 앎과 연관되는 진리를 향한 지향성을 특징으로 갖는다. 이처럼 불교 전반에서 사유는 기본적으로 진리를 향한 인간의 의식을 문제 삼고자 한다. 나아가 언어적 의식의 근본을 제거하여 발제(拔濟)하고자 한다는 지향점이 있다.17) 말[言語]이 지니는 무게라는 점에서 달마불식의 공안은 선문의 전유물을 넘어서서 인간적 현상 보편을 위한 기호로 작동되고 있다.

---

16) <無盡居士頌> 『拈頌』 卷3 (ABC, H0076 v5, p.112b02-b04), "非關壁觀九年功 歷劫悠悠當處空 熊耳塔開留隻履 十方全體現圓通."; 혜심, 김월운, 위의 책, p.511.
17) 김광길, 「만해 한용운 시의 존재론적 해명」, 수원: 경기대학교 박사학위논문. p.52 참조.

괴이한지고, 서쪽에서 온 눈 푸른 이방인[碧眼胡]이여,
확연히 거룩한 진리 없다 하니 속심이 더욱 수상하네.
9년 동안 단정히 앉아 낚시질을 다했는가?
세상에는 양무제란 대장부도 있었네.18)

위 인용문의 운거원 게송[雲居元頌]에서 보듯이 달마불식의 화
두는 괴이쩍은 모습으로 역사 속에 돌입하며 사건화 되었음을 선적
기호로 선언한 것이다.

Ⅱ-5. 신발 한 짝의 행방! 자기 몫이 없는 자들?

달마로부터 시원된 선종은 바람결에 달마의 소식을 싣고 온 누리
로 펼쳐진다. 제국의 통치는 양무제의 몫이다. 이에 비하여 달마의
벽관은 경천동지하는 '예외적 상태'였다. 달마의 행위는 새롭게 전
이된 영토의 접점에서 구가되는 평화의 영역이다. 패권의 정치 넘
어 내면의 고요함을 정점으로 하는 아주 새로운 영토에 속하는 것
이다. 이 점은 이심전심을 핵심 가치로 전수되며 구석진 땅 변방에
서도 새로운 꽃을 피운다. 그 당시 바다 건너 먼 나라였던 일본에
선종이 전해진 것은 카마쿠라 시대 명암영서(明菴榮西, 1141-1215)와
그의 제자인 엔니변엔(圓爾辯圓, 1202-1280)에 의해서였다. 엔니
변엔은 선의 종지를 이치(理致), 기관(機關), 향상(向上)으로 구분
하여 공안수행의 단계를 상정한다. 일본의 임제종 선사인 엔니변엔
의 달마시는 간결하면서도 끝맺음이 당차며 단도직입적으로 선의
핵심을 찌르는 것으로 유명하다. 그 유명세를 확인하면 다음과 같다.

---

18) 『拈頌』 卷3 (H0076 v5, p.100b10-b12), "咄咄西來碧眼胡 廓然無聖
更多圖 九年端坐撈籠盡 人有梁王是丈夫."

조사의 '서래의'여
단 한 글자도 말한 일 없네
소리 이전의 말이여
불이 타는 난로 속에 한 송이 흰 눈이네.19)

특히 제3구와 제4구는 이 세상의 어떤 언어 보다 더 귀중한 구절
이라고도 한다. 이에 대하여 석지현은 "공부 길에 들어선 이는 이
두 구절을 뼈에 새기라."고 당부한 바 있다.20) 뼈에 새긴다는 원뜻
에 따라 각골(刻骨)한 우리는 이제 우리 자신을 위하여 다음을 질
문할 의무가 있다. 정말 신발 한 짝의 행방이나 달마의 진면목 이전
에 자기 몫이 없어진 이들은 바로 우리 아닌가? 라고 말이다. 이 전
통은 후대에 대응(大應)의 삼문(三門)으로 정착되며 새로운 면모
를 보여준다. 이 새로운 정신의 영토를 바탕으로 일본에서는 독자
적인 공안집을 편집하였다. 백은혜학(白隱慧鶴, 1685-1768)은 기
존의 대응 삼문에 언전(言詮)과 난투(難透)라는 두 가지를 첨가하
여 일본식 오문(五門)의 임제종풍을 확립한다.

Ⅱ-6. 만해와 설악, 한반도의 호모 사케르

한반도의 수행 가풍에서 달마는 만해용운(萬海龍雲, 1879~1944)을
통하여 충격파를 던지면서 되살아난다. 만해는 설잠 김시습을 본
받아 『십현담』을 주해하며 묵조선을 선양한 바 있다. 묵조선에서의
공안이란 수행의 깊이를 측정하는 계기판이라 할 수 있다. 그리고

---

19) <達磨> 『聖一國師語錄』, "祖師西來 一字不說 聲前語句 紅爐點雪." :
　　석지현 편역, 『禪詩鑑賞事典 : 중국.일본편』,(서울: 민족사, 1997), p.546.
20) 석지현 편역, 위의 책, 1997, p.79.

공안타파란 좌선수행 과정에서 필연적으로 경험되는 한 현상으로 보고 있다. 삶 전체가 공안화 되어야만 하는 것으로써 이를 일컬어 현성공안이라 한다. 묵조선에서의 수행이란 우리의 본성 속에 이미 내재된 이 깨달음을 충전하는 작업이다. 이 묵조선의 입장에서 만해는 달마의 불식한 인식을 시편 <알 수 없어요>로 직입(直入)하고 있다.

바람도 없는 공중에 수직의 파문을 내며
고요히 떨어지는 오동잎은 누구의 발자취입니까?

이 질문은 기묘하게 기호화되며 선적 경지로 돈입하고 있다. 즉 기호로서의 /오동/은 '梧桐'에서 '悟動'으로 읽혀진 것이다. 문득 절해고도에 다다른 문자해석이다. 진리부동(眞理不動)의 실상에 대하여 근본적 의문을 일으키며 깨달음조차 흔들리는 오동(悟動)의 현상계를 목도하는 불안이 도사리고 있다. 마치 면벽한 달마 앞에서 내면의 평화를 찾아 불안해하는 사람은 누구나 오동잎의 흔적을 탐사하여야 하기라도 한 듯!

타고 남은 재가 다시 기름이 됩니다.
그칠 줄을 모르고 타는
나의 가슴은 누구의 밤을 지키는 약한 등불입니까?
 – <알 수 없어요>

오동잎의 발자취를 질책하다가 밤을 밝히는 등불에 대한 의문으로 이어지는 만해의 가슴은 결국에는 달마의 행적을 추적하는 선관으로 이어진다. 이때 만해는 번뇌로 들끓는 내면이야말로 전등의 법맥을 전수하기 위한 과정이기에 기꺼이 어두운 시대의 파수꾼이 되기에 이른다. 즉 세상의 이해로부터 벗어나 내면으로 침잠하는 벽관 바라문의 일족이 되어 등불을 피우며 세상을 기다린 것이다. 만해는 호모 사케르의 한반도 판 대표주자가 된 것이다. 이처럼 『님의 침묵』을 통하여 만해는 평화를 '님'으로 환치시키면서 존재에 대해 선문답을 들고 있다. 즉 평화에 대한 화두(話頭)와 은유법을 통해 종교적 명상의 심화를 묵조적 관점으로 성취한 것이다.

만해 이후 호모 사케르로 등극한 설악무산(雪嶽霧山, 1932~2018)은 달마를 화두로 기념비적 작품들을 선보인 적이 있다. 설악은 그의 작품이 『현대시학』(1977)에 특집으로 수록될 때, 부제가 달린 시조들마다 석정(石鼎)의 달마 선시화를 배치하였다. 그리고 작품 내력에 대하여 사자상승의 불연을 다음처럼 밝히고 있다.

지난달 설악산 주인이
"菩提達磨는 왜 수염이 없는가?"라고 물어왔다.
제기랄!
나도 수염이 없지만 천만부득이 그 一句는 그만두고,
그 脫句 달마의 十面目을 보낸다.21)

스승으로부터 받은 '달마무염(達磨無髥)'의 화두에 대한 답가형식의 작품들이다. 다시 말해 <달마 1~10> 연시조는 보리달마의 행적과 선법에 관한 일화를 인유(因由)하여 연작 시조의 형식으로 답가한 것이다.22) 이는 일종의 평창으로 현대판 선어록의 창출인

---

21) 조오현, <달마> 시편, 『현대시학』 3 vol, 9-3(현대시학사, 1977), 12면.
22) 권영민 편역, 『조오현문학전집 적멸을 위하여』(서울: 문학사상, 2012), 102면, 각주 84 참조.

셈이다. 설악의 달마시조 첫 구는 다음과 같다.

서역(西域), 다 줘도 쳐다보지도 않고
그 오랜 화적(火賊)질로 독살림을 하던 자가
이 세상 파장머리에 한 물건을 내놓았네.23)

장을 파하는 시간, 독살림을 하던 달마가 내어 놓은 물건은 무엇
인가? 젊은 청년 신광이 불안해하며 찾은 것은 평화였다. 팔을 잘라
내고서야 불안으로부터 벗어나 안심하게 된 것은 평화를 알게 되었
기 때문이다. 혜가에게 있어 희생한 것은 팔이요, 되찾은 것은 안심
으로 이는 거룩함의 다른 이름이며 평화의 실체이다. 한 물건[一
物]의 거래는 이렇게 이루어진 것이라 설악은 강변하고 있다. 이런
설악의 마지막 일구는 달마의 행적처럼 기묘하다. 그의 열반송은
다음과 같다.

천방지축(天方地軸)
기고만장(氣高萬丈)
허장성세(虛張聲勢)로 살다보니,
온 몸에 털이 나고, 이마에 뿔이 돋는구나. 억!24)

달마의 설법만큼이나 설악의 임종게에 대하여 세상을 놀라게 한
말은 드물다. 이에 대하여 일체의 말을 끊고서[言語道斷], 논서의
다음 구절로 정리하며 화답하고자 한다.

---

23) 현대시학 1977 3 vol. 9-3 현대시학사, p.12. <달마시조 1>.
24) 2018년 5월 27일 발표된 설악무산의 임종게

들은 것 많고 지혜도 예리하다면
그의 말은 받아들여야 하지만
들은 것 없고 지혜도 없다면
이를 사람 몸을 하고 있는 소라고 부른다.25)

'들은 것 없고 지혜도 없다'는 말이야 받아들일 수 있다. 그러나 '사람 몸을 하고 있는 소[人身牛]'가 자신이라면 불안한 사태가 일어난다. 어떤가? 시방 그대는 평화를 맛보는가? 삶으로부터 추방 되어 지쳐있지 않다면 그 맛을 볼 수 없을 것이다. 창밖으로는 산자 락의 눈발이 한창이다. 하지만 저 눈발은 그 눈발이 아니다. 그저 말로써 눈발이라 한 것이다. 세상은 코로나 사태 등으로 인하여 수 상하다 못해 아수라장을 방불하게 한다. 세상을 뒤흔드는 소음은 마치 들짐승의 단말마처럼 소란하다. 이제 한참 동안 어두운 밤이 될 것이다. 밤이어서 어두운 것으로 생각한다면 커다란 오산이다. 우리 시대는 어두워져 가고 있다. 문명의 화려함이라는 무명으로 인하여!

Ⅲ. 나가며 : 평화! 거룩함과 희생의 자리에 서다.

달마의 진정성을 알고 그를 찾은 특이한 인물은 희씨(姬氏) 성을 지닌 신광(神光)이다. 그는 백설이 한길이나 내리는 날, 자신의 팔을 잘랐다[斷臂]. 단비 사건을 통하여 신광은 혜가(慧可, 487~593)

---

25) 『大智度論』 卷5 (T25, p.101b14-15), "多聞利智慧, 是所說應受, 無 慧亦無明, 是名人身牛."

라는 수행자로 거듭난다. 신광에서 혜가로 바뀌는 것은 사울이 바울로 바뀐 것과도 같다. 이는 진리에 대한 새로운 분배 방식을 찾는 것이다. 무명에서 명으로 전환되듯이, '감각적인 것의 분배(le partage du sensible)'는 삶을 형성하는 사회적 시간과 공간의 분배 방식을 함의하는 것이다.26) 양무제의 방식과 아주 생경한 분배 방식이 바로 혜가와 바울에게서 가능하였다. 이처럼 진정한 수행은 미학적 감성을 바탕으로 이전과는 결이 다른 정치, 새로운 분배의 셈법을 지향하게 된다. 새로운 평화를 위한 발걸음은 '몫 없는 자들의 몫, 셈해지지 않는 것들의 셈하기'를 통해 삶의 수수께끼를 푸는 작업과도 같다. 이 점에서 벽관 바라문(壁觀 婆羅門)의 후예들인 호모 사케르는 무정부주의적 자유를 구가하며 일원상(一圓相)을 그리는 자들이다. 헤아리기 어려운 몰량(沒量)의 낭만인들이다. 그러므로 불식(不識)한 평화를 걸머지고 그들은 흔들림 없는 걸음을 걷는 것이다. 코로나 사태로 인하여 새삼스럽게 일상의 불편을 경험한 2020년, 달마의 에피소드를 되짚어 보는 이유들이 밝혀진 셈이다. 평화를 살아가며 그저 주어진 걸음을 걷는 일에 충실하기 위하여! 또한 몫을 받지 못하는 사람이 자신이 아닌가 되물어보기 위하여! 기존의 모든 것을 의심하기 위하여! 나아가 벌거벗은 생명의 참상을 헤아리다가는 자기를 희생해야 하는 자리가 바로 거룩함이 드러나는 곳임을 확인하기 위하여!

---

26) 진은영, 「숭고의 윤리에서 미학의 정치로」, 『시대와 철학』 20,3(한국 철학사상연구회, 2009) p.406.

〈 참고문헌 〉

『景德傳燈錄』 卷3 (『大正藏』 51).

『大智度論』 卷5 (『大正藏』 25).

『無門關』 (『大正藏』 48).

『碧巖錄』 卷1, 卷2 (『大正藏』 48).

『禪門拈頌拈頌說話會本』 卷3 (『한국불교전서』, H0076 v5).

『聖一國師語錄』.

『五燈會元』 卷1 (『卍新纂續藏經』 80).

『證道歌註』 (『卍新纂續藏經』 63).

『天聖廣燈錄』 卷6 (『卍新纂續藏經』 78).

권영민 편역, 『조오현문학전집 적멸을 위하여』, 서울: 문학사상, 2012.

김광길, 「만해 한용운 시의 존재론적 해명」, 수원: 경기대학교 박사
학위논문. 1990.

김태완 역주, 『무문관』, 침묵의 향기, 2015.

법정 외 공저, 『법정의 애송 선시(禪詩)』, 파주: 책읽는섬, 2017.

석지현 편역, 『禪詩, 깨달음을 노래한 명상의 시편들』, 서울: 현암사, 2013.

석지현 편역, 『禪詩鑑賞事典 : 중국.일본편』, 서울: 민족사, 1997.

조르지오 아감벤, 박진우 역, 『호모 사케르』, 새물결, 2008.

조오현, <달마> 시편, 『현대시학』 3 vol, 9-3, 현대시학사, 1977.

진은영, 「숭고의 윤리에서 미학의 정치로」, 『시대와 철학』 20,3,
한국철학사상연구회, 2009.

최성희, 「폭력의 기원: 르네 지라르의 희생양과 조르조 아감벤의 호모
사케르」, 『새한영어영문학』, 52(3), 2010.

혜심, 김월운, 『선문염송·염송설화』. 1, [1권-3권], 서울: 동국역
경원, 2005.